Michael Schäfer

Die Sprache des Pferdes

Für meine Frau,
ohne die meine Bücher
nie zustande kämen.

MICHAEL SCHÄFER

DIE SPRACHE DES PFERDES

LEBENSWEISE · VERHALTEN AUSDRUCKSFORMEN

Aktualisierte, erweiterte Neuausgabe

Mit 144 Fotos

Franckh-Kosmos

Alle Fotos vom Verfasser

Umschlaggestaltung von Atelier Reichert, Stuttgart, unter Verwendung einer
Aufnahme von Sigrun Geveke

Die Deutsche Bibliothek – CIP-Einheitsaufnahme

Die **Sprache des Pferdes** : Lebensweise – Verhalten –
Ausdrucksformen / Michael Schäfer. – Aktualisierte, erw.
Neuausg., 1. Aufl. – Stuttgart : Franckh-Kosmos, 1993
    ISBN 3-440-06704-1
NE: Schäfer, Michael

© 1993 Franckh-Kosmos Verlags GmbH, Stuttgart
Alle Rechte vorbehalten
1. Ausgabe erschienen 1974, Nymphenburger Verlagshandlung GmbH, München
ISBN 3-440-06704-1
Lektorat: Sigrid Eicher
Herstellung: Lilo Pabel
Printed in Germany / Imprimé en Allemagne
Satz: Steffen Hahn, Kornwestheim
Druck und Buchbinder: Wiener Verlag, Himberg

INHALT

VORWORT

Als mich die Franckh-Kosmos-Verlagsgesellschaft mit der freudigen Mitteilung überraschte, daß sie mein erfolgreichstes, in mehreren Auflagen und in verschiedenen Sprachen erschienenes Buch „Die Sprache des Pferdes" neu herausbringen wolle, waren 19 Jahre seit der Erstausgabe in der Nymphenburger Verlagshandlung vergangen. In dieser Zeitspanne habe ich laufend weitere Beobachtungen zum Verhalten der Pferde angestellt, neue Rassen wie die englischen Exmoorponys oder die portugiesischen Sorraiapferde waren als Untersuchungsobjekte hinzugekommen. Zu ihnen gesellten sich verschiedene Groß- und Zwergesel aus Südwest- und Südosteuropa und zwei asiatische Halbesel, die alle zur Erweiterung meines Wissens beitrugen. Das Verhalten zahlreicher Pferde- und vor allem Ponyrassen, die unter den unterschiedlichsten ökologischen Bedingungen in Europa, Amerika, Japan und Australien leben, ist von ausländischen Wissenschaftlern ebenfalls studiert und veröffentlicht worden, ihre Erkenntnisse mußten für die Neuauflage mit berücksichtigt werden, sollte sie einigermaßen auf dem heutigen Wissensstand über die Ethologie oder das Verhalten der Spezies Pferd gebracht werden.

Manche Leserinnen oder Leser werden sich vielleicht an einigen physiologischen Exkursen stören, die an sich nichts mit dem eigentlichen Verhalten des Pferdes zu tun haben. Da verschiedene Eigentümlichkeiten einer Tierart ohne die etwaige Kenntnis der funktionellen, in ihrem Körper ablaufenden Vorgänge nur schlecht erklärt werden könnten und kaum einsichtig erscheinen würden, blieb mir jedoch nichts anderes übrig, als sie wenigstens teilweise mitzuerwähnen.

Auf die speziellen beim Benutzen des Pferdes als Reit- oder Zugtier auftretenden Verhaltensprobleme wurde bewußt kaum eingegangen. Da ich aus gesundheitlichen Gründen trotz früher großer aktiver Begeisterung für den Pferdesport seit vielen Jahren nicht mehr reiten oder fahren kann, fühle ich mich in diesen Tätigkeiten nicht genug auf dem laufenden, um mich wirklich kompetent über sie zu äußern.

Oberdingermoos, April 1993
Dr. M. Schäfer

EINLEITUNG

Wir Menschen sind sehr ichbezogene Wesen und von unserer allen Tieren haushoch überlegenen Intelligenz mit Recht überzeugt. Man könnte von uns also mit gleichem Recht erwarten, daß wir allen übrigen Lebewesen und ganz besonders denen gegenüber, die uns ans Herz gewachsen sind und denen wir uns freundschaftlich eng verbunden fühlen, großmütig und aufgrund unserer größeren Einsicht verständnisvoll entgegenkommen. Das Bemühen, unsere Haustiere, die wir schließlich seit Jahrtausenden ausnützen und denen wir viel verdanken, zu verstehen und „artgerechter" zu behandeln, ist heute zwar im Ansatz zu erkennen, doch fehlt uns dazu einfach noch weitgehend die nötige Sachkenntnis, es fehlt uns teilweise an den elementarsten Verständigungsmöglichkeiten, wir haben keine gemeinsame Sprache. Paradoxerweise verlangen wir nun jedoch als „natürliche" Egozentriker von unseren Tieren, daß sie die menschliche Sprache verstehen lernen und unsere oft schon für die eigenen Artgenossen recht verworrenen und schwerverständlichen Willensäußerungen erkennen und gehorsam möglichst schnell befolgen.

Ohne Zweifel bringen wir neben dem Hund wohl dem Pferd die größte Liebe entgegen, aus allen möglichen Gründen, die wir hier nicht unbedingt näher untersuchen wollen, sie würden uns nicht immer zur Ehre gereichen. Es gereichte einem noch so pferdebessesenen Autor auch nicht zur Ehre, allen anderen Nutztieren nicht wenigstens eine kurze Reverenz zu erweisen: Sie verdienen unsere Achtung genauso wie unsere Lieblinge, die Pferde, denen oft in recht unobjektiver und unüberlegter Weise eine besondere Feinfühligkeit und Sensibilität und was weiß ich noch alles nachgesagt wird. Es ist vielleicht von Menschen, die in der Stadt leben und nur mit Pferden, Hunden oder Kanarienvögeln zu tun haben, zuviel verlangt, daß sie so profanen Tieren wie Rindern oder Schweinen Gefühle und Intelligenz zutrauen. Sie ihnen jedoch weitgehend abzusprechen und das ganze Seelenleben unserer Nutztiere auf eine weit niedrigere Stufe als das unserer Pferde zu stellen, halte ich für unfair und bei einem ernstzunehmenden Verhaltensforscher für völlig untragbar. Jeder praktische Tierarzt wird, wenn er sich überhaupt für Tiere als komplexe Wesen mit einem Körper und einer Seele interessiert, tagtäglich mit der Sensibilität einer Muttersau oder der großen Feinfühligkeit eines Bullen konfrontiert;

Schweine und Rinder als sensibel zu bezeichnen, ist hier keineswegs als Witz gemeint!

Etwas witzig, um nicht zu sagen geschmacklos, finde ich jedoch die häufig gerade bei den Besitzern besonders hochgezüchteter Pferde anzutreffende maßlose Arroganz, die nur den sogenannten „edlen" Pferden überhaupt Pferdeintelligenz, Feinfühligkeit und ein meist reichlich vermenschlichtes Innenleben zugesteht. Sensibel, klug im Rahmen der Möglichkeiten der Einhufer, treu, fromm, liebenswert und was dergleichen für den Pferdefreund so wichtige Attribute seines Vierbeiners sein mögen, können Pferde jeder Rasse und jeden Typs sein. Schwere Pferde und gröbere Ponys grundsätzlich als stupide Wesenstrampel abzustempeln ist genauso borniert, wie wenn man allen etwas fülligeren menschlichen Zeitgenossen eine höhere Intelligenz weitgehend absprächte und sie als seelische Dickhäuter bezeichnete. Kein normaler Mensch käme wohl auf diese Idee. Auch wir sollten uns deshalb von solchen Meinungen möglichst distanzieren, wenn wir unsere Pferde besser verstehen lernen wollen, was ja der Sinn der Pferdeverhaltensforschung sein soll.

Die Verhaltensforschung ist ein junger Wissenschaftszweig, den man lange nicht für voll nahm, der jetzt jedoch ausgesprochen in Mode, der „in" ist, wie man so schön zu sagen pflegt. Daß „ernstzunehmende" Wissenschaftler bislang dieses Gebiet etwas abfällig betrachtet haben, liegt zum großen Teil daran, daß man hier mit der heute in der biologischen Forschung so beliebten mechanistischen Arbeitsweise nur kleine, meist wenig spektakuläre Ergebnisse erzielen kann, die überdies nach Meinung gerade der bedeutendsten Verhaltensforscher darüber hinaus noch oftmals falsch sind.

Die Verhaltensforscher gehören, etwas vereinfacht ausgedrückt, zwei großen Gruppen an: Da sind einmal die sogenannten Behavioristen (von englisch: behavior = Verhalten), deren Untersuchungen von einer möglichst meßbaren „wissenschaftlichen" Methodik ausgehen und die hauptsächlich Versuche anstellen, um die Intelligenz und die Lernfähigkeit der Tiere zu testen und ihre Reaktionen genau festzuhalten. Das Ziel der Versuchsreihen ist häufig vorgegeben und wird möglichst zu erreichen versucht. Diese Arbeitsweise zeitigt natürlich zahlreiche Einzelergebnisse, die durchaus von Wert sind, ist die Versuchsanordnung richtig geplant. Das ist meiner Meinung nach nicht immer der Fall, da oft nicht artgemäß im wahrsten Sinne des Wortes vorgegangen wird, sondern von manchen Tieren Dinge verlangt werden, für die sie von Natur aus so wenig programmiert sind, daß das Versuchsergebnis wesentlich negativer ausfällt, als es der eigentlichen Leistung des Tieres bei artgemäßer Fragestellung entspräche. Positive Arbeiten dieser Wissenschaftsrichtung sind bei Pferden etwa die Attrappenversuche, mit denen erforscht wurde, welche optischen Silhouetten sie als Artgenossen, Feinde usw. erkennen.

Das natürliche, nicht andressierte Verhalten ist das Anliegen der zweiten großen Forschergruppe, die in erster Linie sogenannte Feldbeobachtungen durchführt, also Tiere in ihrer angestammten Umwelt studiert, ohne die Ergebnisse durch menschliche Eingriffe zu stören. Diese Arbeitsweise ist natürlich ebenfalls nicht frei von Mängeln, da allzuleicht vom Beobachter in die Forschungsobjekte hineinprojizierte, subjektive Theorien als Ergebnis gesehen und verbreitet werden. Trotzdem möchte ich der zweiten Forschungsrichtung den Vorzug geben, da nach meiner Meinung nur sie Tiere wirklich als Ganzes begreifen und verstehen kann. Neben einer allzu großen Subjektivität des Beobachters ist hier die Gefahr der Vermenschlichung vieler Reaktionen allerdings außerordentlich groß. Ganz ohne Vermenschlichung wiederum wird man das Verhalten eines höheren Wirbeltieres jedoch nicht wirklich kennenlernen können, und ich glaube kaum, daß Konrad Lorenz der Mentor der Verhaltensforschung im deutschen Sprachraum geworden wäre, hätte er seine Forschungsarbeiten nicht vor Jahrzehnten als ausgesprochen vermenschlichender Tierfreund in des Wortes bester Bedeutung begonnen. Ganz sicher gehört zu einer sinnvollen Verhaltensforschung aber trotz aller vermenschlichender Arbeitshypothesen die in jedem Wissenschaftszweig notwendige Distanz, die abstrahieren kann. Doch wenden wir uns nach soviel Theorie lieber wieder praktischen Dingen zu.

Jeder, der sich schon lange und mit Freuden mit Pferden beschäftigt, ist irgendwo ein Amateurverhaltensforscher oder ein Praktiker, der wenigstens teilweise angewandte Verhaltenslehre betreibt. Ohne sie könnten wir ja rein kräftemäßig gar nicht mit Pferden umgehen, denn selbst das kleinste Shetlandpony wäre den meisten Menschen körperlich überlegen. Je besser wir aber mit Pferden umgehen können, desto angenehmer wird es gewöhnlich für beide Partner sein. Zu den richtigen Umgangsformen gehört auch das schon zu Anfang erwähnte Verstehen, um das wir uns heute, wo Pferde jeden Typs bei uns zum größten Teil als Freizeitgefährten gehalten werden, besonders bemühen sollten. Man mag einwenden, daß von Leistungspferden etwa im Turniersport aller Sparten oder im Rennsport nur dann Höchstleistungen erbracht werden, wenn man sie mit der nötigen Härte von ihnen fordert. Das ist zweifellos richtig, schließt jedoch ein verständnisvolles und Pferden „artgemäßes" Verhalten unsererseits keineswegs aus. Ganz im Gegenteil. Gerade Höchstleistungen werden bei aller nötigen Verdummung des Individuums, die wohl die automatische Folge einseitigen Trainings ist, auf die Dauer nur bei psychologisch richtig behandelten Pferden erreicht. Daß Hochleistungspferde manchmal von Reitern und Fahrern gearbeitet und vorgestellt werden, die das Wort Psychologie oder Verhaltensforschung noch nie im Leben gehört haben, spricht nicht gegen die Tatsache ihrer notwendigen praktischen Anwendung. Diese erfolgreichen Turnier- und Rennreiter, Trabrennfahrer oder auch Cowboys, Gauchos oder wie immer sie sich nennen mögen, die noch mit Pferden arbeiten, die große bedingungslose Leistungen für den Menschen vollbringen, sind eben naturbegabte Horsemen, die ihre Tiere instinktiv richtig behandeln. Daß den meisten von uns aufgrund unserer Lebensgewohnheiten dieser Sinn weitgehend verlorengegangen ist, dürfte sich von selbst verstehen.

Wir sprachen oben schon von der Subjektivität, der jeder Tierbeobachter mehr oder weniger unterworfen ist, wenn er sich nicht nur sehr eng begrenzte, meßbare Versuchsanordnungen als Arbeitsgebiet erwählt hat. Es ist dieselbe Subjektivität, die auch manchem Leser verschiedene in diesem Buch geschilderte Beobachtungen als falsch oder nur teilweise richtig erscheinen lassen wird. Abgesehen davon, daß sich jeder noch so gewissenhafte Forscher irren kann, muß eine Beobachtung nicht immer absolut richtig oder absolut falsch sein. Sehen wir einmal von den vielen äußeren, kurzzeitigen Faktoren ab, die das Verhalten aller Lebewesen einschließlich des Menschen häufig stark beeinflussen – das Wetter etwa, der Ernährungszustand der beobachteten Tiere, ungewohnte Außenreize optischer, akustischer und olfaktorischer, den Geruchssinn betreffender, Art oder das den Pferden fremde, ja möglicherweise furchterregende Bild eines mit einer starräugigen Kamera bewaffneten, fremd riechenden Verhaltensmenschen – dann sind noch zahlreiche langwirkende Umstände zu berücksichtigen, die die Forschungsergebnisse beeinflussen und verschieben können.

Das Verhalten der Pferde wird wie das des Menschen von den beiden großen Komponenten Umwelt und Vererbung bestimmt. Auch unsere Pferde sind das vielzitierte Produkt ihrer Umwelt mit allen unter Umständen gemachten möglichen Aufzucht- und Erziehungsfehlern, allen modernerweise Frustration genannten unerfreulichen Erfahrungen, die ihnen im Laufe ihres Lebens zuteil werden. Man glaube nicht, nur weil Pferde im „menschenartlichen" Sinne dümmer als wir sind, würden sie weniger häufig und intensiv frustriert. Ihre unliebsamen Erfahrungen und Lebensumstände liegen eben lediglich, wie wir später sehen werden, auf einer anderen, ihnen artspezifischen Ebene.

So ist die ganze Haustierhaltung, je wörtlicher man sie praktiziert, eine stufenweise graduierte Einschränkung sämtlicher Lebensbereiche unserer Pferde und ruft manchmal wohl dieselben Qualen und Psychosen hervor wie eine Gefangenschaft des Menschen, die auch von der Zelle bis zum Leben in Großstadtstraßenschluchten abgestuft sein kann. Ich glaube, daß einer der Kardinalfehler unserer ganzen Einstellung gegenüber dem Pferde darin liegt, daß wir uns im allgemeinen viel zu wenig klarmachen, daß Tiere an sich nicht dazu erschaffen sind, zum Beispiel einen Reiter zu tragen, Trabrennen zu laufen oder schwere Lasten zu ziehen, auch wenn sie von uns speziell dazu gezüchtet wurden. Ein Pferd reagiert nur nach unterschiedlich zeitaufwendigem und wiederholtem Einüben oder unter mehr oder weniger stark angewandtem Zwang so, daß es uns sinnvoll und nützlich erscheint, denn für das Tier selbst sind das Tragen des Reiters, das Aufhebenlassen eines Hufes und fast alle anderen von ihm verlangten Dinge ebenso völlig sinnlos und an sich unverständlich, wie etwa die Rationierung der Rauhfuttermenge, damit es schön schlank bleibt.

Die zweite, den Charakter und das Verhalten wesentlich stärker bestimmende Komponente, die Vererbung, wurde lange in der Pferdezucht wider besseres Wissen geleugnet. Pferde sind, so lautete die offizielle Meinung, von Natur aus gut und höchstens durch falsche Behandlung verdorben. Daß man Tiere klammheimlich aus der Zucht nahm, die trotz sachgemäßer Haltung ein schlechtes Temperament hatten, wurde tunlichst verschwiegen. Man fühlt sich dabei unwillkürlich an die weltverbessernden Parolen mancher zeitgenössischer Soziologen erinnert, die glauben, in jedem Verbrecher ausschließlich einen umweltgeschädigten und damit kranken Menschen sehen zu müssen, denn bei aller keineswegs bestrittenen Bedeutung der Umwelt von frühester Kindheit, vielleicht schon vom Embryonalzustand an kommt doch der Veranlagung, die jedes Wesen ererbt hat, eine meiner Meinung nach größere Wichtigkeit zu.

Da jedes Pferd individuelle Verschiedenheiten in seinem Äußeren aufweist, was wohl kaum jemand bezweifeln dürfte, kann aus den Untersuchungen an nur wenigen Individuen, wie schon angedeutet, manch Widersprüchliches resultieren. Die daraus abzuleitende Forderung an den Verhaltensforscher besteht deshalb in einer möglichst großen Zahl möglichst unterschiedlicher Beobachtungstiere, die ihm dann dazu verhelfen, einen gemeinsamen Nenner zu finden. Je weniger umweltgeschädigt dabei die getesteten Pferde sind, je natürlicher sie gehalten werden, desto richtiger fallen alle Resultate im grundsätzlichen aus. Einzelne Ethologen haben deshalb weite Reisen unternommen, um das Verhalten sogenannter Primitivpferde zu studieren, die noch halbwild unter relativ normalen Bedingungen existieren. Die erzielten Ergebnisse sind sehr wichtig und wurden in den letzten Jahren durch Beobachtungen an verwilderten Hauspferden in Amerika und an wilden Zebras und Wildeseln in Afrika ergänzt. Forschungen an Einhufern der zoologischen Gärten entsprechen weitgehend unseren Hauspferdeuntersuchungen, und manche Wissenschaftler lehnen sie mit gewissem Recht ab, weil ihre Resultate schließlich an mehr oder weniger unnatürlich lebenden Tieren gewonnen wurden. Ich halte jedoch auch sie für wertvoll, da sie die grundsätzlichen Erkenntnisse aus den Wildtierforschungen teilweise noch verfeinern, einfach weil sich die zahmen Tiere dem Menschen nicht räumlich zu entziehen vermögen, genauso wie bei Kenntnis der Grundlagen durchaus auch an Hauspferden richtige Beobachtungen angestellt werden können.

Ererbte Verhaltensmuster sind nachgewiesenermaßen wesentlich konservativer und langsamer veränderlich als alle Eigenschaften des Äußeren. Der kleine Fiffi von 30 cm Höhe reagiert im Prinzip noch weitgehend wie seine wilden Wolfsahnen – was ihn nicht zuletzt oft so lächerlich erscheinen läßt –, und selbst wir Menschen haben uns seit der Steinzeit in unseren Reaktionen, in unserem nichtanerzogenen Verhalten, das auszuleben uns auch heutzutage am meisten befriedigen würde, nur herzlich wenig verändert. Liest man etwa das hochinteressante Buch des bekannten Verhaltensforschers Eibl-Eibesfeldt über die Ko-Buschmann-Gesellschaft, so ist man verblüfft, wie ähnlich uns diese wirklich noch auf der untersten Stufe der Kultur stehenden Menschen sind.

Ein weiterer Punkt, der meiner Meinung nach die Pferdeverhaltensforschung erschwert und manchmal wiederum etwas verwirrende Ergebnisse zeitigt, sobald man ins Detail geht, liegt in der Abstammung der Hauspferde begründet. Wie ich schon in anderen Arbeiten erwähnt habe, leiten sich unsere Pferde von verschiedenen Wildformen, Lokalrassen oder Unterarten ab, die in den unterschiedlichen Klimazonen ihres einstmals riesigen eurasischen Verbreitungsgebiets nicht nur äußerlich verschiedene Anpassungsformen entwickelten, sondern als Wechselwirkung hierzu eben auch geringgradig verschiedene Verhaltensformen. Das wird unabhängig von den Anschauungen der Wissenschaftler, ob es sich bei den einzelnen Wildpferden lediglich um Lokalrassen oder doch um Unterarten oder sogar Arten handelte, kaum angezweifelt. In unseren Hauspferden laufen nun die Blutströme aller Wildformen in unterschiedlicher Mischung und durch Zuchtwahl in Richtung verschiedener Merkmale selektiert um. Dadurch setzt sich natürlich auch ihr Verhalten aus verschiedenen Komponenten

16

zusammen, so daß sich bei genauer Untersuchung kein ganz so einheitliches Bild mehr ergibt, wie wenn man etwa eine isoliert lebende Bergzebrapopulation untersuchte.

Ich werde jedoch in diesem Buch nur dann auf derartige Unterschiede eingehen, wenn es mir unbedingt zur Erklärung eines sonst unverständlichen besonderen Verhaltens notwendig erscheint, und mich im wesentlichen auf das allen Hauspferden Gemeinsame beschränken. Ich möchte auch nach Möglichkeit auf allzu viele fremdsprachige Fachausdrücke verzichten, mit denen manche Verhaltensforscher ihre Arbeiten so weit aufpolieren, daß auch der einfachste, in normalem Deutsch für jeden leicht verständliche Vorgang nur noch von Wissenschaftlern, um nicht zu sagen Fachidioten, begriffen werden kann.

Dieses Buch soll dem Leser helfen, sein Pferd besser zu verstehen, sich besser mit ihm zu verstehen, seine Ausdrucksmöglichkeit und seine Wünsche zu begreifen und manches von seiner in Mimik und Haltung nuancenreich ausgedrückten Sprache zu erlernen.

DIE NATÜRLICHE LEBENSWEISE DES PFERDES

Ein Großteil der Pferde lebt in unseren Breiten unter völlig unnatürlichen Verhältnissen. Das gilt in vollem Umfang für alle Gebrauchspferde, die im Stall gehalten und zu einer Arbeitsleistung herangezogen werden. Weibliche Zuchttiere, denen in der warmen Jahreszeit ein ganztägiger Weidegang erlaubt wird, und in noch größerem Ausmaß zahlreiche Robustpferde, die das Jahr über in Freilandhaltung leben dürfen, bilden bis zu einem gewissen Grad eine Ausnahme, doch werden auch ihre Verhaltensweisen vom Menschen beeinträchtigt und gestört.

Im folgenden versuchen wir uns klarzumachen, welchen Tätigkeiten Pferde unter möglichst natürlichen Bedingungen nachzugehen pflegen, damit wir ihren eigentlichen inneren Rhythmus kennenlernen. Wir werden dabei feststellen können, wie stark wir diesen Rhythmus durch die Benutzung unserer Pferde als Reit- oder Zugtier, ja selbst als bloßes Zuchttier stören und wie sich die daraus entstehenden nachteiligen Folgen einschränken oder vermeiden lassen.

DAS RAUM-ZEIT-TÄTIGKEITS-SYSTEM UND DER AKTIONSRAUM DER EINHUFER

Alle Einhufer besitzen ein inneres Raum-Zeit-Tätigkeits-System. Was versteht man darunter? Wir alle kennen den Begriff der „inneren Uhr", nach der sich Mensch und Tier in vielem richten. Zu gewissen Tageszeiten bekommen wir Hunger und trachten danach, ihn zu stillen, zu anderen werden wir müde und legen uns schlafen. Je geregelter wir leben, um so pünktlicher geht unsere „innere Uhr", doch desto abhängiger werden wir auch von ihr. Pferde sind bekanntlich in noch viel stärkerem Maß Gewohnheitstiere als wir Menschen und halten sich geradezu pedantisch an ihren inneren Rhythmus.

Vor einigen Jahren entdeckte man zusätzlich, daß Einhufer nicht allein eine „innere Uhr", also ein inneres Zeit-Tätigkeits-System besitzen, sondern darüber hinaus ihre jeweiligen Aktivitäten an festgelegte Plätze eines bestimmten Aktionsraumes gebunden haben. Sie fressen demnach nicht nur immer zu ungefähr derselben Zeit, sie fressen auch immer an ungefähr demselben Ort zur selben Zeit; sie dösen in gewissen Stunden an denselben Stellen, und sie schlafen an den gleichen Plätzen. Pferde bewohnen im übertragenen Sinne, wenn sie nicht im Stall gefüttert und gehalten werden, was einer Einzelzelle, nicht einer Wohnung gleichkommt, ein gewisses Areal, das sie benützen wie wir unser Heim mit Eß-, Wohn- und Schlafzimmer, oder mit anderen Worten, sie haben ein Raum-Zeit-Tätigkeits-System.

Ein inneres Raum-Zeit-Tätigkeits-System, nach dem sich Einhufer in einem ganz bestimmten Aktionsraum richten, widerspricht vielen Vorstellungen, die man sich bislang über das freie, ungebundene Leben der für schnellen Lauf hochspezialisierten Pferdeartigen gemacht hat. In unserer Phantasie durchstreift eine Wildpferdherde stets eine unermeßliche Weite und ist keineswegs an ein begrenztes Revier gefesselt. Der Frage nach der Standorttreue oder dem Wandertrieb des Pferdes, nach seinem verhältnismäßig kleinen oder möglicherweise sehr großen Aktionsraum wollen wir nun nachgehen, da sie für eine artgemäße Pferdehaltung von nicht zu unterschätzender Wichtigkeit ist.

Das Problem der Größe des Aktionsraumes ist gar nicht so einfach zu klären, da es kaum noch „echte" Pferde in völliger Freiheit gibt und es uns deshalb an idealen Beobachtungstieren mangelt. Unter echten Pferden im zoologischen Sinne versteht man die Hauspferde und ihre wilden Ahnen, während der Begriff Equiden oder Pferdeartige die Esel, Halbesel und Zebras mit einschließt. Zu den echten Wildpferden zählt beispielsweise das Mongolische Urwild- oder Przewalskipferd, das in freier Wildbahn bereits ausgerottet ist – bis auf kümmerliche Reste, die in so ausgesprochenen Rückzugsgebieten in ständiger Flucht vor dem Menschen leben, daß sie für eine wissenschaftliche Untersuchung seines Aktionsraumes eigentlich nicht mehr in Frage kommen. Die neuerliche Aufstockung des Bestandes durch ausgewilderte Zootiere, vor allem aus Deutschland, hat an den Gegebenheiten bislang nicht viel verändert. Darüber hinaus wird seine

Rolle als Vorfahre unserer Hauspferde von der russischen Forscherin GROMOVA schon seit Jahrzehnten bestritten und heute von modernen Fachleuten allgemein wegen verschiedener Chromosomenzahl abgelehnt. Weitere freilebende echte Pferde, die aufgrund ihrer Abstammung unseren Hauspferden eindeutig entsprächen, wären die verwilderten Mustangs und Cimarrones in Nord- und in Südamerika; aber auch sie sind inzwischen verringert und durch die dauernde Verfolgung so scheu geworden, daß die Untersuchung ihres Aktionsraumes ebenfalls nur ein schiefes Ergebnis geliefert hätte.

Ergiebige Verhaltensbeobachtungen an relativ ungestörten wildlebenden echten Pferden waren deshalb nur noch in den wenigen, inzwischen eigens für sie eingerichteten Reservaten möglich. Da sie überwiegend in extrem unwirtlichen, meist recht bergigen und teilweise wüstenähnlichen Gegenden liegen, sind sie als Lebensraum für Equiden gewöhnlich zumindest nicht als ideal zu bezeichnen und würden von ihnen normalerweise sicher nicht bevorzugt aufgesucht. Doch so aufschlußreich die hier entdeckten Ergebnisse sein mögen – der Aktionsraum der halbwilden Ponys im New Forest umfaßte zum Beispiel von 7 bis zu 16 Quadratkilometer, freilebende Camarguepferde sollen täglich ungefähr sechs Kilometer und Haflinger in Gruppenauslaufhaltung immerhin etwa drei Kilometer täglich zurücklegen –, für die Erforschung des wirklich natürlichen Aktionsraumes sind selbst diese großen Wildbahnen noch zu klein, da auch dort etwaige Fernwanderungen der Tiere der besiedelten Umgebung wegen nicht möglich sind.

Um vom Menschen völlig unbeeinflußte Einhufer beobachten zu können, blieb nichts weiter übrig als auf andere, weniger nahe wilde Verwandte unserer Pferde auszuweichen und daraus Rückschlüsse auf Ortstreue, Standortwechsel oder Fernwanderungen zu ziehen. Die über manche Wildeinhufer sehr spärlichen, über andere wieder reichlicher vorhandenen bekannten Tatsachen ergeben auf den ersten Blick ein recht uneinheitliches Bild, da den ziemlich standorttreuen Hartmannzebras etwa einige asiatische Halbeselarten gegenüberstehen, die ausgesprochen weite Wanderzüge unternehmen. Erst die Ergründung der Ursachen dieser Standorttreue bzw. Fernwanderungen wird uns deshalb eine einigermaßen richtige Einschätzung des Aktionsraumes unserer Pferde ermöglichen.

Grundsätzlich sind die ökologischen Voraussetzungen, also das Nahrungs- und vor allem Trinkwasserangebot, das Entscheidende für jede Tierart. Je dichter und qualitätsvoller der Pflanzenwuchs ist und je näher beieinander die Tränken liegen, desto weniger große Gebiete muß ein Wildeinhufer durchstreifen, um Hunger und Durst stillen zu können. In Trockenzonen ist vor allem die Zahl der vorhandenen Wasserstellen für den Aktionsraum ausschlaggebend, da Equiden auch bei sehr guter Anpassung an das Leben in Dürregebieten verhältnismäßig häufig saufen müssen und sich im allgemeinen nicht weiter als 20 bis 30 Kilometer von einer Tränke entfernen können, soll noch genügend Zeit für die Nahrungsaufnahme bleiben. Besonders ungünstige Gegenden wie die von Halb- und Wildeseln bewohnten Halbwüsten Asiens und Afrikas machen uns erst die starke Wechselwirkung von Umwelt und Verhalten, von Verhalten und Körperbau deutlich: Die weitauseinanderliegenden Wasserstellen und das spärliche Futter erfordern lange Märsche zur Tränke und ein ausnehmend gutes Gebiß, um die nötige Futtermenge in der zur Verfügung stehenden Zeit aufnehmen zu können. Weil keine geschlossene Grasdecke existiert, ist die Weideformation der hier lebenden Einhufer weniger eng, ihre Individualdistanz wird größer und die gegenseitige Verträglichkeit geringer. Die täglich zurückgelegten großen Strecken bedingen einen ballastarmen Körperbau, und es entwickeln sich ausgesprochene Lauftiere mit entsprechendem Laufbedürfnis auch in der Gefangenschaft.

Umgekehrt zeigen natürlich alle Pferdeartigen aus günstigeren Verbreitungsgebieten mit üppigerem Pflanzenwuchs und zahlreichen Tränkegelegenheiten eine geringere Lauftierspezialisation und der bequemen Futteraufnahmemöglichkeiten wegen einen kleineren Abstand von Tier zu Tier und ein stärker ausgeprägtes, engeres Sozialleben. Zu dieser Gruppe gehören etwa die von dem Deutschen Klingel in jahrelanger Arbeit besonders gut erforschten Böhmzebras in der Serengeti. Auch diese Steppenzebras legen jedoch bei aller Standorttreue täglich recht beachtliche Strecken zurück, obwohl sie, wie gesagt, keine ausgesprochenen Langstreckler sind und ihr stämmiger, rundlicher Körperbau eher an Ponys als an Rennpferde erinnert. Trotzdem kann ihre tägliche Wegstrecke maximal bis 26 Kilometer betragen, wenn sie bei sonnigem Wetter jeden Morgen vom Schlafplatz zur weit entfernten, oft monatelang beibehaltenen (größte gemessene Distanz = 13 Kilometer) Tagesweide ziehen, von der sie am Spätnachmittag wieder heimkehren. Die beim stundenlangen Grasen zurückgelegten kürzeren Entfernungen sind dabei nicht einmal mitgerechnet.

Interessanterweise bleiben die Böhmzebras bei schlechtem Wetter „zu Hause", was sich vollkommen mit dem Verhalten der im New Forest freilebenden Ponys deckt, die an naßkalten Tagen mit starkem Wind und Regen ebenfalls nur in unmittelbarer Umgebung ihrer Schlafplätze weiden. Daß Hauspferde oft gerade bei kühler und unfreundlicher Witterung auf der Koppel besonders aktiv sind und ein stärkeres Laufbedürfnis als gewöhnlich zeigen, ist kein Widerspruch, handelt es sich dabei doch häufig um ein Warmlaufen vornehmlich der Tiere, die nicht ganztägig ins Freie kommen.

Das Wetter hat einen deutlich spürbaren Einfluß auf das Verhalten der Pferde, so daß es nicht wundernehmen darf, wenn viele ausgesprochen wetterfühlig sind. Neben der absoluten Temperatur spielen die Luftbewegung und besonders die Luftfeuchtigkeit für die Aktivität der Einhufer eine Rolle, denn bei Schwüle werden auch Pferde lethargischer und weniger leistungsfähig als bei trockenem schönem Wetter. Auf atmosphärische Spannungen reagieren vereinzelte Tiere ebenfalls, was sich hauptsächlich vor Gewittern in gesteigerter Nervosität und unruhigem Bewegungsdrang bemerkbar macht, die erst nachlassen und einer vermehrten Freßlust weichen, wenn sich das Gewitter entladen hat. Die meisten Weidepferde, die viel ins Freie kommen, verhalten sich jedoch bei derartigen Wettersituationen ganz anders. Bei sehr nahen und ausgesprochen heftigen Gewittern zeigen sie erstaunlich wenige Reaktionen, und selbst in unmittelbarer Nähe einschlagende Blitze mit entsprechend lautem Donner beeindrucken sie nicht besonders. Lediglich Feuer, auch wenn es mehrere hundert Meter entfernt ausbricht, ruft sofort allseitige Aufmerksamkeit, nervöses Schnauben und Herumrennen hervor. Bei einem ca. dreihundert Meter neben ihrer Koppel entstandenen Flächenbrand von ungefähr zehn Hektar mit starker Rauchentwicklung konnte ich das vor einigen Jahren einmal gut beobachten. Eine panikartige Flucht entwickelte sich jedoch nicht aus der allgemeinen Nervosität der etwa zehn Tiere, zumindest vermochte sie der aus Fichtenstangen bestehende Zaun ihrer drei Hektar großen Weide am Weglaufen zu hindern und wurde von ihnen nicht gewaltsam durchbrochen, was ihnen durchaus möglich gewesen wäre.

Sehr auffallend ist die Föhnempfindlichkeit der Pferde, denn jener trockene Südwind, der bei starkem Luftdruckabfall von den Alpen über das Voralpengebiet niederfällt, läßt Pferde genauso reizbar wie die dort ansässigen Menschen werden. Ich könnte mir vorstellen, daß mancher von auswärtigen Trainingsplätzen auf Münchens Bahnen zum Rennen gebrachte Sieger mit deshalb gewonnen hat, weil ihn der herrschende Föhn noch nicht zu beeinträchtigen vermochte, denn es dauert eine gewisse Zeit, bis man föhnempfindlich wird.

So wie das gerade herrschende Wetter die Tagesaktivität beeinflußt, hat das Großklima natürlich ebenfalls Bedeutung für den Aktionsradius der Pferde. Aus klimatischen und daraus folgend vegetationsbedingten Gründen sind die meisten Einhufer auf mehr oder weniger ausgedehnte jahreszeitliche Wanderungen angewiesen. In den nördlichen und gemäßigten Breiten zwingt der Winter die Tiere dazu, südwärts zu ziehen oder zumindest geschützte, wärmere Tallagen aufzusuchen, in südlichen Zonen veranlaßt sie vor allem die langanhaltende Dürre zu weiten Wanderzügen in regenreichere Gebiete, wo noch einige Wasserstellen vorhanden sind. Selbst in so günstigen Arealen wie der Serengeti müssen die Zebras in der Trockenzeit teilweise aus dem riesigen ehemaligen Vulkankrater auf außerhalb gelegene Hügel ausweichen, wodurch sich ihr Aktionsraum, zieht man eine Jahresbilanz, auf 80 bis 200 Quadratkilometer vergrößert. Die für New-Forest-Ponys festgestellten sieben bis sechzehn Quadratkilometer nehmen sich dagegen geradezu kümmerlich aus. Der von mir noch öfter zitierte Privatforscher EBHARDT nahm an, daß urwüchsige kleine Ponys des im Exmoor in Südengland noch teilweise halbwild vorkommenden Typs früher in den Eiszeiten ausgesprochene Fernwanderungen über viele hundert Kilometer im Frühjahr nach Norden und im Herbst nach Süden unternommen hätten. Er schloß das aus den in beinahe ganz Eurasien in den gemäßigten Breiten aufgefundenen fossilen Knochen, die weitgehend mit denen heutiger Exemplare übereinstimmen. Seine These baute er hautpsächlich aus Beobachtungen des Verhaltens seiner Islandponys auf, die sich im Frühjahr und Herbst ebenfalls deutlich unruhiger verhielten. Seine Annahme scheint viel für sich zu haben, denn eigene Exmoorponys zeigten genau denselben Wandertrieb und größere Lust, selbst aus guten Weiden auszubrechen und sich dabei wesentlich weiter – manchmal einige Kilometer – zu entfernen, als alle meine anderen Groß- und Kleinpferde verschiedenen Typs bei ihren gelegentlichen, von uns nicht beabsichtigten Spaziergängen in die Freiheit. Daneben haben auch ausgesprochene Praktiker aus dem unruhigen Verhalten mancher Großpferde und Ponys im Herbst auf solche Wanderzeiten geschlossen. Der italienische Vollblutzüchter F. TESIO, der „Zauberer vom Lago Maggiore", der wohl mehr Klasserennpferde als sonst jemand auf der Welt gezüchtet hat, bezog diesen jahreszeitlichen Wandertrieb sogar in die Gestütsplanung ein und verbrachte im Herbst seine jungen Vollblüter vom Lago Maggiore in Oberitalien auf Weiden in der viel südlicheren Römischen Campagna.

Ausgesprochen praktische Konsequenzen ergaben sich aus der Tatsache, daß bei Wildeinhufern vom flüchtigen Steppenrenner normalerweise nur wenig zu bemerken ist, denn außer auf der Flucht, wenn es heißt, schnell der Gefahr zu entrinnen, gehen alle Wanderzüge im Schritt vor sich. Der Schritt ist von Natur aus die wichtigste Gangart, weshalb häufige Schrittreprisen beim Arbeiten aller Pferde ganz unabhängig vom Verwendungszweck naturgemäß und sicher besser für das Tier sind als bloßes Herumhetzen im Galopp oder ständiges Traben.

Obgleich der Aktionsraum nicht aller freilebenden Einhufer so genau wie der der Böhmzebras erfaßt ist, darf man vielleicht doch aus den bisher bekannten Fakten die Schlußfolgerung ziehen, daß alle Wildequiden und somit auch die Vorfahren unserer Hauspferde verhältnismäßig ortstreu sind, solange sie die ökologischen Umstände nicht zu ausgedehnten Wanderungen zwingen. Diese Ortstreue, die sich jedoch stets auf ein mehrere Quadratkilometer umfassendes Gebiet und keineswegs auf lediglich wildparkgroße Reviere bezieht, ist nicht nur den relativ wenig auf Langlauf spezialisierten Zebraarten, sondern wohl auch ausgeprägten Lauftieren wie Onagern und Kulanen eigen, deren Standortwechsel sich fast ausschließlich nach den vorhandenen Wasserstellen richten.

Ehe wir auf die „geistigen Mangelerscheinungen" unserer Hauspferde eingehen, die aus ihren oft kümmerlichen Aktionsräumen entstehen können, sei ein altertümliches Phänomen erwähnt. Alle Einhufer pflegen im Gänsemarsch vom Schlafplatz auf die Weide oder von dort zur Tränke zu ziehen. Bei unübersichtlichem, mit zu hohem Gras oder Büschen bestandenem Terrain bewegen sie sich dabei in leichten Schlangenlinien fort, um sich besser nach hinten absichern zu können. Das Merkwürdige an diesem Hintereinanderlaufen ist, wobei wir die Reihenfolge der einzelnen Herdenmitglieder vorerst einmal außer acht lassen wollen, daß immer dieselben Wechsel eingehalten werden, ganz gleich, ob es sich um ein bergiges, enges Gebiet mit einzelnen zum Wandern günstigen Trassen oder um eine weite, offene Steppe handelt, in der kaum natürliche Hindernisse vorhanden sind, die einem Nebeneinanderlaufen im wahrsten Sinne des Wortes im Wege stünden. Die dadurch entstehenden schmalen Pfade, die den Aktionsraum einer Einhufergruppe in allen Richtungen durchziehen und besonders gut aus der Luft vom Flugzeug oder Hubschrauber aus überblickt werden können, finden sich sogar noch auf jeder Hauspferdeweide, wie klein sie auch sein mag.

Der Hang, Wechsel oder Wege anzulegen, scheint einer der Urtriebe höherer Säugetiere zu sein, denn wir finden ihn bei den meisten Wild- und Haustieren, ja selbst beim Menschen. Beobachtet man etwa, welchen Spaß Kinder daran haben, auf einer Wiese einen Pfad zu trampeln, so wird er besonders augenfällig. Auch wir Erwachsenen halten sehr oft genauso regelmäßig und stur wie die Pferde an den einmal benutzten Straßen fest, um an einen bekannten Ort zu gelangen, ohne uns über günstigere Verbindungen Gedanken zu

Sorraiapferde wechseln im Gänsemarsch in Schlangenlinien durch ihr sandiges, mit Pinien und Dornsträuchern bestandenes südportugiesisches Entdeckungsgebiet. Der Hengst, im Bild vorne rechts, zieht üblicherweise am Ende der Gruppe auf parallelem Pfad.

machen. Bei den Wildeinhufern, die heute ja größtenteils offene Gras-, Baum- oder Buschsteppen bewohnen, stammt diese Sitte aus der 70 Millionen Jahre zurückliegenden Zeit, als ihre Vorfahren noch als fuchsgroße, mehrzehige Buschschlüpfer im dichten Unterholz tropisch heißer Wälder lebten und wie unser Wild Wechsel anlegen mußten, um so schneller voranzukommen.

Bedenkt man, wie viel sich ein Wildpferd im Laufe eines Tages bewegt, welch zahlreichen Artgenossen und anderen Tieren es begegnet und was für verschiedene Gebiete mit wechselnden Gesichts-, Gehör- und Geruchseindrücken dabei durchwandert werden, so kann man die segensreiche Wirkung des Spazierenreitens oder -fahrens in „reizvollem" Gelände für unsere Pferde gar nicht hoch genug einschätzen. Da selbst verhältnismäßig ortstreue und bewegungsarme Wildeinhufer einen für unsere üblichen Vorstellungen recht großen Aktionsraum mit einer Fülle immer wieder neuer Außenreize bewohnen, wäre es falsch, lediglich für unsere hochgezüchteten Vollblutrassen ein möglichst abwechslungsreiches Tagesgeschehen für wichtig zu erachten. Auch Warmblüter und Ponys jeden Kalibers und die keineswegs immer phlegmatischen Kaltblüter sind „vielseitig interessiert", man muß ihnen nur die Möglichkeit zur psychischen Entfaltung geben. Die für uns sichtbaren Reaktionen sind natürlich bei jedem Pferdetyp und jedem einzelnen Individuum etwas anders und höchstens für die verschiedenen Ansprüche des Menschen, die er an das Pferd stellt, als gut oder schlecht zu werten.

Eine bekannte Tatsache, die sich aus dem zu eintönigen Leben vieler Hochleistungspferde ergibt, ist das sogenannte Sauerwerden. Psychisch wenig robuste Tiere halten das ewige Einerlei einer zu einseitigen Ausbildung oder eines zu routinemäßigen Trainings manchmal nicht aus, sie werden „sauer", das heißt, sie reagieren mit Arbeitsunlust, schlechter Futteraufnahme und einem allmählichen Verlust an Kondition. Dressurpferde verlieren den Schwung und die Losgelassenheit, wenn ihnen die Freude an der Bewegung durch zu häufiges und vor allem zu langdauerndes Wiederholen einzelner Lektionen genommen wird; Springpferde verweigern oft an Sprüngen, die sie früher ohne hinzusehen nahmen, oder springen schlampig, manche Vollblüter brechen aus, Traber springen an, verfallen also in Galopp oder gehen „unrein" in einer Art Tölt oder Paß usw. So konnte Deutschlands bis in die siebziger Jahre gewinnreichster Traber „Simmerl" zeitweise nur auf dem heimatlichen Bauernhof trainiert werden, da er dem Rennbahnbetrieb psychisch nicht gewachsen war. Er hatte „Heimweh", fraß schlecht und zeigte so wenig Leistung, daß man nie geglaubt hätte, daß solch ein Klassepferd in ihm steckte. Erst der tägliche Aufenthalt auf der Koppel zu Hause ließ seine Gefängnispsychose heilen und seine physischen Fähigkeiten voll zur Wirkung kommen.

Meine hoffentlich zahlreichen österreichischen Leser mögen mir verzeihen, wenn ich an einem ihrer Nationalheiligtümer ein bißchen kratze. Bei aller auf der Welt tatsächlich einmaligen Perfektion und Exaktheit der Vorführungen der Hofreitschule in Wien, die von ihren verschiedenen Nachahmern bislang sicher nicht erreicht wurde, habe ich manchmal doch den Eindruck, daß vor allem die reiferen Jahrgänge der „Barockpferde" ihre Übungen etwas gelangweilt absolvieren. Unterschiede der Dressurpferden anscheinend noch verbliebenen Lust an der verlangten Bewegung waren recht eindrucksvoll bei der nun schon viele Jahre zurückliegenden 400-Jahr-Feier zu sehen, an der neben den Wiener Lipizzanern auch eine auf Andalusiern berittene spanische Gruppe aus Jerez de la Frontera teilnahm. Trotz der im allgemeinen wesentlich schlampiger ausgeführten gleichen Lektionen wirkte ihre Schau lebendiger, die Pferde keineswegs abgestumpft. Möglicherweise lag das zum Teil am Ausbildungssystem, das zwar häufig etwas grob, aber nie langweilig wird, denn in Spanien dauern Reit- und Schulungsstunden normalerweise nur ungefähr 30 Minuten. Man ist dort der Ansicht, ein Pferd könne sich wie ein kleines Kind nicht länger wirklich konzentrieren und passe später sowieso nicht mehr auf. Daß mir persönlich in besagter 400-Jahr-Feier die Darbietung der ehemaligen Olympiadereiterin L. Linsenhoff auf Piaff besonders zusagte, hat nichts mit bösem deutschen Chauvinismus zu tun, zumal der Fuchs ein schwedisches Zuchtprodukt war. Mir gefiel die Vorführung deshalb so gut, daß ich sie bis heute vor Augen habe, obwohl ich die ganze Schau lediglich im Fernsehen genießen konnte, weil der Hengst Exaktheit und Gehlust in idealer Weise demonstrierte. Vielleicht mag der positive Eindruck an dem damals bei uns noch wesentlich selteneren und ungewohnten Bild eines imposanten, mächtig tretenden Warmbluthengstes in höchster Dressurausbildung gelegen haben. An anderer Stelle habe ich ja schon des öfteren darüber gelästert, daß viele Lektionen der höheren Dressur, die an sich dem Imponierverhalten der Hengste entlehnt sind, im Grunde genommen unnatürlich werden, wenn sie gerade von in diesem Bereich verkrüppelten Eunuchen (sprich Wallachen) oder auch von häufig recht edlen und deshalb elegant und feminin wirkenden Pferdedamen ausgeführt werden müssen.

Nun geht es im Rennsport in erster Linie ums Geld, im Turniersport um die Befriedigung menschlichen Ehrgeizes oder manchmal vielleicht auch um die Kompensation eigener Komplexe. Der Leistungsreitsport, zu dem ebenfalls die Töltwettbewerbe vor allem der Isländerreiter und neuerdings das Distanzreiten und gewisse Ponyspringen gehören, wird im wörtlichen Sinne auf dem Rücken des Pferdes ausgetragen, und es wäre müßig, nun ebenfalls in das von vielen feigen Reitern oder sentimentalen Nichtreitern angestimmte Lamento über die sicher in gewissem Grade vorkommenden Tierquälereien einzustimmen. Diese möglichst gering zu halten sollte in einer Zeit, in der Schlagworte von der höheren Lebensqualität kursieren, selbstverständlich sein. Natürlich sind in der Regel weder die relativ wenigen Sportreiter, noch die große Zahl der Hobbyreiter bösartige Sadisten, doch machen sich gerade die sogenannten Pferdefreunde aus manchmal falschverstandener Tierliebe oder Unkenntnis des wirklichen Pferdeverhaltens, oft auch aus purer Faulheit, mindestens ebenso vieler Tierquälereien schuldig wie die seit vielen Jahren so häufig angegriffenen Sportreiter.

Wir erwähnten schon das Kerkerdasein, die oft 23stündige

Einzelhaft unserer heutigen Luxustiere. Das ist, bedenkt man die ursprüngliche Freizügigkeit des Pferdes, eine blanke Tierquälerei, so hart das auch klingen mag, und durch die peinlich saubere Stallgasse, die luxuriösesten Boxen und selbst den besten Ernährungs- und Pflegezustand der Tiere nicht zu bemänteln. Paradoxerweise geht es, was die artgemäße tägliche Bewegungsdauer anlangt, gerade den verwöhnten Privatpferden am schlechtesten. Im Gegensatz zu den „Verleihern", in vornehmen Reitinstituten „Schulpferde" genannt, die täglich mehrere Stunden „gehen" müssen, werden sie ja häufig nur eine Stunde am Tage mehr oder minder fachgerecht bewegt. Bei schlechtem Wetter wird darüber hinaus gewöhnlich nur in der Halle geritten, so daß manche Pferde einen Großteil des Jahres „nicht aus dem Hause kommen". Daß solche Tiere aus Mangel an Abwechslung und neuen Sinneseindrücken seelisch und intellektuell verkümmern müssen, liegt auf der Hand – Parallelen aus der Humanpsychologie ließen sich in großer Zahl anführen. Die Folgen sind oft Stalluntugenden, unter denen das Figurenlaufen und das sogenannte Weben den Bewegungsmangel am deutlichsten anzeigen, Ersatzhandlungen also, zu denen verständlicherweise gerade lebhafte Pferde mit ausgeprägtem Laufbedürfnis besonders leicht neigen.

Beim Figurenlaufen und beim noch einprägsameren Weben spricht man von Bewegungsstereotypien. Manche Pferde laufen unentwegt in ihrer Box umher und beschreiben dabei jedesmal die gleichen Wendungen, Kreise oder bei genügend großem Laufstall auch Achtertouren. Diese stereotypen Bewegungsabläufe, die wohl jeder von uns schon bei großen Raubkatzen in ihren Käfigwagen oder bei Zooeinhufern in engen Gehegen beobachtet hat, sind nicht planlos, sondern erfolgen eigentlich zielgerichtet, wie aus der stets gleichen Kopfhaltung in eine bestimmte Richtung zu erkennen ist. Weben entsteht im allgemeinen bei angebundenen Tieren, die in Ständen gehalten werden und nicht einmal die Freiheit einer Box genießen. Da sie sich nicht umdrehen können, reagieren sie ihren Bewegungsdrang durch dauerndes Hin- und Hertreten mit der Vorderhand ab, indem sie das Gewicht abwechselnd vom einen nach der Seite gegrätschten Bein aufs andere verlegen. Die manchmal stundenlang praktizierte, pendelnde Links-Rechts-Bewegung des Kopfes, Halses und der ganzen Vorderhand erinnert an das Hin- und Herschießen eines Weberschiffchens am Webstuhl und hat in ihrer Monotonie etwas Deprimierendes und Irres an sich. Verbringt man solche Pferde in eine Box, so behalten sie meistens das früher erlernte Weben bei, ja selbst in Ausläufen ohne Weidemöglichkeit wird es weiter ausgeübt. Körperlicher Schaden entsteht dadurch kaum, der Sehnenverschleiß ist relativ gering, doch kostet die ständige Bewegung Energie. Wie viele „Untugenden" regt das Weben den Nachahmungstrieb an und wird besonders von nervösen, ähnlich veranlagten Pferden schnell erlernt.

Vom Pferdestandpunkt aus betrachtet ist auch der wöchentliche Ruhetag ein Unding und typisch für falschverstandene, da vom menschlichen Verhalten ausgehende Tierliebe. Wir glauben in der löblichen Absicht, daß unsere Lieblinge wie wir einmal ausspannen müßten, was früher in der Arbeitspferdezeit – das Wort ausspannen entstammt ja diesem Bereich – noch durchaus richtig war. Doch selbst damals zogen die geschundenen Tiere eine Weide dem engen Stall vor, und Bauern, die die Möglichkeit dazu hatten, gewährten ihren Arbeitskameraden meistens das Vergnügen, sich ohne Geschirr im Obstgarten hinterm Haus ein bißchen wälzen und scheuern zu können. A. PAALMANN, früherer Nationaltrainer der irischen Springreiterequipe, lehnt auch bei voll im Training befindlichen Pferden den Stehtag völlig ab. Er entwickelte, um die Eintönigkeit zu vermeiden, ein ausgefeiltes Trainingssystem, bei dem sich Dressur und Springen in der Halle und im Freien, Ausritte, Longieren, Freispringen und kurzer Weidegang täglich abwechseln. Ruhetage sind konsequenterweise nicht vorgesehen.

Leider haben die meisten von uns kaum die Möglichkeit, ihren Pferden genügend abwechslungsreiche Bewegung zu bieten, doch sollte man das Beste aus dem Vorhandenen zu machen versuchen. Auf dem Lande sind diese Probleme verhältnismäßig einfach mit einer Weide oder wenigstens einem Auslauf zu lösen, hat man keine Zeit zum Bewegen der Tiere. In der Stadt kann man sein Pferd vielleicht ab und zu frei in der Halle laufen lassen oder länger ausreiten, denn im Gegensatz zum körperlichen Konditionstraining und zur Leistungsförderung, bei denen in erster Linie die Qualität der Bewegung und das systematische Arbeiten von Bedeutung sind, ist für das psychische Wohlbefinden eines Tieres, als Neurosenprophylaxe sozusagen, die Dauer der Bewegungsmöglichkeit viel wichtiger. Wollen wir unseren Pferden etwas Gutes tun, ist es besser, wir zockeln mit ihnen mehrere Stunden spazieren und legen nur dann und wann einen kurzen Trab oder Galopp ein, als wir hetzen sie, weil wir gerade Zeit haben und sie sowieso die ganze Woche faulenzen, nun „mal so richtig" über Stock und Stein.

Hoffen wir, daß uns und unseren Pferden auch in Zukunft die Erholung eines verbummelten Spazierreitnachmittags gegönnt wird und wir nicht bald nur noch im Ghetto der Reithallen, Turnierplätze und Rennbahnen vom Wald und von der Heide träumen können.

DER ABLAUF EINES PFERDETAGES

Um die Verhaltensweisen unserer Vierbeiner besser verstehen und tolerieren zu lernen, ist es vielleicht ganz interessant, einmal den Ablauf eines Pferdetages unter weitgehend natürlichen Umständen zu verfolgen. Wir können dabei keine aufsehenerregenden Ergebnisse erzielen, doch werden sich manche aus unserer stets an falscher Stelle vermenschlichenden Sicht als Untugend erscheinenden Eigenschaften als ihr genaues Gegenteil erweisen, als im Wildleben durchaus sinnvolle Handlungen und Reaktionen.

Fressen

Das Wichtigste im Leben eines Einhufers ist das Fressen. Das mag dem Anhänger edler Pferde, die gleichsam aus Feuer, Eleganz und Anmut zu bestehen scheinen, schockierend in den Ohren klingen, wie ja viele Zeitgenossen schon die Bezeichnung „fressen" als ausgesprochen herabsetzend empfinden. Seit wir in unseren Massenmedien mit wunderhübschen Tiergeschichten nur so berieselt werden, gilt es als unschicklich, daß ein Rindvieh Gras oder ein Tiger ein Büffelkalb frißt, und selbst in neutralen zoologischen Klassifikationen wird der Pflanzen- und Fleischfresser zum „Pflanzenesser" und „Fleischesser" veredelt. Manchmal ist es fast peinlich, mitanhören zu müssen, wie sich ein Kommentator um das Wort „fressen" herumwindet und verzweifelt nach Ersatzwörtern sucht, wenn irgend so ein liebes Tierchen seine Nahrungsaufnahme zufälligerweise höchst unfein bewerkstelligt. Zur Ehre der Zunft möchte ich heute, 1993, anfügen, daß allerdings, soweit ich mich erinnern kann, noch keiner von der aasessenden Hyäne berichtet hat und das Wort „fressen" allmählich, zumindest bei Tieren, fast wieder salonfähig geworden ist.

Fressen ist, wie gesagt, das Wichtigste für ein normales Pferd wie übrigens für alle Lebewesen, denn ohne ausreichende Nahrungszufuhr gibt es kein individuelles Leben und kein Fortbestehen der Art. Diese grundsätzlich wichtige Nahrungsaufnahme, die für Mensch und Tier natürlich gleichermaßen gilt, ist für die Einhufer durch gewisse anatomische Besonderheiten auch noch zur zeitraubendsten Tätigkeit geworden, der sie im Laufe eines Tages nachzugehen pflegen.

Pferde sind bekanntlich reine Pflanzenfresser. Da jedoch selbst hochwertige pflanzliche Kost niemals so konzentriert wie tierische ist, benötigen sie eine verhältnismäßig große und voluminöse Futtermenge, um ihr Körpergewicht bei normaler Aktivität zu erhalten (Erhaltungsfutter) bzw. das Wachstum der Föten und der Jungtiere (im Freileben eine Art Leistungsfutter) zu gewährleisten. Der ganze Verdauungsapparat der Pferde ist deshalb ziemlich umfangreich und in der Lage, auch nährstoffarmes Futter bestmöglich zu verwerten. Um den Verdauungssäften und den vorhandenen Darmkleinlebewesen die erforderliche Angriffsfläche zu bieten, müssen die manchmal recht grobstengeligen und hartfaserigen Pflanzen ausnehmend gut zerkleinert werden. Dieses Problem aller Pflanzenfresser wird in verschiedener Weise gelöst: Die große Gruppe der Wiederkäuer wie Rinder, Schafe, Antilopen, Kamele, Hirsche und auch die australischen Känguruhs bereitet die ziemlich schnell hinuntergeschlungene Futtermenge für die Verdauung durch den Wiederkäuakt vor, für den sie, meist in Ruhelage, den Nahrungsbrei wieder in die Mundhöhle heraufwürgen und ihn noch einmal sehr sorgfältig zerkleinern. Bei den Einhufern, die kein Vormagensystem besitzen, dafür aber einen mächtig entwickelten Blinddarm, der die Hauptaufbereitung der Nahrung übernimmt, ist eine gleich zu Beginn einsetzende gute mechanische Zerkleinerung des Futters in einem einzigen Arbeitsgang besonders wichtig.

Pferde fressen also trotz ihrer größeren und breitflächigeren, wie Mahlsteine wirkenden Backenzähne nicht nur viel langsamer und sorgfältiger als Wiederkäuer, sie nehmen auch die einzelnen Gräser und Kräuter, vielleicht als Folge dieses sorgsameren und gemächlicheren Kauens, wesentlich gezielter und differenzierter auf als beispielsweise ein Rind. Das selektive Aussuchen der Nahrungspflanzen geht zwar mit Abstufungen vor sich, das heißt, bei größerem Hunger wird nicht ganz so wählerisch gegrast, doch finden wir selbst bei sehr hungrigen Pferden niemals ein derart unbedachtes Verschlingen aller freßbaren Dinge, das etwa bei Rindern bis zur Fremdkörperaufnahme mit manchmal tödlichen Folgen führt. Pferde fassen die Futtergräser mit den Lippen und beißen sie dann mit ihren breiten Schneidezähnen unter kurzem Kopfdruck nach hinten-oben ab. Je dichter und artenreicher der Pflanzenwuchs der Weide, desto sorgfältiger werden die einzelnen Gräser ausgewählt, und es ist erstaunlich, wie nahe ein Pferd mit seinem verhältnismäßig breiten Maul an weniger schmackhaften Kräutchen vorbeizufressen vermag oder irrtümlicherweise aufgenommene Gräser geschickt wieder seitlich herausfallen lassen kann. In die Krippe oder unter den Hafer gestreute Nägel oder sonstige Gegenstände liegen deshalb nach Beendigung der Mahlzeit selbst bei schnellen und gierigen Fressern noch fein säuberlich im Futterbarren.

Manchmal bleibt auch den Pferden nichts anderes übrig, als ungünstige Fremdstoffe aufzunehmen, wollen sie nicht das ganze Futter verschmähen. Bei sehr verschmutzten Grünfuttergaben im Stall wird die anhaftende Erde mitgefressen, was unter Umständen zu Durchfällen führen kann; auf ungewöhnlich stark abgegrasten Weiden rupfen die Pferde die Gräser mitsamt den Wurzeln aus und zerstören dabei die Grasnarbe, wobei sich natürlich die anhaftende Erde von den geringen Futtermengen nicht trennen läßt. Ist ihre Beschaffenheit sandig, dann kommt es bei langen Weideperioden auf solchen extrem schlechten Flächen zur schnelleren Abreibung der Schneide- und Backenzähne, da der Sand sie geradezu abschleift. Das konnte ich in Portugal beobachten, wo in einzelnen besonders unwirtlichen Gegenden alle Stuten, die sich dort fast ausschließlich auf den zu manchen Jahreszeiten völlig vertrockneten Weiden ernähren, aus der Zucht vorzeitig ausscheiden müssen, da sich ihre Zähne der jedes Jahr monatelang währenden Quarzsandaufnahme wegen schon mit 18 bis 20 Jahren total abgenutzt haben.

Die aus anatomischen und ökologischen Gründen äußerst zeitraubende Ernährung hat bei allen Einhufern zu einer je nach Art wohl etwas verschiedenen, im großen und ganzen jedoch sehr ähnlichen, anlagemäßigen Programmierung auf eine gewisse tägliche Zeitspanne für die Nahrungsaufnahme geführt, die ich natürliche Freßdauer nennen möchte. Das innere Verlangen, eine verhältnismäßig fest eingeplante Stundenzahl am Tage zu fressen, ist in den Pferdeartigen derart tief verwurzelt, daß sie ihm vielfach auch unter unphysiologischen und unnatürlichen Verhältnissen nachzukommen bestrebt sind. Zooeinhufer, deren Gehege keinerlei Pflanzenwuchs mehr zeigen, lassen bisweilen ein Leerlaufgrasen erkennen, bei dem sie wie beim richtigen Weiden umherwandern und mit den Lippen am Boden Bewegungen ausführen, wie wenn tatsächlich Gräser vorhanden wären.

Wie sehr unsere Pferde an ihre ungefähre natürliche Freßzeit gebunden sind, können viele Pferdehalter schlecht verstehen. Sie sind oft ob der Freßsucht ihrer Lieblinge, denen, wie sie meinen, nun wirklich nichts abgeht, entsetzt, um nicht zu sagen erbost und persönlich beleidigt. Sie nehmen es ihren mit Hafer und Fertigfutter geradezu gemästeten Pferden direkt übel, daß sie sich immer noch durch ewiges Strohfressen einen heute als besonders unfein geltenden Bauch zulegen.

Man muß sich einmal klarmachen, daß ein normaler Warmblüter mit gesunden Zähnen, um ein Kilogramm Heu zu fressen, im Durchschnitt 40 Minuten braucht und dazu ca. 5250 Kauschläge benötigt, die dann das sich im Stall so gemütlich anhörende Mahlgeräusch ruhig fressender Pferde erzeugen. Auch beim Strohverzehr liegen ganz ähnliche Werte vor, nur daß es noch fünf Minuten länger dauert und 400 Kauschläge mehr braucht, um ein Kilogramm zu zerkleinern. Zeitlich besser für den Besitzer, der vielleicht etwas mit seinem Pferd unternehmen will, für das gelangweilte, eingesperrte Tier jedoch wesentlich ungünstiger, sieht es beim Füttern von Hafer aus. Um ihn bedarfsgerecht zu zermahlen, benötigt das Pferd bei ganzen Körnern nur noch zehn Minuten und 830 Kauschläge, bei gequetschtem natürlich entsprechend weniger. Auch für die heute viel verwendeten verschiedenen pelletierten Mischfuttermittel liegen ganz ähnliche Zeit- und Kauschlägewerte vor. Wen wundert es da noch, daß sich die zwar satten, jedoch von der üblichen Einzelhaft angeödeten Tiere mit der Stroheinstreu vergnügen?

Die durchschnittliche Freßdauer erwachsener Hauspferde bei ausschließlichem Weidegang beträgt meinen Beobachtungen nach ungefähr zwölf Stunden täglich.

Auf schlechten Böden mit nährstoffarmen Gräsern oder bei mangelhaftem Bewuchs kann sie bis auf 16 Stunden und mehr ausgedehnt werden, wobei säugende Stuten immer am längsten von allen mit der Nahrungsaufnahme beschäftigt sind. Hinsichtlich der Stundenzahl sind auch deutliche rassemäßige Unterschiede festzustellen. So weidete zum Beispiel unsere Norwegerstute, die gemeinsam mit den Sorraias dasselbe Freilandareal benutzte, täglich ca. zwei Stunden länger als ihre aus Südportugal stammenden Gefährtinnen. Zwölf Stunden fressen pro Tag mutet uns zivilisationsbeleckte Westeuropäer geradezu plebejisch an, da wir allzu gerne bereit sind, unsere menschlichen Modetorheiten, die uns zur Zeit weismachen wollen, nur ein leicht kachektisches Lebewesen wäre schön, auf die unschuldigen Pferd zu übertragen, die ganz sicher einen aufgezogenen Bauch und durchschimmernde Rippen für nicht besonders erstrebenswert halten.

So befremdlich uns die zwölfstündige Nahrungsaufnahme erscheinen mag, sie ist etwas durchaus Sinnvolles und keineswegs auf die vielgeschmähten unedlen Pferde beschränkt. Das gesunde Bestreben, möglichst fett zu werden, gewährleistet in der Natur das Überleben des Einzeltieres und das der Art, wenn die guten Jahreszeiten mit ihrem reichlichen Nahrungsangebot wieder den dürftigeren Monaten zu weichen pflegen. Alle freilebenden Vertreter des Einhufergeschlechtes müssen sich deshalb rechtzeitig einen lebensnotwendigen Fettvorrat zulegen, von dem sie in der schlechten Jahreszeit zehren können. In den kühlen Gegenden der gemäßigten Zonen, zu denen ein Großteil des ehemaligen Verbreitungsgebietes der echten Wildpferde gehört, ist es der schnee- und frostreiche Winter, den es zu überdauern gilt, in den heißen Gebieten, also heute vor allem in der Heimat der Zebras, Wildesel und mancher Halbesel, entspricht ihm die Trockenzeit, in der das Grünfutter zum nährstoffarmen, bloßen Ballastfutter verdorrt. Besonders die unverkreuzten alten Ponyschläge, die bei uns ja fast alle aus mehr oder weniger nördlichen, zum Teil recht kalten und vielfach ziemlich unwirtlichen Gebieten mit langen, manchmal sehr schneereichen Wintern stammen, zeichnen sich häufig durch eine extreme Freßsucht und am Ende der futterreichen Monate durch einen besonders starken Fettansatz aus, ohne den sie den rauhen Winter Skandinaviens etwa im Wildleben nicht hätten überstehen können. Kommen solche Rassen bei uns dann während des Sommers zu lange auf zu üppige Weiden, verfetten sie bis zum Herbst oft ungeheuer.

Der Trieb, sich eine schützende Fettschicht zuzulegen, ist nicht auf die Tiere allein beschränkt. Auch uns Menschen, wenn wir nicht zu

**Bei ausschließlichem Weidegang auf gut-
bewachsenen Flächen beträgt die Freßdauer
der Pferde mindestens zwölf Stunden pro
Tag.
Die Angehörigen meiner Exmoorponyfamilie,
der Hengst „Musketeer" im Vordergrund,
zwei Stuten und deren Nachzucht, haben
sich schon bis zum September einen für sie
typischen Fettvorrat angefressen, der sie
auch die Wintermonate im Freien gut überdauern läßt.**

verbildet sind, ist eine natürliche Freude
an gutem und vor allem an reichlichem
Essen absolut eigen. Man lasse sich von
der modernen Auffassung vom gesunden Leben und von propagierten
Schönheitsidealen nicht täuschen, sie
sind sehr jungen Datums und uns noch
keineswegs in Fleisch und Blut übergegangen. Es mache mir keiner weis, daß
die weitverbreitete Freßsucht unter den
Menschen ausschließlich eine Kompen-
sationshandlung wäre, also nur in seelischen Mangelerscheinungen
begründet läge. Man sollte nicht vergessen, daß selbst wir Europäer
bis vor gar nicht langer Zeit wesentlich häufiger und regelmäßiger von
guten und von schlechten Jahren heimgesucht wurden, als das
glücklicherweise heutzutage in Nordamerika und Westeuropa der Fall
ist. Dazu kommt, daß wir nicht für eine sitzende Lebensweise programmiert sind, sondern von Natur aus recht bewegungsfreudige
Lauftiere waren. Unser unnatürliches Dasein, unsere Selbstdomestika-

tion, hat die jahrtausendealte spezifisch menschliche „Eßdauer" aber trotzdem nicht aus dem ererbten Gefüge zu verdrängen vermocht; nicht umsonst fällt uns das Hungern und die Einhaltung der heute aus ästhetischen, aber auch aus gesundheitlichen Gründen notwendigen schlanken Linie derart schwer. Der normale Mensch ißt immer noch genauso gerne und ausgiebig wie sein Vorfahre aus der Steinzeit, und das Schönheitsideal vieler Naturvölker und der meisten Entwicklungsländer ist deshalb durchaus der vollschlanke Typ und keineswegs der Mensch in Rennkondition.

Auch Pferde in Rennkondition, so schön und elegant sie wirken, sind im Hinblick auf ihre ursprüngliche Freßdauer nicht optimal ernährt. Ich glaube, daß manche Temperamentsfehler, die man speziell den Galopp- und heute schon vielen Trabrennpferden nachsagt, zum Teil in der jahrelangen „Frustration" dieser Tiere hinsichtlich ihres natürlichen Freßtriebes begründet liegen, und das Benagen der Krippen und Wände, das Koppen und Zungenspielen möglicherweise neben der inzwischen nachgewiesenen ererbten Disposition ebenfalls durch die seit Kindheit immer ungestillte Freßlust verursachte oder zumindest ausgelöste „Untugenden" sind. Sicher werden Rennpferde im Training nährstoffmäßig bestens gefüttert und dadurch zu körperlichen Höchstleistungen fähig, und sie leiden gewiß keinen Hunger im eigentlichen Sinne, der ja primär in den Körperzellen entsteht, sobald eine zu geringe Konzentration einer der Hauptnährstoffe vorhanden ist. Auch der Hunger, der sich ganz einfach bei leerem Magen entwickelt, fällt bei allen gut gehaltenen Hochleistungspferden weg, da sich ihr Verdauungstrakt durch die ständige Zufuhr von hochkonzentriertem Futter mit möglichst wenig Ballaststoffen so weit verkleinert hat, daß diese geringen Mengen zur Sättigung durchaus genügen. Daß sie jedoch zur psychischen Sättigung, zur Sättigung des dem Pferde sicher nicht immer bewußten natürlichen Freßtriebes ausreichen, bezweifle ich eben, denn auch die edlen Vollblüter sind von Natur aus auf etwa die gleiche Freßdauer programmiert wie ihre weniger drahtigen Verwandten und würden, wenn sie nicht dem forcierten Fütterungssystem unterworfen wären, das für die Aufzucht eines späteren Rennpferdes notwendig ist, wesentlich „natürlichere", mehr an einen leichten Warmblüter erinnernde Formen entwickeln. Das Entsetzen, das viele Freunde edler Pferde befällt, wenn sie einen ihrer Rennbahnlieblinge später in Zuchtkondition, das heißt, in seinem richtigen, normalen Fütterungszustand, wiedererblicken, ist symptomatisch für die heutige Unkenntnis der eigentlichen Biologie des Pferdes.

Wie ist es dann aber möglich, daß Tiere gleichen Alters, die in einer völlig identischen Umwelt aufgezogen wurden, also dieselben

Weiden begingen und im Winter dasselbe Rauh- und Körnerfutter erhielten, einen oft ziemlich unterschiedlichen Ernährungszustand und daraus resultierend eine so verschiedene Aktivität zeigen? In Pferdezüchterkreisen erklärt man dieses Phänomen im allgemeinen mit guter bzw. schlechter Futterverwertung – vor einigen Jahren war noch der Begriff Scholle, die ein Pferd trug, zu der es demnach paßte, oder die zu arm für einen aufwendigen Pferdetyp war, im Umlauf –, doch werden damit jeweils nur Symptome und keine Ursachen benannt. Ich selbst deute es mir aus der unterschiedlichen Herkunft der einzelnen Pferderassen, die sich in recht verschiedenen Lebensräumen unter sehr differierenden Bedingungen an ganz spezielle Gegebenheiten anpassen mußten und dadurch Eigenschaften entwickelten, die sie als konservative Einhufer beibehalten haben. In diesem Zusammenhang ist es gleichgültig, ob man wie ich eine polyphyletische Abstammung für unsere Pferde annimmt oder glaubt, daß sie auf eine einzige Wildpferdeart zurückgehen und alle die mannigfaltigen Eigenschaften in dem jetzt zirka viertausend Jahre dauernden Haustierstand in den jeweiligen geographischen Breiten unter menschlichem Einfluß entwickelt haben. Denn daß Araber, Turkmenen, Berber und Andalusier als Pferde südlicher Zonen im Laufe ihrer Geschichte doch andere physiologische und psychologische Merkmale ausgebildet haben als nordeuropäische oder nordasiatische Ponys und Kleinpferde, ist kaum zu bestreiten. Bei der vorausgesetzten, ungefähr gleichen natürlichen Freßdauer aller Einhufer – die Annahme stützt sich unter anderem auf Literaturhinweise über echte, heute noch freilebende Wildequiden – ist es für den Ernährungszustand eines Weidepferdes nun eben von ausschlaggebender Bedeutung, ob dieses Tier in einem ihm art- oder, vorsichtiger ausgedrückt, rassemäßig adäquaten Biotop lebt oder nicht. Ist die Umwelt passend, die wir Menschen ihm beispielsweise auf einer genügend großen und mit ausreichend artenreichem Gras- und Kräuterwuchs bestandenen Fläche bieten können, so wird ein gesundes Pferd im Sommer auch ohne Beifütterung einen guten Futterzustand aufweisen, da seine Weidezeit mit dem Nahrungsangebot im großen und ganzen übereinstimmt. Ist die Koppel für eine Pferderasse, die an sich aus einer kärglicheren Umwelt stammt, zu üppig, dann werden die Tiere binnen kurzem fett, da sie auch bei uns die übliche Stundenzahl grasen und dadurch überreichliche Nährstoffmengen aufnehmen.

Ein Zu-fett-Werden auf an sich durchschnittlichen Weiden ist uns von den sogenannten Robustpferden, den Haflingern, Isländern, Norwegern etc. her gut bekannt. Diese Tiere besitzen keineswegs eine anomale Freßsucht, wie man oft zu hören bekommt, sondern nehmen lediglich aufgrund ihres außergewöhnlich guten Gebisses und eines Verdauungstraktes, der selbst nährstoffärmstes voluminöses Futter optimal auszuwerten vermag, in der vorgesehenen natürlichen Freßdauer bzw. in einer zwölfstündigen täglichen Weidezeit eine viel zu reichliche Nährstoffmenge auf. Diese Rassen passen eben zumindest in der guten Jahreszeit nicht in unser Klima und werden deshalb manchmal so fett, daß bei Stuten die Fruchtbarkeit gestört sein kann. Umgekehrt nähren sich manche Pferde auch bei verhältnismäßig guter Weide hierzulande schlecht. Vorausgesetzt, daß die Tiere gesund sind, also vor allem ihre Zähne in Ordnung sind und kein zu starker Parasitenbefall vorhanden ist, scheinen diese schlechten Futterverwerter mit ihrer ebenfalls eingehaltenen Freßdauer nicht auszukommen. Sie benötigen in unserer Umwelt Kraftfuttergaben, sollen sie nicht mager und eckig werden.

Der springende Punkt der ganzen natürlichen Freßzeit ist einfach der, daß an einer ursprünglich an das Herkunftsgebiet für den jeweiligen physiologischen Zustand angepaßten Freßdauer festgehalten wird, mag die in dieser Zeit aufgenommene Nährstoffmenge für das Tier ausreichend, zu üppig oder ungenügend sein. Pferde, die aufgrund einer kleineren Kaufläche ihrer Zähne, wie sie manche hochgezüchteten Araber oder Vollblüter besitzen, bei zwölfstündigem Weiden in unseren Gegenden rein mechanisch zu wenig Gras zerkleinern und damit verdauen können, fressen nun nicht einige Stunden länger, um das Defizit auszugleichen, sondern halten sich genauso an ihre Ruhezeiten wie ihre wohlgenährten oder gar zu fetten Weidegenossen. Daß überdies die hiesigen Pflanzen oft zu wasserreich und nährstoffarm für diese Pferde sind, kommt noch hinzu. Lediglich vor allem im letzten Drittel der Trächtigkeit verlängern tragende Stuten bei allen Rassen ihre tägliche Freßzeit, um ihren für die nun rapide wachsende Leibesfrucht benötigten erhöhten Nährstoffbedarf zu decken.

Wie gravierend die Unterschiede im Ernährungszustand werden, soll ein Beispiel aus Spanien demonstrieren. Das südliche Andalusien zeichnet sich durch dasselbe semiaride Klima wie Nordafrika und Nordarabien aus und ist durch eine nur wenige Monate dauernde Vegetationsperiode im Frühjahr mit außerordentlich reichem und vor allem gehaltvollem Futterangebot und durch sehr lange, äußerst magere Trockenzeiten gekennzeichnet. Während die autochthonen, also wirklich ursprünglichen, reinrassigen, grobschädeligen Andalusierstuten, die ganzjährig auf der Weide gehalten werden, im späten Frühling ausgesprochen fett und selbst im Frühherbst noch einigermaßen wohlgenährt sind, magern mischrassige Pferde mit starken Vollblut- und Araberblutanteilen, ja sogar reinrassige Araberstuten in der Dürrezeit und im naßkalten Winter derart ab, daß sie sich in den kurzen Frühjahrsmonaten nicht mehr richtig erholen können. Die Wirtschaftlichkeit solcher Tiere mit kleinen, edlen, das heißt arabisierten Köpfen, deren natürliche Freßdauer dem besonders hartstengeligen und nährstoffarmen dortigen Futter keineswegs mehr entspricht, war deshalb zumindest bei der bisherigen südiberischen Pferdehaltung in Frage gestellt, da traditionsgemäß nur die Hengste mit Kraftfutter aufgezogen wurden und die Stuten ausschließlich auf die Weide gingen und höchstens etwas Weizenstroh beigefüttert bekamen.

Unseren Stallpferden werden im allgemeinen nicht nur Futtermenge und Futterart, sondern auch die Freßzeiten vom Menschen vorgeschrieben: Traditionsgemäß wird morgens sehr früh gefüttert, um die Mittagszeit oft eine kleinere Portion und das Abendfutter dann meistens schon gegen 17 Uhr verabreicht. Wir wollen nun sehen, ob das nur für den Pfleger praktisch ist oder ob sich diese Sitte im großen und ganzen den normalen und natürlichen Gewohnheiten der freilebenden Pferde anpaßt.

Die Literaturangaben über die Freßzeiten wildlebender Equiden gehen ziemlich weit auseinander. Das mag zum Teil daran liegen, daß über verschiedene Arten referiert wird, die einen etwas unterschiedlichen Tagesrhythmus besitzen. Auch der Standort der jeweilichen Einhuferherde mit all seinen ökologischen Gegebenheiten, die Jahreszeit, die Temperaturen und eventuelle Beunruhigung durch Feinde sind natürlich für die entsprechende Gestaltung eines Pferdetages mitverantwortlich. Ein wesentlicher Punkt, der die Ergebnisse so differieren läßt, scheint mir in der Person des Betrachters zu liegen. Nur sehr wenige haben eine Herde wirklich pausenlos rund um die Uhr, also 24 Stunden lang, beobachtet und in den seltenen Fällen ihre Studien dann gewöhnlich auf eine einmalige Untersuchung beschränkt, so daß etwaige Fremdeinflüsse durch die Beobachtungsperson nicht berücksichtigt werden konnten. Klar und eindeutig und übereinstimmend ist nur die Feststellung, daß Einhufer mehrere Freß-, Schlaf- und oberflächlichere Ruhezeiten haben, wobei für Außenstehende interessant sein mag, daß sie niemals die ganze Nacht durchschlafen, wie man es eigentlich von Tagtieren erwarten sollte; doch von den Schlafgewohnheiten später mehr, zuerst möchte ich von meinen eigenen Beobachtungen der Freßzeiten rund um die Uhr bei Hauspferden unter verschiedenen Haltungsbedingungen berichten.

An zwei soziologisch intakten Fjordpferdegruppen von insgesamt 34 Köpfen, die ein 30 Hektar großes Freigehege bewohnen, ließen sich während der warmen Jahreszeit innerhalb eines 24-Stunden-Tages zwei länger dauernde und zwei kürzere Freßperioden feststellen: Die erste Hauptmahlzeit nahmen beide Herden getrennt und unabhängig voneinander kurz nach dem Morgengrauen zwischen vier und fünf Uhr beginnend bis ungefähr sieben Uhr dreißig ein. Zwischen elf und zwölf Uhr lag eine kürzere Weidezeit, die von einer gut einstündigen zweiten zwischen fünfzehn und sechszehn Uhr gefolgt wurde. Die weitaus längste Periode der Nahrungsaufnahme begann in den späten Nachmittagsstunden ab siebzehn Uhr und reichte, nur von einzelnen Tieren kurzzeitig unterbrochen, bis Mitternacht. Zählt man diese an mehreren Sommertagen gewonnenen Zeitbeobachtungen zusammen, dann schält sich wieder die geschilderte, mindestens zwölfstündige Freßdauer heraus, auf die andere Autoren bei anderen Equiden in etwa auch gekommen sind. Bei meiner eigenen, meist um die zwanzig Tiere zählenden Warmblut- und Traberstutenherde dehnte sich im Hochsommer bei ganztägigem Weidegang die vormittägliche lange Freßperiode um die beiden kürzeren Zeiten aus, so daß im allgemeinen bis zur Hauptfliegenplage gegen zehn Uhr morgens durchgeweidet wurde.

Seit 1976 tummeln sich zusätzlich die feingliedrigen und lebhaften Sorraiapferde auf unserem neuen Hof mit 14 Hektar Weideland und relativ mageren, teils anmoorigen Böden. Die Freßdauer dieser exotischen Pferde bei im Sommer ganztägigem Weidegang betrug im Durchschnitt 14,5 Stunden pro Tag, sie fraßen also gut zwei Stunden länger als die Warmblüter und die Fjordpferde, die ich bisher beobachtet hatte. Es wurden auch bei ihnen zwei Hauptfreßzeiten eingehalten, von denen eine im Morgengrauen um vier Uhr begann und gegen neun Uhr aufhörte, die zweite fing etwa um 20 Uhr an und endete gegen ein Uhr nachts. Eine regelmäßige einstündige Mahlzeit wurde zwischen 17 und 18 Uhr eingeschoben. Die fehlenden Stunden verteilten sich den restlichen Tag über auf jeweils nur sehr kurze Zeitspannen. Tatsächlich verging außer während des Tiefschlafs und der Perioden mit extremem Bremsenflug, die die Pferde dösend in ihrer Weidehütte verbrachten, keine Stunde am Tag und in der Nacht, in der nicht wengistens ein paar Minuten irgend etwas Genießbares zu sich genommen worden wäre. Ihre im Vergleich zu den vorher genannten Fjordpferden doch um einiges längere Weidedauer mußte, da beide Areale einen reichlichen Graswuchs aufwiesen, in erster Linie an der Qualität des Futters gelegen haben, da die mitlaufende Fjordstute mit 16,5 Stunden den zeitlichen Längenrekord aufstellte. Am längsten fraßen wieder die säugenden Stuten, am kürzesten bei den Erwachsenen der Familienhengst, dessen Zeitaufwand für seine zahlreichen Inspektionsreisen zu den Ausscheidungen seiner Stuten interessanterweise nicht auf Kosten der Ruhepausen ging, sondern am Fressen eingespart wurde. Da er bei uns nie mehr als maximal vier Stuten mit Nachzucht zu betreuen hatte, blieb sein Futterzustand trotzdem zufriedenstellend und verschlechterte sich nicht so gravierend wie in unnatürlichen Gemeinschaften, in denen ein Hengst einer viel zu großen Stutengruppe beigegeben wird.

Meine Freilandbeobachtungen während der kalten Jahreszeit beschränkten sich lediglich auf die Tagesstunden, da es mir nachts, offen gesagt, draußen zu kalt war. Doch auch im Winter wich der Tagesrhythmus der oben erwähnten Fjordpferdefamilienverbände vom sommerlichen kaum ab und wurde nur unwesentlich durch eine einmalige kleine Heugabe beeinflußt. Die üblichen bei uns praktizierten Fütterungszeiten scheinen im Prinzip dem natürlichen Weidezeitplan des Pferdes demnach recht gut zu entsprechen, da unabhängig von der Art der Futtermittel und von der Futtermenge die Hauptmahlzeit immer abends verabreicht wird und die geringeren Mittagsrationen in einen wohltemperierten Tagesablauf gleichfalls hineinpassen. Da aber sowohl Großpferdeleute als auch die meisten Ponyzüchter mit Offenstallhaltung im allgemeinen einen viel weitreichenderen Einfluß auf die Lebensgewohnheiten ihrer Tiere nehmen, könnte man dieses Ergebnis als im großen und ganzen unwichtig für unsere herkömmliche Pferdehaltung abtun. Interessanterweise haben jedoch meine eigenen Pferde während der ungünstigen Monate, in denen sie überwiegend im Stall gehalten werden müssen, genau dieselbe zeitliche Aufteilung der täglich mindestens zwölfstündigen Freßzeit eingehalten.

Da sich meine Pferdefütterung in mancher Beziehung von der üblichen unterscheidet, dürften es andere Untersucher schwer haben, diese Beobachtungen nachzuprüfen. Ich muß hier erwähnen, daß ich nur von meiner Stutenherde und ihren Jungtieren spreche, also von Pferden, die eine Zucht- bzw. Wachstumsleistung erbringen müssen, jedoch das ganze Jahr über weder geritten noch gefahren werden. Neben ausgiebigem Weidegang im Sommer und einem im Winter täglich mehrstündigen Aufenthalt im Freien zeichnet sich meine Pferdehaltung dadurch aus, daß den Tieren die Weide sozusagen in den Stall gebracht wird. Zum Entsetzen der Besucher steht ihnen eigentlich immerwährend Rauhfutter zur Verfügung, so daß sie wie beim sommerlichen Tag-und-Nacht-Grasen auch im Stall Futter aufnehmen können , so viel und so oft sie wollen. Für den durchschnittlichen Geschmack sind die Tiere zu wohlgenährt und haben einen zu umfangreichen Bauch, doch glaube ich, daß sie in nervlicher Hinsicht wesentlich ausgeglichener sind als viele Pferde mit eleganteren Formen. Der Nachteil meiner Fütterungsweise, den ich allerdings bewußt in Kauf nehme, ist der, daß es eines fachkundigen Beurteilers bedarf, um die Güte solcher Tiere zu erkennen. Die Güte eines Zuchttieres in natürlicher Zuchtkondition, wie ich das nenne, zu würdigen, erfordert eben genauso große Kenntnis, wie die Qualtitäten eines zu schlecht gefütterten oder verhungerten Pferdes zu entdecken.

Es ist viel von abwechslungsreicher Fütterung die Rede, doch wird sie meistens wenig praktiziert. Freilebende Pferde, die über ein großes Areal mit unterschiedlichen Böden und entsprechend verschiedenen Pflanzen verfügen, nehmen keineswegs den ganzen Tag über

Bei freier Futterwahl fressen Pferde in den Nachmittags- und frühen Abendstunden gerne kurzzeitig leicht verdauungsfördernde Sauergräser.
Zweijähriger Fjordhengst „Asko" weidet, bis zu den Vorderfußwurzel- und Sprunggelenken im Sumpf stehend, Schilfsprößlinge ab.

die gleichen Gräser und Kräuter auf. So kann ich EBHARDTS Beobachtungen an Islandponys durch eigene Studien an Fjordpferden bestätigen, da auch diese Tiere in der morgendlichen langen und vormittäglichen kurzen Weidezeit zuerst das inhaltsreichere, süße Gras auf den sonnigen, höher gelegenen Hängen fressen, um ihren Hauptnährstoffbedarf zu decken. Dagegen pflegen sie in der kurzen Periode ab fünfzehn Uhr und in den frühen Abendstunden, bevor sie sich der Schlafplatzweide nähern, ausschließlich in den tiefer gelegenen, feuchteren Senken zu weiden, die mit ausgesprochen sauren Gräsern bewachsen sind. Camarguepferde können sogar im Sumpf stehend speziell die Binsenschößlinge teilweise unter Wasser äsen. EBHARDT vermutet, daß natürlich gehaltene Pferde nach der eigentlichen Sättigung instinktmäßig saure Gräser und Binsen zu sich nehmen, um damit eine diätetische, verdauungsfördernde Wirkung zu erzielen. Ich neige zu derselben Ansicht, der meines Wissens nichts widerspricht, weshalb ich bei der winterlichen Stallfütterung dieser natürlichen Pflanzenwahl in etwa nachzukommen versuche und vormittags das beste Heu vorlege, während ich abends zum süßen noch Heu von sauren Wiesen dazugebe.

Da Pferde ihrer speziellen Verdauungsorgane wegen eine gewisse Menge Ballaststoffe benötigen und von ausschließlichen Kraftfuttergaben nicht existieren könnten, wenn auch alle Mineralien enthalten wären, gehört zu einer abwechslungsreichen Ernährung die Beigabe voluminösen Futters. Selbst Rennpferden gesteht man eine kleine Portion Heu zur Aufrechterhaltung einer normalen Verdauung zu, doch aus ihrem manchmal kaum zu unterbindenden Drang, sogar verschmutztes Stroh zu fressen, geht hervor, daß ihr Rohfaserbedarf damit häufig nicht voll gedeckt ist. Daß das bei Pferden im Volltraining dann gewöhnlich praktizierte Aufstallen auf Sägemehl oder das Umhängen eines Maulkorbes eine starke Frustration für das Tier bedeutet, braucht nicht hervorgehoben zu werden. In manchen Pensionsstallungen, in denen Kraftfutter gespart wird, jedoch reichlich Stroheinstreu vorhanden ist, sehen die Pferde zwar vielfach weniger elegant, aus, doch leben sie im Grunde genommen psychisch gesünder als viele hochgehaferte Luxustiere.

Pferde pflegen bisweilen Erde aufzunehmen und an Stallwänden zu lecken oder zu nagen, was vielfach für einen Mineralstoff- oder Kochsalzmangel spricht, obwohl manche Tiere trotz regelmäßiger Zufütterung dieser lebenswichtigen Elemente ihre Angewohnheiten beibehalten. In der aufgeklärten Pferdehaltung von heute ist Ergänzungsfutter, das Mineralstoffe, Spurenelemente und oft auch Vitamine enthält, schon durchaus üblich geworden, und selten fehlen Lecksteine, an denen die Pferde ihren Kochsalzbedarf stillen können, der wie bei den Wiederkäuern in direktem Verhältnis zur Aufnahme vor allem von Grünfutter mit seinem hohen Gehalt an Kalium steht. Auf die notwendige Ausgewogenheit der einzelnen Mineralstoffe und ihr richtiges Verhältnis zueinander soll hier aber nicht näher eingegangen werden, das ist die Aufgabe einer Fütterungslehre.

Erwähnen möchte ich jedoch, daß viele Pferde, die ja angeblich alle ursprünglich aus baumlosen Steppengebieten stammen sollen, ausgesprochen gerne ganz bestimmte Zweige, Rinden oder Kräuter mögen. Schon EBHARDT machte die interessante Beobachtung, die

Neben Gräsern und Kräutern werden häufig auch gerne weiche Zweige, Rinden und Blätter aufgenommen.
Dreijährige Haflingerstute tut sich an einer Hecke gütlich.

einem ausschließlichen Steppentier widerspricht, daß seine frisch von der Insel importierten Isländer, die noch nie einen Baum gesehen hatten, nach ihrem langdauernden Transport in seinem recht vielseitig bewachsenen großen Freigelände nicht die weiten Weiden aufsuchten, sondern sich als erstes ins dichte Unterholz eines Wäldchens verdrückten und die Blätter der Büsche abzufressen begannen. Außerdem wies er darauf hin, daß sie neben diätetisch wirkenden Gräsern sozusagen selektiv Arzneipflanzen fraßen, um, wie er annahm, zu starkem Wurmbefall und gewissen Krankheiten vorzubeugen. Obwohl man eine verstandesmäßige Aufnahme von Arzneistoffen sicher verneinen muß, glaube ich, daß sich nicht nur die sogenannten „Robusten", denen von ihren Freunden ja besonders naturhafte Verhaltensweisen nachgesagt werden, sondern wohl alle Pferde in einer einigermaßen artgemäßen Umwelt diesen Instinkt für notwendige oder auch lediglich günstige Drogen bewahrt haben. Eine eigene Beobachtung hat mich in meiner Überzeugung bestärkt. In unserem ehemaligen Hof, durch den die Pferde zur Weide mußten, standen einige große Roßkastanienbäume, deren Blätter ganz gezielt von zwei

Gruppen von Tieren hauptsächlich am Abend gefressen wurden. Die erste setzte sich aus alten oder sehr alten Stuten zusammen, von denen eine einen leichten Herzdampf hatte, die andere Gruppe aus den mehr als die halbe Zeit tragenden Stuten aller Altersstufen. Ich glaubte feststellen zu können, daß die Pferde nach einer reichlichen Blattaufnahme ein muntereres Verhalten zeigten als an Tagen, an denen sie keine Gelegenheit dazu bekamen. Roßkastanien enthalten bekanntlich einen venenerweiternden Wirkstoff, der in der Humanmedizin vor allem gegen Krampfadern eingesetzt wird. Die ausgesprochen gezielte Aufnahme von Roßkastanienblättern gerade durch alte und tragende Stuten, die natürlich ebenso wie die entsprechenden Menschen zu Gewebestauungen etc. neigen, fügt der EBHARDTschen Beobachtung ein weiteres Beispiel hinzu.

Die würmervertreibende Wirkung der Gelbe-Rüben-Fütterung, von der noch viele Pferdeleute überzeugt sind, stimmt natürlich nicht, doch ist ihr ein gewisser diätetischer Einfluß auf die Verdauung nicht abzusprechen, und ihr β-Karotingehalt macht sich auf zahlreiche Körperfunktionen vorteilhaft bemerkbar. Auch Rüben werden von Pferden gerne gefressen und können ihnen vor allem zum Zeitvertreib ungeteilt vorgelegt werden. Da die größeren und runderen beim Anbeißen leicht wegrollen, sind die Tiere oft relativ lange damit beschäftigt, sie Bissen für Bissen zu vertilgen, was ihren reizarmen Tageslauf kurzzeitig etwas unterhaltsamer gestaltet. Prinzipiell bin ich der Ansicht, daß eine ausgiebige Rübenfütterung für Pferde nicht artgemäß ist, denn welches Wildpferd hätte sich jemals in seinem Ursprungsgebiet irgendwelche Wurzeln – um deren verdickte Fruchtformen es sich hier schließlich handelt – wie ein Schwein in großer Menge aus dem Boden gewühlt oder gegraben.

Den bisher beschriebenen gesunden Freßinstinkten scheint das immer wieder vorkommende Sich-zu-Tode-Fressen einzelner Tiere, die an die Haferkiste gelangten, zu widersprechen, doch genau das Gegenteil ist der Fall. Grundsätzlich muß man sich zuerst einmal klarmachen, daß Hafer in dem Ausmaß verfüttert, wie wir ihn Leistungspferden zu geben gewohnt sind, und vor allem auch in der kalorienreichen Qualität, wie sie hauptsächlich die überseeischen stärkereichen Sorten aufweisen, für das Pferd eigentlich unnatürlich, da von der Natur nicht eingeplant ist. Pferde jeglichen Typs sind in erster Linie Grasfresser, wobei, wie bereits angedeutet, die Beschaffenheit und der Nährstoffgehalt der Gräser in dem großen ehemaligen Verbreitungsgebiet der Wildequiden sicher sehr unterschiedlich waren. In zweiter Linie nehmen sie verschiedene Kräuter und Laubarten auf, während sie Körnerfutter bloß zu gewissen Jahreszeiten und in

Die elfjährige Sorraiastute „Valquíria" Mitte Juni beim „Abernten" der Blüten und Fruchtstände langer Grassorten.

beschränkter Menge in ihrer usprünglichen Umwelt vorfanden. Die Vorliebe für wildwachsenden „Naturhafer" aber, für die Samen der einzelnen Gräser, die fast die gleichen Nährstoffe wie unsere hochgezüchteten Getreidearten enthalten, kann man bei allen Pferdeartigen beobachten: So zupfen Zebras auf ihrem morgendlichen Zug vom Schlafplatz zur Tagesweide im Vorbeigehen die Blüten- und Fruchtstände der langen Grassorten ab, und wenn wir unseren Hauspferden einmal die Möglichkeit geben, auf eine Wiese mit einem für eine Weide an sich schon zu hohen Graswuchs zu kommen, dann ziehen sie wie die wilden Zebras in derselben Art links und rechts nur die Rispen und Ähren abknabbernd zügig durch das hohe Gras.

In der natürlichen Umwelt bekamen Pferde also nur eine geringe Körnermenge auf einmal zu fressen, was vielleicht schuld daran sein mag, daß viele ihren Hafer mit Vehemenz aus der Krippe feuern, da sie es selbst heute noch vorziehen, ihn in einzelnen Körnern zu sich zu nehmen. Ein großflächiger Futtertisch rings um die Futterschüssel, auf dem sie den Hafer verstreuen können, kommt ihrer Natur deshalb durchaus entgegen. Pferde füllen sich bei Grasnahrung ihren verhältnismäßig kleinen Magen von maximal achtzehn Litern Rauminhalt etliche Male am Tage, da das leicht angedaute Futter zur regelrechten Verdauung ständig in die anschließenden Darmabschnitte weitergeschoben wird. Auch an der Haferkiste frißt ein Pferd wie beim normalen Weiden ohne Unterlaß vor sich hin und hört erst auf, wenn der Magen gefüllt ist. Da der zerkaute Hafer die Eigenschaft hat, stark zu quellen, nimmt er aber binnen kurzem einen wesentlich größeren Rauminhalt als bei der Futteraufnahme ein, wodurch es zu einer schmerzhaften Überdehnung des Magens mit einem krampfartigen Verschluß seines Ausganges kommt, was die übliche stetige Weiterleitung des Inhalts in den Dünndarm blockiert. Weil Pferde aus anatomischen Gründen nicht erbrechen können, ist eine Entlastung des Magens auf diesem Wege nicht möglich, und die Magenwand kann unter Umständen zerreißen.

Es gibt Pferde, die eine manchmal geradezu widernatürlich anmutende Vorliebe für einzelne Futterstoffe haben. Bekanntlich kann man dem reinen Pflanzenfresser Pferd bei entsprechender Gewöhnung auch tierisches Eiweiß unter das Futter mengen, also etwa Fischmehl oder Ei- und Milchpulver, ja tibetische Postpferde sind sogar an frisches, unter Hirsebrei verrührtes Schafblut gewöhnt, und die isländischen Ponys sollen in Hungerszeiten zusammen mit Seetang Fischabfälle fressen. Zur Konditionssteigerung bei Hochleistungspferden ist das Verfüttern von rohen Eiern ebenfalls verbreitet. Eine bisher wohl einmalige Beobachtung konnte ich an einer Warmblutjungstute machen, die mit Leidenschaft tote Eintagsküken fraß, die sie unseren zahlreichen Katzen mit List und Tücke zu rauben pflegte, um sie dann mit Schnabel, Krallen und Flaumfedern genüßlich im Maule zu zerquetschen und hinunterzuschlucken.

Auch nicht gerade appetitlich wirkt auf uns das Kotfressen der Fohlen in den ersten Lebenstagen, wenn sie sich oft ziemlich ausgiebig an den frischgefallenen Roßäpfeln der Mutter gütlich tun. Abgesehen davon, daß sie sich dadurch natürlich häufig schon im frühen Säuglingsalter mit Wurmparasiten infizieren, ist diese Handlung durchaus physiologisch, da die Pferdekinder mit dem Kot der Stute die später für sie notwendigen Darmmikroorganismen aufnehmen. Auch von den kleinen Zebrafüllen in der Serengeti wird logischerweise dasselbe Verhalten berichtet. Es ist wahrscheinlich wenig bekannt, daß ein starker Befall mit Spulwürmern, der ja besonders bei Fohlen und jungen Pferden auftritt, ausgesprochen nervöse Störungen im Gefolge hat, da die Würmer ein nervenschädigendes Gift absondern. Die sich in übergroßer Ängstlichkeit, hektischem Wesen und unberechenbaren, sprunghaften Reaktionen äußernden Symptome lassen sich durch eine rechtzeitige Wurmbekämpfung schnell wieder abstellen.

Nicht gerade appetitlich, aber durchaus physiologisch ist das Fressen frischen Pferdekotes durch Fohlen in den ersten Lebenswochen.
Das wenige Tage alte Norwegerhengstchen „Fjordi" beim herzhaften Biß in die gerade von der Mutter gefallenen, noch warmen Roßäpfel.

Die Auswahl der Futterstoffe bei freier Futterwahl richtet sich stark nach den Jahreszeiten. So werden Eicheln im Herbst, wenn vorhanden, von Isländern derart bevorzugt, daß man fast von einer Eichelmast vergleichbar der der Wildschweine sprechen könnte, die das nötige Unterhautfettpolster für die kommende Kälte gewährleistet. Später weichen die Tiere auf Zweige und Baumrinde aus und verschmähen selbst die Äste von Nadelhölzern nicht. Nach dem ersten strengeren Frost fressen alle Pferde alte vertrocknete Brennesseln und die auf den Geilstellen gewachsenen überständigen Gräser, die sie vor der Kälteperiode absolut verschmäht hatten. Im Winter muß das Futter jedoch zur Hauptsache unter der Schneedecke hervorgescharrt werden, wobei im Gegensatz zur Laufaktivität keine ausgeprägte Rechts- oder Linkshändigkeit der Vorderbeine zu beobachten ist. Manche Pferde wühlen sich mit der Nase zur Grasfläche vor und schieben den Schnee dann wie mit einem Schneepflug vor sich her, ausgesprochene Nordpferde haben dazu eine besonders geeignete Nasen- und Nüsternform entwickelt. Die Freßlöcher unserer Fjordstute unterschieden sich deshalb eindeutig von denen der Sorraiastuten, deren freigescharrte Grasflächen nicht mit der Nase vergrößert worden waren. Die Freßlöcher werden von ihren Besitzern gegen alle Weidegefährten genauso heftig verteidigt, wie das die Hartmann-Bergzebras in Namibia mit ihren mühsam ausgescharrten – besser paßt ausgegrabenen – Wasserlöchern nach Beobachtungen KLINGELS machen. Interessanterweise scharren selbst Zebras in unseren Breiten Futter unter dem Schnee hervor, was für ein phylogenetisch sehr hohes Alter des Scharrens spricht.

Scharren kann bei Stallpferden zu einer äußerst lästigen und geräuschvollen Untugend oder besser gesagt Übersprungshandlung werden, die vor den Fütterungszeiten, bei denen sich viele Tiere ausgesprochen aufregen und durch auffallende Drohgesten einen unübersehbaren Futterneid demonstrieren, hauptsächlich ausgetobt wird. Der Futterneid, der bei manchen Individuen gefährliche Formen annehmen kann, fehlt in der Natur fast vollständig, die den Tisch für alle Herdenmitglieder normalerweise gleich gut deckt, so daß keinerlei Notwendigkeit besteht, wie Raubtiere um das Futter zu kämpfen. Pferde pflegen im allgemeinen in den längerdauernden Weideperioden verhältnismäßig weit verstreut und mit weitem Abstand von Tier zu Tier zu weiden, wobei der Familienverband deutlich sichtbar gewahrt bleibt, sie können kurzzeitig aber auch sehr eng nebeneinander grasen, ohne sich gegenseitig dabei zu bedrohen. Sobald jedoch ein Mangel an einem Nahrungsstoff vorhanden ist, tritt ein durchaus dem menschlichen Benehmen vergleichbarer gesunder Egoismus und Futterneid in Erscheinung, und die kräftigsten Tiere sichern sich immer zuerst ihren Anteil.

Als typisches Fjordpferd hat „Fjordi", inzwischen drei Jahre alt, eine besonders geeignete Nasen- und Nüsternform entwickelt, mit der er wie mit einem Schneepflug die weiße Winterpracht durchteilen und vor sich herschieben kann, um an das darunter gut konservierte Grünfutter zu gelangen.

Es bestehen jedoch große rassebedingte Unterschiede. Im Winter bei hohem Schnee oder strengem Frost legten wir an schönen Tagen oft mehrere kleine Heuhaufen auf die Koppel, damit die Tiere längere Zeit die frische Luft genießen konnten und unsere feinhaarigen Südpferde nicht so schnell aus Hunger zu frösteln begannen. Unsere Exmoors ließen ohne weiteres andere Mitglieder ihrer Gemeinschaft am gleichen Heuhaufen mitfressen, obwohl sie sich wie alle echten und typischen Ponys durch einen eigentlich ständig vorhandenen sehr guten Appetit auszeichneten. Auch die von mir beobachteten Fjordpferde, die den ganzen Winter über Tag und Nacht im Freiland blieben und wegen des im Bayerischen Wald oft lange Zeit liegenbleibenden vielen Schnees täglich einmal einige wenige Haufen Heu vorgeworfen bekamen, fraßen ohne größere Querelen untereinander gemeinsam an derselben Futterstelle. Lediglich die zahlreichen Schafe, die mit ihnen das Terrain bewohnten, mußten ständig auf der Hut sein, nicht allzu heftig weggeschlagen bzw. -gebissen zu werden. Ganz anders ist das Bild bei unseren ramsköpfigen Sorraiapferden. Sie dulden außer den eigenen Fohlen vom Frühjahr niemanden an ihrem Häufchen Heu und drohen und beißen auch fremde Fohlen und Halbwüchsige rücksichtslos weg. Wenn es sich ergibt, versuchen sie

Wie viele ramsköpfige Pferde neigen auch unsere Sorraias bei eingeschränkter Futtermenge zu ausgesprochenem Futterneid. Die ranghohe „Arisca" droht die sich schüchtern nähernde Jährlingsstute von ihrer Heuschütte weg, weshalb „Vaya" zum erschrockenen Kotau in sich zusammensinkt.

sich gegenseitig zu bestehlen oder andere nach Möglichkeit von deren eigenem Heu zu vertreiben. Vor lauter Futterneid kann es passieren, daß gerade die stärksten Tiere kaum zum Fressen kommen, da sie ständig von einem zum anderen Platz rennen.

Ich nehme an, daß sich der bei ramsköpfigen Pferden verschiedenster Rassen auffallend häufig auftretende Futterneid durch die extrem karge Urheimat solcher Rassen erklären läßt, in der gleichsam jedes Grasbüschel verteidigt werden mußte. Eine Folge dieser an sich rein nahrungsbedingten Verhaltensweise ist dann der bei Pferden dieses Typs schon erwähnte besonders große Individualabstand. Eine völlig analoge Beobachtung wurde an verschiedenen Halbeseln gemacht, die aus einem noch wesentlich extremeren Trockengebiet Asiens stammen.

Auch unsere Warmblüter zeigen Futterneid, sobald irgendetwas Freßbares kurzzeitig zur Mangelware wird, und die ranghöchsten Pferde vertreiben alle übrigen unter dem größten Aufwand, wodurch es nicht allein zum Verderben von Futter, sondern zu einer ausgesprochen ungerechten Futterverteilung kommt. Eine analoge Situation ergibt sich in vielen Gestüten, wenn die Absetzer von der Mutter getrennt und in gemeinsamen Boxen zu zweien aufgestallt werden.

Die an sich richtige Überlegung, die der Vereinsamung des Einzeltieres vorbeugen soll, hat den Nachteil, daß ein Fohlen immer dann zu kurz kommt, wenn man die Tiere bei den Kraftfuttergaben nicht anzubinden pflegt, da auch hier das stärkere Jungtier das andere verdrängt, das in der Entwicklung dann leicht zurückbleiben kann. Mit den in letzter Zeit entwickelten computergesteuerten Abruffütterungssystemen für Pferde in Gruppenauslaufhaltung lassen sich die geschilderten Vorgänge, solange die Gemeinschaft nicht verändert wird, zum großen Teil vermeiden.

Eine besonders lästige Angewohnheit unserer Pferde, die ihnen allerdings ausschließlich vom Menschen beigebracht wurde, ist das Futterbetteln. Viele Pferdefreunde können an keiner Weide vorbeigehen, ohne ihren oder fremden Tieren ein Stückchen Zucker oder ein Mohrrübchen zuzustecken. So liebenswert diese Haltung sein mag, den Pferden tut man meist nichts Gutes damit. Nicht nur, daß man sie zu ständigem Betteln erzieht, sobald ein Mensch in Sichtweite erscheint, man löst damit häufig auch die sogenannte Radfahrerreaktion aus, denn das schöne menschliche Prinzip „nach oben buckeln, nach unten treten" ist bei zahlreichen Haustieren ebenso beliebt.

Kommt man mit einem Zuckerstück bewaffnet an einen Weidezaun, entsteht in der Regel zuerst ein ziemliches Gedränge, und das ranghöchste Tier wird sich den Leckerbissen schnappen. Verständlicherweise sind die anderen Pferde, die den Zucker genauso gerne haben möchten, sauer, was so weit geht, daß sie ihrem Unmut irgendwie Luft machen müssen, wobei sie sich dann an rangniederen Tieren, die im allgemeinen etwas weiter entfernt von der Süßigkeitsquelle stehen, völlig grundlos mit Bissen und Schlägen abreagieren. Daß dadurch Verletzungen entstehen können, liegt auf der Hand. Abgesehen davon, daß man sich im Grunde genommen auf dummdreiste Weise anbiedern will, kann man von vielen solchen Gästen frequentierte Weiden später kaum mehr ohne Gefahr betreten, da die Pferde ausgesprochen lästig werden und bei ihren Rangeleien miteinander im Eifer des Gefechtes oft den Zweibeiner unter sich vergessen. Das Wehgeschrei bei einer dadurch entstandenen Beschädigung eines Besuchers ist dann immer groß, und das Tier, das den Unfall verursacht hat, wird meist sofort als Verbrecher abgestempelt. Meine eigenen Pferde bekommen deshalb keinen Zucker, und ich lege Wert darauf, daß sie sich mir auf der Weide aus Sympathie und nicht der schnöden Bestechung wegen nähern. Von Gutmeinenden mitgebrachter Würfelzucker wandert bei uns in den Kaffee, solange er nicht aus allzu vielseitigen Bubenhosentaschen stammt.

Man mag seinen Tieren durchaus Leckerbissen füttern, wenn

man die Radfahrerreaktion dabei vermeiden kann, also im Stall etwa. Geeigneter als Zucker sind sicher Mohrrüben, die auf den Parasitenbefall jedoch keinerlei Einfluß haben, wie hartnäckig geglaubt wird, und vor allem Äpfel, die eigentlich jedes Pferd mit Leidenschaft frißt und in Obstgärten nicht nur vom Boden aufnimmt, sondern auch von den Zweigen holt, soweit sie nur irgendwie zu erreichen sind.

Bei Fohlen, die ihre Umwelt erst mit allen Sinnen kennenlernen müssen, geht eine ihrer Haupterforschungsaktivitäten noch wie bei kleinen Kindern über den Geschmackssinn, das heißt, sie „stecken alles in den Mund", sie beknabbern und belecken jeden unbekannten Gegenstand. Dagegen beißen ältere Pferde meist aus Langeweile, die vielfach aus zu kurzen Freßzeiten entsteht, an irgendwelchen Dingen herum, was bei bewegungsaktiven Tieren zu Übersprungsreaktionen, wie etwa dem vehementen Benagen eines Futtertroges direkt vor der Fütterung, führen kann oder zu richtigen Stalluntugenden auszuarten vermag. Neben dem hauptsächlich bei Trabern verbreiteten Zungenspielen und Lippenschlagen, deren Ursachen teilweise sicher in den vielseitigen und oft scharfen Gebissen und dem Festbinden der Zunge bei vielen Starpferden mitbegründet liegen, ist die unliebsamste dieser Untugenden wohl das Koppen, bei dem bewußt unter Ausstoßen des Koppertones, eines dem Rülpsen ähnlichen Lautes, Luft geschluckt wird. Diese von manchen Pferden nur bisweilen ausgeführte „Unart" wird bei anderen zur ausgesprochenen Sucht und stundenlang praktiziert, wodurch Verdauungsstörungen und in deren Gefolge ein schlechter Ernährungszustand, ja manchmal sogar tödliche Koliken entstehen können. Ich habe bewußt das Wort Unart in Anführungsstriche gesetzt, da wir es hier wie beim Weben mit einer an sich wieder vom Menschen provozierten Ersatzhandlung zu tun haben, mit der gerade lebhafte, psychisch besonders aktive Tiere, wie man sie für den Leistungssport braucht, das ihnen so unerträgliche stundenlange Herumstehen in einer Box zu kompensieren versuchen. Die Schuld von uns Menschen muß jedoch etwas eingeschränkt werden, denn nach neuesten Erkenntnissen wird zumindest die Veranlagerung für alle diese „Untugenden" – wie für fast alle Verhaltensweisen auch – vererbt und nicht nur durch Nachahmung anderer Pferde gelernt.

Die Wasseraufnahme

Zu Beginn haben wir gehört, wie weitgehend der Aktionsraum der Wildequiden von der Anzahl der vorhandenen Wasserstellen einer Gegend abhängig ist, denn fast alle Einhufer müssen täglich saufen, und lediglich manche besonders gut an das Leben in Halbwüsten angepaßte Halbesel ziehen nur jeden zweiten Tag zur Tränke und sollen bis zu maximal vier Tage ohne Wasser auskommen. Die Aufnahme von Sukkulenten, die in ihren Blättern, Wurzeln oder Stengeln Wasser zu speichern vermögen, kann zwar den Trinkwasserbedarf einiger Wildequiden der Trockenzonen bedeutend herabsetzen, macht die Tränkestellen jedoch nicht völlig überflüssig.

Bei unseren Hauspferden hängt der Trinkwasserbedarf zum einen von der Art der Nahrung ab, da er bei überwiegender Heufütterung steigt, während er durch den Weidegang im Frühjahr, bei dem großen Mengen frischen Grases aufgenommen werden, logischerweise sinkt. Dazu kommt die Art der zu verrichtenden Arbeit, die das Ausmaß des Durstes entscheidend beeinflußt, denn Pferde, die täglich in schneller Gangart länger trainiert werden und stark schwitzen, dürsten natürlich viel mehr als Faulenzer, die nur in den Tag hineinleben können. Auch die Jahreszeiten und das Wetter sind von Bedeutung, es geht den Tieren da wohl genauso wie uns.

Durch Weidebrunnen und die heute in fast allen Ställen installierten Selbsttränken, die unsere Pferde zu jeder Tages- und Nachtzeit nach Belieben benützen, sind Beobachtungen über die aufgenommenen Wassermengen schlecht durchzuführen. Beim Tränken aus Eimern, wie es in den Rennställen aus trainingstechnischen Gründen üblich ist und in weniger modernen Stallungen noch immer gehandhabt wird, stellt man dann fest, daß manche Tiere bei gleichem Futter mehr Wasser als andere benötigen, ohne sich über die Ursache dieser ganz aufschlußreichen Tatsache Gedanken zu machen. Diesen verschieden großen Gesamtwasserbedarf der einzelnen Pferde kann ich mir nur mit individuellen Unterschieden erklären, die wie beim Menschen sicher durch eine geringe bzw. starke Aktivität der Schilddrüse mit allen daraus folgenden Stoffwechselreaktionen bedingt sind. Es gibt auch bei Pferden sogenannte Ansatz- und Umsatztypen, wobei die ersteren bestrebt sind, Energien eher in Masse umzuwandeln und anzusetzen – sie weisen eine etwas schwächere Schilddrüsenaktivität auf –, während die letzteren die gesammelten Energien mehr verausgaben und aufgrund einer regeren Schilddrüsenfunktion aktiver reagieren.

Vor Jahren, als wir in unserem eigenen Betrieb noch keine

Selbsttränken hatten und zu unserem Leidwesen ziemlich viele Eimer durch die Gegend tragen mußten, fiel mir zum anderen auf, daß ein paar meiner Pferde beim dreimaligen täglichen Tränken zweimal so gut wie kein Wasser aufnahmen, um dann riesige Mengen von zwei bis drei Eimern auf einen Zug leerzusaufen. Ich hielt das zu Anfang für ein unphysiologisches Verhalten, für eine individuelle Unart, die ich mir nur bei den halbwüchsigen Tieren und den sehr alten Stuten mit Zahnschmerzen während des Zahnwechsels bzw. des Zahnausfalls erklären konnte, da Pferde in solchen Fällen die Wasseraufnahme meist so lange hinausschieben, bis der Durst übermächtig wird und quasi die Zahnschmerzen verdrängt. Einen Verhaltensforscher befriedigt natürlich die Annahme spezieller Unarten in keiner Weise, es gehört schließlich zu seinen Obliegenheiten, die Ursachen des individuellen Verhaltens eines Tieres zu klären.

Ich nahm nun eine Einteilung meiner Pferde nach der Menge und nach der Häufigkeit ihrer Wasseraufnahme vor. Dabei stellte sich heraus, daß die Pferde mit deutlichen Ponymerkmalen, also Tiere von meist dunkelbrauner Farbe mit üppigem Mähnen- und Schweifhaar und nicht allzu hohem Widerriststockmaß – wobei ich anfügen möchte, daß es sich, von einer Ausnahme abgesehen, um Großpferde handelte –, während des dreimaligen täglichen Tränkens gewöhnlich gleich viel und im allgemeinen eine nicht übermäßig große Wassermenge benötigten. Die absolute Menge hing natürlich von den äußeren Umständen ab, die jedoch für den gesamten Bestand gleich gehalten waren und deshalb unberücksichtigt bleiben konnten. Daneben bestand eine Gruppe, die ebenfalls jedesmal ungefähr gleich viel, jedoch jeweils etwas mehr Flüssigkeit aufnahm, ganz im Gegensatz zu der schon erwähnten aus diesem eigentlich üblichen und gewohnten Bild herausfallenden kleinen Schar, die ihren Durst nur einmal am Tage sehr ausgiebig zu stillen pflegte, um sich die beiden anderen Male mit einigen Schlucken zu begnügen. Ihr Verhalten war interessanterweise fast unabhängig von der Art der Nahrung und von der Außentemperatur, das heißt, sie tranken bei heißem und schwülem Wetter oder bei ausschließlicher Heufütterung in der gleichen Weise. Trotz aller Exterieurunterschiede handelte es sich bei diesen Tieren stets um ziemlich aktive und vor allem verhältnismäßig aggressive, recht großrahmige Pferde von ausgesprochen hart und leicht unpersönlich wirkendem Leistungstyp.

Da der schnelle, schlankwüchsige Leistungstyp einfach seiner Zellstruktur nach – in der Tiermedizin spricht man auch bei Pferden von Grobzellern und von Tieren mit feinzelligerer Struktur – auf eine Ursprungsheimat hinweist, die in trockenheißen südlichen Zonen gelegen haben muß, dürfte es sich bei seinen Wasseraufnahmegewohnheiten um ein Relikt aus dem weiter zurückliegenden Wildleben mancher seiner Vorfahren handeln, das deutliche Analogien zu dem Trinkverhalten heutiger Wildeinhufer wie Kulane, Onager und Wildesel zeigt. Alle Bewohner wasserarmer Gebiete haben neben den entsprechenden Lauftiereigenschaften notgedrungenermaßen ein sehr sinnvolles Trinkverhalten entwickelt, bei dem der Tageswasserbedarf weitgehend auf einmal gedeckt wurde. Ich könnte mir vorstellen, daß das in Rennpferdetrainingsställen gehandhabte Tränken aus Eimern die Pferde nicht nur davor schützen soll, zuviel Wasser in erhitztem Zustand aufzunehmen, sondern daß man durch die strenge Rationierung der einzelnen Wassergaben außerdem die geschilderten Trinkgewohnheiten verhindern will, denn gerade die Rennrassen gehören relativ oft dem beschriebenen drahtigen Leistungstyp an.

Unsere Sorraias, die ja als einer der Hauptvorfahren dieses Pferdetyps angesehen werden können, unterscheiden sich in ihrem Trinkverhalten etwas von den Saufgewohnheiten meiner hageren Warmblüter. Im Sommer bei 20 bis 25 Grad Celsius tranken alle Erwachsenen, auch die säugenden Stuten und der recht aktive Familienhengst, nur einmal täglich am Bach, der ihr Terrain umfloß, und nach nebligen Nächten die güsten Altstuten und die Jährlinge manchmal 24 Stunden lang überhaupt nichts. Im Winter bei reichlicher Heufütterung und Stroheinstreu veränderten sich ihre Saufgewohnheiten jedoch total. Nun tranken der Hengst und die Jährlinge 13- bis 15mal und die inzwischen hochtragenden Altstuten bis zu 40mal pro Tag an ihren Selbsttränken.

Es ist anzunehmen, daß das häufige Trinken nur einiger Schlukke die Leibesfrucht weniger stark zu ihren gewöhnlich an der linken Körperseite der Stute gut spür- und sichtbaren, oft heftigen Strampelbewegungen anregt, als das nur seltene, eimerweise Hineinsaufen noch dazu ziemlich kalten Wassers. Ob ein Muttertier, gleich welcher Rasse, die manchmal sehr energischen Bewegungen des Fohlens nur als unangenehm oder sogar als schmerzhaft empfindet, wissen wir natürlich nicht, zumindest unterbrechen sie in diesem Moment gewöhnlich die Wasser- und sogar die Futteraufnahme so lange, bis in ihrem Inneren die „Fluchtbewegungen" (?) wieder aufgehört haben. Außerdem vermute ich, daß der Unterschied zu den sommerlichen Trinkgewohnheiten nicht nur an der trockeneren winterlichen Heufütterung lag – im August, in dem ich meine Sommerintensivbeobachtungen hauptsächlich anstellte, war das Gras auf ihrer Dauerweide auch nicht mehr allzu saftig –, sondern ebenso an ihren seit Urzeiten in ihrer Heimat vorhandenen Trinkmöglichkeiten. Im Süden der iberischen

Halbinsel regnet es bekanntlich von April bis September normalerweise kaum oder überhaupt nicht, wodurch viele Wasserstellen austrocknen und bis vor kurzem Mensch und Tier oft weite Wege zurücklegen mußten, um an das lebensnotwendige Naß zu gelangen. Im regenreichen Winterhalbjahr herrscht jedoch kein Mangel mehr, und auch die kleinsten Trockenläufe führen wieder Wasser, so daß der Durst beliebig oft zu jeder Zeit gestillt werden kann.

Das trockene Exterieur gewisser Leistungspferde ist also teilweise eine Folge der regenarmen Heimat ihrer früher existierenden, wilden Vorfahren, die täglich große Märsche zu den wenigen vorhandenen Wasserstellen zurücklegen mußten. Nun konnte es jedoch passieren, daß in sehr ungünstigen Jahren oder alljährlich während des Höhepunktes der Trockenzeit selbst diese spärlichen Tümpel und Rinnsale völlig versiegten. Die meisten Tiere zogen dann in Gegenden ab, in denen noch oberflächlich Wasser zu finden war, doch einige Wildequiden haben das Problem auf eine andere Weise gelöst: Die in manchen extrem ariden Gebirgszügen Südwestafrikas vorkommenden Hartmannschen Bergzebras scharrten sich, wie schon erwähnt, mit der Vorderhand in den ausgetrockneten Flußbetten mit hohem Grundwasserstand jedes für seinen Eigenbedarf ein ca. 50 Zentimeter tiefes Wasserloch von 80 bis 120 Zentimeter Durchmesser aus und labten sich an dem darin stehenden Grundwasser, das im allgemeinen wesentlich klarer als die abgestandenen, brackigen Reste der natürlichen Wasserstellen war, weshalb es die Zebras häufig bevorzugten. Da jetzt Wasser zur Mangelware geworden ist, werden die selbstgegrabenen Tränkebrunnen sogar gegenüber engsten Familienmitgliedern heftig verteidigt; wir stoßen hier logischerweise erneut auf das Phänomen des Futterneides, der sonst bei wildlebenden Einhufern kaum aufzutreten pflegt. Ähnliche Wasserlöcher sollen die letzten freilebenden Przewalskipferde in der Mongolei angelegt haben, und auch von den Grevyzebras wird derartiges berichtet. Da in einem Fernsehfilm Mustangs in einem sehr trockenen Reservat im Südwesten der USA bei derselben Beschäftigung gezeigt werden konnten, scheint das Nach-Wasser-Graben eine Notlösung aller Einhufer zu sein.

Manche Autoren, die hauptsächlich Wildequiden beobachten, sind der Ansicht, daß die Qualität des Trinkwassers für Einhufer keine große Rolle spielt. Sie stehen damit in krassem Gegensatz zu den meisten Lehrmeinungen, die in den üblichen Pferdezuchtbüchern vertreten werden und denen zufolge Pferde schlechtem oder vielleicht etwas fremdartig riechendem Wasser gegenüber außerordentlich empfindlich sein sollen. Es scheint wohl so zu sein, daß Einhufer möglichst sauberes, klares und geruchloses Trinkwasser vorziehen und nur dann mit einer brackigen, ja sogar salz- oder sodahaltigen Tränke vorliebnehmen, wenn sie keine andere Wahl haben. Gerade an den Wasserstellen ist die Konkurrenz zwischen den einzelnen Wildtierarten und vor allem zwischen den Wildeinhufern und den Haustieren der entsprechenden Hirtenvölker außerordentlich stark und vermag nach Berichten russischer Autoren so weit zu führen, daß sich die extrem scheuen Kulane in der turkmenischen Steppe selbst zum Aussterben verdammen, weil sie zwar mit Hauspferden und Schafen zusammen weiden, sich jedoch auch bei äußerstem Durst nicht dazu überwinden können, gemeinsam mit diesen Tieren die Hausviehtränken zu benützen. Wenn einige Wildeinhufer in zoologischen Gärten, ja selbst noch verhältnismäßig viele Hauspferde bei der Wasseraufnahme häufig ein scheues, sozusagen „gehemmtes" Verhalten erkennen lassen, dürfte es sich dabei um Reste einer besonderen Vorsicht und Wachsamkeit handeln, da im Wildzustand an den lebenswichtigen, täglich aufgesuchten Tränken meist ein „Wächter" gegen die stets lauernden Raubtiere aufgestellt war, der erst trank, wenn die übrigen ihren Durst gestillt hatten. Bei Hauspferden dauert es außerdem in fremder Umgebung oftmals mehrere Tage, bis sie sich an den Geschmack und Geruch des neuen, für uns keineswegs auffallend riechenden oder schmeckenden Wassers gewöhnt haben.

Die Wasseraufnahme bei Pferden ist ein Saugtrinken, ähnlich wie wir Menschen etwa aus der hohlen Hand schlürfen, und nicht mit der von Hund und Katze zu vergleichen, die die Flüssigkeit mit der Zunge geräuschvoll in die Mundhöhle löffeln. Alle Pferde haben das Bedürfnis, den Kopf beim Saufen so zu halten, daß er mit dem Hals eine gerade Linie bildet, weshalb das aus stallhygienischen Gründen häufig praktizierte möglichst hohe Anbringen der Selbsttränken als unphysiologisch anzusehen ist, da vor allem kleine Pferde dadurch das Wasser in einer für sie unangenehmen Haltung aufnehmen müssen. Daß Pferde erst nach mehreren Zügen abschlucken, wie an Zootieren beobachtet wurde, habe ich selbst eigentlich nicht festzustellen vermocht, dagegen kann ich die Scharrbewegungen mit der Vorderhand beim Saufen aus Pfützen oder anderen seichten Wasserflächen bestätigen. Daß damit „Trübungen, Kraut und Blätter" beseitigt werden sollen, wage ich doch stark anzuzweifeln, denn gewöhnlich entsteht gerade durch das Vorderhufschlagen eine Trübung, und außerdem können Pferde ja sehr wohl zwischen Blättern oder Heu hindurchsaugen, indem sie mit ganz leichten Maulbewegungen nach seitwärts die benötigte halmfreie Saugstelle schaffen. Der Vermutung, „Wasserspiele", bei denen die Pferde laut hörbar mit Lippe und Zunge in einem halbausgetrunkenen Wassereimer herumschlabbern und das kühle

Naß dann schließlich oft wieder aus der Maulhöhle heraustropfen lassen, seien aus domestikationsbedingtem Wasserüberfluß entstandene Handlungsweisen, kann ich mich ebenfalls nicht anschließen. Mir scheint viel eher, daß es sich hierbei anfänglich um ein Freispülen der Zähne von Futterresten handelt, das dann später spielerisch ausgebaut wird.

**Da stehende und vor allem fließende Gewässer in der Natur gewöhnlich tiefer als ihre Umgebung liegen, haben Pferde von Haus aus das Bedürfnis, mit gesenktem Kopf und Hals zu saufen.
Fjordhengst „Endo" löscht in Normalstellung seinen Durst.**

Dem eigenartigen Trinkverhalten mancher offensichtlich aus Wärmezonen stammender Pferde stehen die Wasseraufnahmegewohnheiten vieler unserer Ponys gegenüber. Die Heimat der meisten bei uns gehaltenen Ponyrassen sind bekanntlich überwiegend nordwest-, mittel- und nordeuropäische Länder, also Gegenden, die sich durch einen ausgesprochenen Wasserreichtum auszeichnen. Es ist deshalb ganz natürlich, daß alle Tiere, die in solchen Gebieten vorkommen, kein so spezifisches Trinkverhalten wie ihre Verwandten aus südlichen

Zonen entwickelt haben, sondern bei jeder sich bietenden Gelegenheit tranken und sich auf diese Weise die weiten Tagesmärsche zu speziellen Wasserstellen ersparten. Dieses Trinkverhalten deckt sich vollständig mit dem einiger meiner Stallpferde, in denen eben noch ein gut Teil Ponyblut umläuft, und auch die von mir beobachteten Fjordpferde in Freilandhaltung haben es bestätigt, die trotz hochsommerlicher Temperaturen durch die zahlreichen zur Verfügung stehenden Quellen und Bäche keinerlei ausgeprägtes Wasseraufnahmeverhalten zeigten. Nur wenn die beiden Herden beim Wandern zu ihrer Nachmittagsweide an einem glasklaren Stausee vorbeikamen, konnte ein Großteil der Tiere nicht widerstehen, sich im Vorübergehen einen kleinen Schluck zu genehmigen. Die übrigen Tränkezeiten waren jedoch so wenig ausgeprägt und derart vereinzelt, daß sie in meinen Verhaltensprotokollen kaum in Erscheinung treten.

Obwohl in unseren Breiten fast immer Wasser zur Verfügung steht, kann es bei tiefem Schnee oder starkem Frost auch hier für freilebende Pferde einmal schwierig werden, Trinkwasser zu finden, so daß sie entweder Schnee fressen oder mit den Vorderhufen die Eisschicht über Wasserläufen und Tümpeln aufbrechen müssen, was erstaunlicherweise sogar die Zebras in zoologischen Gärten versuchen. Mein Namensvetter E. Schäfer, der bekannte Tibetreisende, schildert ein ähnliches, man möchte beinahe sagen von Gemeinschaftssinn zeugendes Verhalten bei Kiangs, einer besonders an das Leben in kalten Hochsteppen angepaßten Halbeselart, die alle gleichzeitig und in angeblich „rhythmischen Takten" auf die Eisdecke einschlugen, um ans Wasser zu gelangen.

Fohlen müssen das Wassersaufen erst lernen, da das Milchtrinken ganz anders vonstatten geht. Anfänglich benehmen sie sich noch ausgesprochen tapsig, stoßen mit dem Maul oft viel zu tief ins Wasser oder beißen hinein, wie sie das bereits vom Gras oder Rauhfutter her kennen, das sie schon früher als Wasser aufnehmen. Nach mehreren Versuchen gelingt es ihnen dann, die Nüstern nicht mehr einzutauchen und die Mundwinkel wie die Erwachsenen so zuzuhalten, daß eine richtige Saugmundspalte und ein ordentlicher Sog entstehen.

Koten und Harnen

Wir haben zu Anfang berichtet, daß Pferde in Freiheit ein unseren Wohnungen vergleichbares Areal mit ganz bestimmten Freßplätzen, Scheuer- und Wälzstellen und mit gesonderten Schlafplätzen benützen. Wie in jeder sehr großen Wohnung gibt es im Aktionsraum freilebender Equiden mehrere Orte, die als eine Art Klo dienen, obwohl Einhufer wie die meisten Pflanzenfresser auch überall wahllos Harn und Kot absetzen. Spezielle Kotplätze liegen vielfach in der Nähe der Wechsel oder an deren Kreuzungen, die von den Tieren häufig begangen werden, und wo sie dann jedesmal geruchlich prüfen, ob, und wenn ja, welche Bekannte oder Familienmitglieder sie schon vorher benutzt haben, um daraufhin an derselben Stelle zu misten. Das Misten, wie man das Absetzen von Kotballen beim Pferde nennt, hat eine derart ansteckende Wirkung, daß sich die übrigen Herdenmitglieder der Reihe nach anschließen, um ihrerseits nun ebenfalls zu äpfeln, so daß im Laufe der Zeit manchmal mehrere Quadratmeter messende und je nach der Dauer der Benutzung eines Gebietes und nach der Anzahl der Pferde bis zu einem halben Meter hohe Flächen entstehen.

Auf den üblichen, begrenzten Hauspferdeweiden werden auch Kotplätze angelegt, aber es macht den Eindruck, als ob sie anfänglich rein zufällig entstünden. Da Pferde die verschmutzten Freßstellen verschmähen, sind sie nach kurzer Zeit am hohen Graswuchs zu erkennen, der sich mit der verstärkten Ansammlung der Haufen je nach dem Geschlecht der Weidepferde verschieden schnell und unterschiedlich großflächig ausdehnt. Auf Hengstkoppeln erweitern sich die Kotplätze und damit die nicht mehr zum Grasen nutzbaren Flächen wesentlich langsamer, weil Hengste ihre Mistballen nach genauer Inspektion und geruchlicher Prüfung der vorhandenen Exkremente, dem vor allem bei Stutenmist ein ausgiebiges Flehmen folgt, gewöhnlich zielsicher wieder auf dieselbe Stelle fallenlassen. Stuten beriechen zwar fremde Kothaufen ebenfalls und flehmen manchmal danach, doch sind sie viel weniger intensiv und interessiert bei der Sache und misten meist noch während dieser Erkundung, wodurch die neuen Roßäpfel von den alten etwas entfernt niederpurzeln und den Platz oftmals um eine Pferdelänge vergrößern.

Im Stall oder in sehr engen Ausläufen muß das Aufsuchen spezieller Kotplätze notgedrungen unterbleiben, doch gibt es viele als sauber bezeichnete Pferde, die auch in der Box, ja selbst in Ständern nur eine bestimmte Ecke oder Seite zur Kotablage benutzen. Manche angebundenen Tiere zeigen die Gehintention in Richtung Kotplatz noch dadurch an, daß sie zum Misten im Stand soweit wie möglich vortreten und dann durch das Zurückkehren in die Ausgangsstellung die ganze Einstreu verschmutzen.

Das Koten erfolgt bei beiden Geschlechtern in gleicher Weise bei leicht gesenktem Kopf mit dem Ort des Geschehens zugewandten Ohrmuschelöffnungen und unterschiedlich stark gelüftetem Schweif.

Im allgemeinen werden dazu andere Tätigkeiten wie etwa das Fressen unterbrochen, doch ist es Pferden durchaus möglich, im Schritt oder im Trab zu misten, wenn ihnen der Reiter oder der Fahrer nicht zu dieser Beschäftigung anzuhalten gestattet. Pferde äpfeln normalerweise bei Weidegang relativ gleichmäßig über die 24 Stunden verteilt, im Durchschnitt zehn- bis zwölfmal pro Tag. Die Menge des abgegebenen Kotes hängt von der Menge und Beschaffenheit des Futters ab und ist daneben nicht nur rassebedingt, sondern auch weitgehend vom individuellen Temperament und der augenblicklichen Gemütsverfassung abhängig. Nervöse und ängstliche Pferde machen sich buchstäblich bei jedem sie beunruhigenden Anlaß in die Hosen und geben oft im Abstand von wenigen Minuten einen in der Konsistenz verdünnten, vielfach noch kaum verdaute Haferkörner enthaltenden Kot ab, was besonders bei Pferden vor dem Rennen beobachtet werden kann. Ein mehr physikalisch zum Koten stimulierender Reiz ist die Aufnahme von Wasser, die häufig ein baldiges Misten nach sich zieht.

Zum Harnen werden ebenfalls gewisse Stellen bevorzugt, doch sind sie aus naheliegenden Gründen anfänglich nicht leicht zu entdecken und erst an dem Bewuchs durch grobstengeliges, stickstoffliebendes Gras zu erkennen. Die Harnabgabe geschieht mehrmals am Tage, individuell verschieden täglich sechs- bis zwölfmal, und hängt von der Menge der aufgenommenen Flüssigkeit und vor allem von der Art und Dauer der Bewegung der Tiere ab, die wie wir Menschen wesentlich weniger harnen, wenn sie längere Zeit gehörig geschwitzt haben. Zum Stallen, wie man bei Pferden sagt, nehmen Hengste und Stuten wieder eine sehr ähnliche Stellung ein, bei der die Kruppe gesenkt, der Schweif gehoben und die Hinterbeine mehr oder weniger weit nach hinten herausgestellt werden. Ein konzentrierter Gesichtsausdruck und wie beim Koten gewöhnlich in Richtung des Vorgangs gestellte Ohrmuscheln begleiten diese Handlung, wozu Hengste und Wallache noch etwas ausschachten, um sich nicht zu benässen. Tiere, die nicht genügend ausschachten, nannte man daher sinnigerweise Hosenpisser. Ausgesprochen unangenehm scheint es Pferden beiderlei Geschlechts zu sein, wenn sie sich beim Stallen auf festem Boden die Gliedmaßen oder den Bauch bespritzen. Da sie nach Möglichkeit die Harnabgabe so lange verzögern, bis sie auf einer saugfähigen Unterlage stehen, was dann sofortiges Urinieren auslöst, ist die aus Sparsamkeitsgründen früher häufige Entfernung der Einstreu über Tag, die viele Pferd zu einem unphysiologisch langen Harnverhalten zwang, eine Tierquälerei gewesen. Auch von Gespannpferden aus Großstädten mit gepflasterten Straßen war dieses Gebaren bekannt.

Hengste, die zusammen mit Stuten weiden, pflegen jede

erreichbare Kot- und Harnstelle ihrer Artgenossinnen mit Roßäpfeln zu verzieren und weitaus präziser und unbedingter mit eigenem Harn zu markieren, weshalb sie mit ihren Ausscheidungen gut haushalten müssen. Bei einer 24stündigen Intensivbeobachtung zählte ich bei unserem Sorraiahengst „Esbelto" einmal 52 Harnabgaben im Verlaufe eines Weidetages. Setzt eine Stute Harn oder Kot ab, erregt das sofort die Aufmerksamkeit des Hengstes. Er sucht diese Stelle meist unmittelbar danach auf, beriecht sie ausgiebig, flehmt und tritt dann über sie hinweg, um mit erstaunlicher Zielsicherheit eine mehr oder minder große Harnmenge genau auf das fremde Exkrement zu spritzen. Vielfach betrachtet und beriecht er sein Werk zum Abschluß noch einmal mit Wohlgefallen und flehmt erneut. Häufig löst das Markieren von Stutenlosung sexuelle Erregung aus, und es folgen Aufreitversuche auf das betreffende Tier. Stuten und Fohlen flehmen bisweilen auch, nachdem sie fremden oder eigenen Kot und Harn berochen haben, doch tritt dieses auffallende Verhalten nicht so ausgeprägt und langandauernd in Erscheinung wie bei den erwachsenen Hengsten. Stuten zeigen überdies nach dem Wasserlassen das sogenannte Blitzen, bei dem sie unter Sichtbarwerden der Klitoris ruckartig einige Male den unteren Schamwinkel hochziehen und dadurch den letzten Tropfen Harn absondern, was zur Verhinderung von Scheidenkatarrhen, die Fruchtbarkeitsstörungen nach sich ziehen könnten, erforderlich ist. Während der Rosse blitzen Stuten zwar in derselben Weise, jedoch wesentlich langanhaltender und nicht immer in Verbindung mit dem eigentlichen Urinieren, so daß oft nur Brunstschleim ausgepreßt oder kleine Mengen mit Schleim vermischten Harns verspritzt werden.

Ruheverhalten

Nach der Nahrungsaufnahme nehmen die Ruhezeiten die meisten Stunden im natürlichen Pferdeleben ein. Da sich Pferde etwas anders als viele der übrigen Haustiere und wir Menschen zu erholen pflegen, möchte ich ihr verschieden intensives Ausruhen auch rein sprachlich durch die Ausdrücke „dösen", „schlummern" und „tiefschlafen" charakterisieren. Diese drei Begriffe decken sich bei Mensch und Pferd inhaltlich weitgehend, und nur die Häufigkeit und die Zeitdauer im Ruheverhalten der Einhufer weichen davon ab. Eine beliebte Tätigkeit bzw. Nichttätigkeit des erwachsenen Pferdes ist das Dösen, das wohl jeder von uns schon gesehen hat. Pferde dösen, indem sie mit typischem Dösgesicht bei waagrecht getragenem Hals völlig entspannt einfach dastehen und die Vorderhand beidseitig voll belasten, während sie mit einer Hinterhand schildern, das heißt, sie winkeln bei gesenkter Kruppe ein Bein leicht an und stellen den Huf auf die Spitze. Da man diese Döshaltung früher sehr häufig bei pausierenden Zugpferden und wartenden Droschkengäulen sah und heute bei vielen Reitpferden in der Box und im Stand oder bei Weidetieren beobachten kann, mag bei manchen die Meinung entstanden sein, daß sich Pferde im Stehen vollkommen ausruhen könnten. Das ist nur insofern richtig, als Einhufer durch den besonderen anatomischen Bau ihrer Vorderextremitäten wesentlich besser als andere Tiere im Stehen regenerieren, denn ein kompliziert konstruierter Sehnen- und Bandapparat ermöglicht ihnen ein Feststellen der Gelenke ohne aktive Muskelanspannung und dadurch eine wirkliche Erholung der Vorhand. Andere Verhältnisse liegen bei der Hinterhand vor, die zwar ebenfalls zahlreiche sehnige, also unermüdbare Einrichtungen besitzt, bei der aber noch einige Muskeln zum Tragen des Körpergewichtes nötig sind, die wie alle Muskeln nach einer gewissen Anspannungszeit ermüden und wieder entlastet werden müssen.

Das Dösen nimmt bei erwachsenen Pferden einen Großteil der täglichen Ruhezeiten ein, vor allem während der heißen Mittagsstunden unter schattenspendenden Bäumen und als Entspannung zwischen der Futtersuche, oder bei feuchtkaltem, windigem Wetter, wenn sie sich auf den nassen Boden niederzulegen scheuen und mit der Kruppe gegen den Wind gerichtet stehend die Nacht verbringen, den Schweif als Wind- und Nässeschutz benutzend. Wenn dösende Pferde auch weitgehend abgeschaltet haben, so können sie mit ihren Sinnesorganen doch blitzschnell auf Außenreize reagieren und, da sie ja stehen, sofort die Flucht ergreifen oder sich durch Ausschlagen zur Wehr setzen. Dieses Beibehalten einer schnellen Reaktionsfähigkeit erlaubt Pferden sogar in unruhiger Umgebung und in von vielen Personen frequentierten Stallungen, ja selbst mitten im lärmenden Straßenverkehr zu dösen, doch weil sie dabei individuell verschieden oft mit dem Schildern der Hinterhand abwechseln müssen, ersetzt das den Schlaf keineswegs.

Da sich erwachsene Pferde im Stehen ganz leidlich ausruhen können, legen sie sich nur dann, wenn sie das Gefühl absoluter Sicherheit haben. Bei wildlebenden Einhufern, die außer an der Tränke vor allem im Schlaf von ihren Feinden überrascht werden, pflegt deshalb ein ausgewachsenes Tier in jeder Gruppe das Wächteramt für die übrigen zu übernehmen. Diese Aufgabe wird aber nicht einem bestimmten Pferd nach strengen Regeln zugeteilt, sondern man wechselt sich zwanglos untereinander ab, und wenn zufällig alle

Ausschnitt aus dem gemeinsam benutzten mittäglichen Dösplatz zweier Fjordpferdefamilien und einer Junghengstegruppe. Etwas schlecht sichtbar schildern die zweite und dritte Stute von links mit der linken Hinterhand. Außer den liegenden Saugfohlen stehen fast alle Tiere in antiparalleler Stellung zueinander, um sich gegenseitig durch langsames Hin- und Herschlagen mit dem Schweif die Fliegen aus dem Gesicht vertreiben zu können.

anderen Tiere einer Familie ruhen, muß eben das letzte auf den Beinen befindliche so lange Wache schieben, bis sich ein liegendes wieder erhebt. Man darf sich nun nicht einen hochaktiven Wachtposten vorstellen, der etwa die schlafende Herde mit gespannten Sinnen umkreist, denn die als Wächter übrigbleibenden Stuten oder Hengste stehen einfach in Döshaltung neben ihrer schlafenden Familie, die Nase gegen den Wind gerichtet, um Feinde rechtzeitig zu wittern. Interessanterweise ist dieses abwechselnde Postenstehen nicht allein bei Freilandhaltung zu beobachten, wo es uns durchaus sinnvoll erscheint, sondern bei größeren Beständen von Stallpferden gleichermaßen zu erkennen. Pferde empfinden offensichtlich selbst nach jahrtausendelangem Leben im Haustierstand den schönsten Stall niemals als sicher genug, daß sie auf einen Herdengenossen, der sie vor möglichen Gefahren warnte, verzichten wollten.

Freilebende Fjordpferde bei der Nachtruhe, fast ohne Individualdistanz, in Schlummerstellung; der im Dösen gestörte Wachtposten (rechts) beobachtet den Fotografen.

In welcher Weise der Wächterinstinkt ausgelöst wird, ist nicht bekannt. Ich könnte mir vorstellen, daß sich immer das letzte noch stehende erwachsene Tier instinktiv am Niederlegen gehindert fühlt, wenn es die übrigen Stallgefährten schlafen sieht. Das erklärte auch, weshalb diese Bremse bei einzeln gehaltenen Pferden entfällt, die keine liegenden Artgenossen vor sich haben, für die sie ihr instinktives Wächteramt übernehmen könnten.

Der auf das Dösen folgende Intensitätsgrad des Ausruhens ist das Schlummern. Zum Schlummern, einem nur leichten Schlaf, muß sich ein Einhufer hinlegen, was für ihn eine im Verhältnis wesentlich schwierigere Prozedur darstellt als etwa für einen Fleischfresser mit seiner biegsamen Wirbelsäule. Das Pferd versammelt dazu die Extremitäten unter dem Körper und knickt sie langsam und gleichzeitig immer weiter ein, bis seine stark gewinkelten Beine, deren Muskeln bisweilen vor Anstrengung zu zittern beginnen, das Gewicht nicht mehr tragen und das Tier sich schließlich auf die Vorderfußwurzelgelenke niederläßt, um gleich darauf zur Seite hin abzurollen; ungelenke alte oder

66

hochtragende Pferde lassen sich manchmal mit einem Ruck vollends zu Boden plumpsen. Das Hinlegen ist so anstrengend, daß einzelne Pferde mit einem Beinschaden oft lieber auf ein wirkliches Ausruhen im Liegen verzichten, als diese Belastung ihres krankhaft veränderten Fußes auf sich zu nehmen, da sie beim Niederlegen keine Möglichkeit haben, irgendeine der vier Extremitäten zu schonen. Beim Aufstehen, bei dem das Pferd zuerst beide Vorderbeine nach vorne streckt und die Hinterbeine unter den Körper zieht, um sich dann mit einem kräftigen Schub der Hinterhand nach vorwärts-aufwärts zu stemmen, läßt sich eine verletzte Vorderhand zumindest so lange ein wenig entlasten, bis sie zum Ausbalancieren des Schwungs doch noch kurzzeitig beansprucht werden muß.

Zum Schlummern nimmt das Pferd eine Art Kauerstellung mit unter dem Leib angewinkelten Beinen ein, wobei es den Kopf entweder frei trägt oder das Maul auf dem Boden aufstützt. Obwohl es sich nun schon um einen zwar oberflächlichen, aber richtigen Schlaf handelt, sind die Tiere bei Störung doch verhältnismäßig rasch aktionsfähig, da sie lediglich die Vorderbeine nach vorne strecken müssen, um sofort aufstehen zu können. Waren beim Dösen noch sämtliche Fliegenabwehrbewegungen wie Schweifschlagen, Hautzucken und Kopfschütteln zu beobachten, so entfallen nun diese Maßnahmen bis auf ein gelegentliches mattes Anheben des Schweifes weitgehend. Manche erwachsenen Pferde schlafen immer in Kauerstellung, teils weil in ihrer Umgebung nie wirklich Ruhe herrscht, teils wohl aus innerer Unruhe, wie wir sie bei neurotischen Tieren antreffen; hochtragende Stuten pflegen überwiegend in dieser Haltung zu ruhen.

Beim Tiefschlaf, bei dem auch Pferde so fest schlafen, daß ihnen keinerlei Sinneswahrnehmungen mehr bewußt werden, legen sich die Tiere von der kauernden Schlummerstellung flach nach der Seite um. Kopf, Hals und Körper liegen völlig entspannt am Boden, das eine Vorderbein ist häufig leicht angewinkelt, während beide Hinterbeine gewöhnlich lang gestreckt sind, was einen verhältnismäßig großen Platz erfordert. Den Tiefschlaf haben die meisten Pferdefreunde sicher schon bei kleinen Fohlen gesehen, die sich ihm zu jeder Tages- und Nachtzeit unbekümmert hingeben. Erwachsene Tiere schlafen in Gegenwart des Menschen nur dann wirklich tief, wenn er in ihrer Herdengemeinschaft als vertrautes Mitglied fungiert.

Im Tiefschlaf schnaufen Pferde gleichmäßig und deutlich hörbar, bei manchen gehen die einzelnen Atemzüge in ein leichtes Ächzen und Stöhnen über, das sich vor allem kurz vorm Erwachen in beinahe beängstigendem Ausmaß steigern kann. Im Tiefschlaf träumen auch Pferde, was bisher wohl einfach deshalb bezweifelt wurde,

Tiefschlafende Fjordpferdefohlen in typischer, völlig entspannter Haltung

weil alle referierenden Beobachter niemals genügend in eine Herde integriert waren, um zutreffende Aussagen darüber machen zu können. Ähnlich wie Hunde, die im Schlaf bellen, Hetzlaute ausstoßen und mit den Beinen zucken, so daß man die Art ihrer Träume fast zu erraten glaubt, vermögen sich Pferde durch leises Wiehern mit hörbar verschiedener Bedeutung und durch angedeutete Laufbewegungen zu äußern. Ein besonders eindrucksvolles Beispiel einer offensichtlichen Kindheitserinnerung im Traum habe ich bei einem Jährling verfolgt, der im tiefsten Schlaf ein derart eindeutiges Saugfohlenwiehern von sich gab, daß eine weitentfernte Stute, die kurz vor der Geburt stand und derentwegen ich die Nacht im Stall verbrachte, dem fest weiterschlafenden Junghengst sofort mit dem entsprechenden Erkennungswiehern antwortete.

Weil Pferde zum vollständigen Ausruhen für ihre ausgestreckten Beine viel Raum benötigen, der auf natürlichen Schlafplätzen immer vorhanden ist, kann eine Aufstallung in Ständen oder in zu kleinen Boxen besonders bei großen Tieren den Tiefschlaf regelrecht verhindern. Auch Pferde, die sich etwa eines Beinschadens wegen nicht mehr zur Ruhe niederlegen, sind niemals wirklich erholt. Daß sie sehr wohl das Bedürfnis danach haben, geht daraus hervor, daß sie während der Tiefschlafperiode der übrigen Stallmitglieder manchmal ebenfalls einnicken und dabei – volkstümlich ausgedrückt – im wahrsten Sinne des Wortes aus den Pantinen kippen, wodurch sie wach genug werden, um im letzten Augenblick ihr Gleichgewicht wiederzufinden.

Im Gegensatz zur Reaktionsfähigkeit auf Außenreize beim Dösen und beim Schlummern erwachen Pferde aus dem tiefen Schlaf wie Menschen und dringen nur stufenweise in immer höhere Bewußtseinssphären vor. Faßt man sie an, verändert sich zuerst die Atmung, die in der obenerwähnten Weise forcierter und lauter wird, obwohl die Tiere völlig bewegungslos liegenbleiben. Erst nach einer verhältnismäßig langen Zeit beginnt das Ohrenspiel, die Pferde öffnen die Augen, heben nach einigen weiteren Sekunden schließlich den Kopf, und das heftige Schnaufen verschwindet. Nach Beendigung des Tiefschlafs stehen Pferde anders als Menschen, bei denen sich eine Periode des oberflächlicheren Schlafes anschließt, regelmäßig auf, räkeln sich vielfach, wobei sie den Hals aufwölben, den Kopf stark anwinkeln, die Vorderbeine nach vorne wegstrecken und den Rücken durchbiegen, und beginnen meist wieder mit dem Fressen, wenn Futter vorhanden ist. Häufig werden noch die Hinterbeine einzeln nach hinten gestreckt, und Stallpferde setzen überdies gerne eine Vorderhand auf einen niedrigen Trog oder eine Tiefraufe auf, um sie ebenfalls maximal durchzubiegen.

Das Ruheverhalten der Equiden, die unerwarteterweise nicht wie wir ununterbrochen und mehrstündig schlafen, ist durch auffallend kurze Zeitintervalle gekennzeichnet, wobei die einzelnen Perioden des oberflächlichen Schlummerns bzw. des meist einmaligen Tiefschlafs selten länger als eine gute Stunde dauern und gewöhnlich bei älteren Jungpferden und bei allen ausgewachsenen Tieren überwiegend in die Zeit zwischen 24 Uhr und Sonnenaufgang fallen. Sie wechseln mit kurzzeitigen andersartigen Beschäftigungen wie Fellpflege, Fressen, Harnen oder Koten ab, so daß auf jede derartige Aktivitätsspanne eine erneute Ruheperiode folgt, die auch dösend im Stehen verbracht werden kann. Während man volljährige Pferde tagsüber wenig schlummern und nur ausnahmsweise tiefschlafen sieht, pflegen sie nach der morgendlichen und mittäglichen Nahrungsaufnahme jedoch einige Stunden zu dösen, sofern dieser natürliche Tagesrhythmus nicht durch Arbeit in irgendwelcher Form unterbrochen wird. Diese beiden Hauptdöszeiten können im Sommer, wenn die Fliegenplage besonders stark ist, ineinander übergehen, so daß die Tiere ihre schattigen Plätze erst gegen 15 Uhr am Nachmittag wieder verlassen. Sogar die großen Hauptfreßperioden werden von jedem Pferd individuell verschieden oft durch vielfach ein paar Minuten bis zu einer halben Stunde dauernde Pausen unterbrochen. Die Gesamtruhezeit erwachsener Einhufer, also dösen, schlummern und tiefschlafen, wird im allgemeinen mit ca. sieben Stunden pro Tag angegeben und ist meinen eigenen Beobachtungen nach eher noch etwas höher zu veranschlagen. In der heißen Jahreszeit, wenn sich die Zeitspanne des Dösens zuungunsten anderer, aktiverer Tätigkeiten ausdehnt, kann sie sich auf nahezu neun Stunden belaufen.

Während ältere Equiden den Hauptteil ihrer Erholungszeit stehend verdösen, ruhen nicht voll ausgewachsene merklich länger in der kauernden Schlummerstellung. Das häufige Regenerieren im Liegen ist eine ganz typische Gewohnheit jugendlicher und vor allem kindlich reagierender Pferde, denn merkwürdigerweise benehmen sich Jungstuten, die zum erstenmal tragen, in ihrem Ruheverhalten anders als gleich alte nichtgedeckte Tiere. In den erwähnten Fjordpferdefreilandherden schlummerten zum Beispiel in der sommerlichen heißen Mittagszeit außer Fohlen und Jährlingen beiderlei Geschlechts nur noch die zweijährigen Junghengste, oft zu Füßen der dösenden Alttiere, nicht jedoch die zweijährigen Stuten, die in dieser Population von den ganzjährig mitlaufenden Beschälern bereits gedeckt worden waren. Auch in meinem eigenen Stall verzichteten von der Zucht ausgenommene Warmblutstuten selbst mit drei Jahren nicht auf ihre vormittägliche Schlummerpause, wohingegen sich ihre schon tragenden dreijährigen Herdengenossinnen wie die älteren Stuten verhielten und sich nicht mehr hinlegten. Für mich untermauern derartige kleine Beobachtungen das positive oder negative Ergebnis einer Trächtigkeitsuntersuchung, wenn es sich um Pferde handelt, die dem Menschen gegenüber so viel Vertrauen haben, daß sie sich in ihren normalen Reaktionen nicht von ihm beeinflussen lassen.

Das Leben der jungen Fohlen wird außer vom Trinken bei der Mutter wie das eines menschlichen Säuglings weitgehend von einem übergroßen Schlafbedürfnis beherrscht. Vor allem sehr kleine Füllen reagieren ähnlich spontan und sprunghaft wie Menschenkinder, denn sie überkommt nach kurzen Aktivitätsperioden, in denen sie wilde Bocksprünge vollführen oder im Höchsttempo ihre Kreise um die Stute ziehen, oft ruckartig eine derart schwere Müdigkeit, daß sie sich fast übergangslos zu Boden werfen und in tiefen Schlaf verfallen. Man kann sie deshalb zu jeder Tages- und Nachtzeit an den verschiedensten Plätzen, die nur trocken sein müssen, wie Hunde mit zwischen die Beine geschlagenem Kopf oder lang hingestreckt im offensichtlichen Tiefschlaf beobachten, mit der grasenden oder dösenden Mutter daneben, die anfangs nicht von der Seite ihres schutzbedürftigen schlafenden Kindes weicht. In den folgenden Monaten läßt die mütterliche Besorgnis im allgemeinen etwas nach, und es kann vorkommen, daß sich die Stute beim Weiden, dem Zuge der Herde folgend, so weit entfernt, daß das verlassene Fohlen beim Aufwachen einen, man möchte beinahe sagen tödlichen Schrecken bekommt, denn es springt laut und entsetzt wiehernd auf die Beine und galoppiert, so schnell es kann, der dann meist antwortenden Mutter entgegen, um sich stets sofort mit mehreren Schlucken Milch zu trösten. Logischerweise nimmt diese die Gesamtruhezeit der Erwachsenen weit übersteigende Fohlenschlafdauer mit zunehmendem Alter in gleichem Maße ab, wie sich das Jungtier selbständig ernährt.

Junge Fohlen dösen nur sehr selten. Längeres Dösen eines Saugfohlen im Stehen ist für mich ein äußerst ernst zu nehmendes Warnsignal, denn gewöhnlich fühlt sich dieses Tier nicht wohl, häufiger zeigt es sogar den Beginn einer schweren Krankheit an. Der markante Spruch aus dem Wildwestfilm, daß ein Mann nicht stirbt, solange er auf den Beinen steht, scheint für die Pferde in weit größerem Maße zu gelten, da sie ganz offensichtlich ein elementares Stehbedürfnis haben, sobald es ihnen so schlecht geht, daß sie befürchten, nicht mehr aufstehen und fliehen zu können; das kommt bei kranken Fohlen und bei recht alten Pferden besonders deutlich zum Vorschein.

Bei der Schilderung des Raum-Zeit-Tätigkeitssystems haben wir bereits erwähnt, daß sich Pferde nicht wahllos irgendwo zur Ruhe begeben, sondern dafür ganz bestimmte Schlafplätze aufsuchen. Für menschliches Empfinden wären nun die geschützten und abgeschirmten Lagen ihres Gebietes am gemütlichsten, doch bevorzugen Pferde bei ungestörter Wahl im Gegenteil möglichst offene Stellen, die vom Wind aus allen Richtungen bestrichen werden können. Solche freien, windigen Plätze geben den wildlebenden Einhufern ein wesentlich stärkeres Sicherheitsgefühl herannahenden Feinden gegenüber als etwa ein geschützter Waldrand und sind zur Entstehung eines pferdlichen Behaglichkeitsempfindens beim Niederlegen fast unabdingbar, ein Empfinden, das selbst unsere behüteten Hauspferde bis zum heutigen Tage beibehalten haben. Auch sie fühlen sich trotz der schon so lange dauernden Domestikationszeit immer noch an denselben Stellen am wohlsten, die ihre wilden Verwandten bevorzugten und die unserem eigenen Gemütlichkeitssinn so gegensätzlich sind. Im Freiland gehaltene Pferde suchen deshalb in ihren oft liebevoll errichteten Weidehütten gewöhnlich nur Schutz vor den lästigen Bremsen, zum Schlafen legen sie sich regelmäßig im Freien nieder. Das Bedauern darüber, daß die in den wärmeren Gebieten der USA in sehr luftigen Boxen aufgestallten Rennpferde, deren Domizil von mehreren Seiten durch weitmaschige Drahtwände eingesehen werden kann, „niemals richtig zur Ruhe kämen", wie ich in einer Rennsportzeitung las, ist daher völlig unangebracht; denn abgesehen von dem physischen Wohlbefinden dieser Tiere in der wenig stickigen Umgebung dürfte ihr psychisches Wohlbehagen ebenfalls größer sein als das vieler europäischer Rennpferde in ihren dichtgeschlossenen Verliesen.

Außer einem unbedingt notwendigen Sicherheitsgefühl verlangen Pferde von ihrem Schlafplatz noch eine trockene Unterlage. Wildlebende Zebras bevorzugen aus diesem Grunde stets die sogenannte Kurzgrassteppe, und manche Hauspferde schaffen sich sogar ihre eigene „Kurzgrassteppe", indem sie auf höhergelegenen, vom Wind bestrichenen Plätzen ihrer Weide das Gras bis zur Narbe abnagen, um auf dem dadurch entstehenden staubigen Boden schlafen zu können. Das Entscheidende an einer guten Einstreu im Stall ist deshalb ihre möglichst trockene Beschaffenheit. Bei Versuchen in der Gruppenauslaufhaltung, bei denen die Pferde die Möglichkeit hatten, zwischen üblicher Stroheinstreu, relativ dünner Sägemehlauflage und genoppter Gummiunterlage zu wählen, zogen sie eindeutig die Stroheinstreu vor. Die Weichheit des Liegeplatzes scheint also, wie viele vermuten, bei manchen Pferden doch eine gewisse Rolle zu spielen. Pulverschnee hindert abgehärtete Robustpferde keineswegs, sich hinzulegen, und selbst in der kalten Jahreszeit werden die dem Wind und allen Sinneseindrücken leicht zugänglichen Stellen bevorzugt und geschützte Tallagen ebensowenig wie im Sommer aufgesucht.

Der übliche Individualabstand zwischen den einzelnen Tieren verringert sich zwar etwas während des Schlafens, bleibt aber prinzipiell gewahrt: Einzelgängerische Pferde ruhen daher lieber allein mehrere Meter von den anderen Tieren entfernt, Weidekumpane und Spielgefährten liegen vielfach sehr dicht, manchmal mit Körperkontakt, beieinander.

Zum längeren gemeinsamen Dösen gibt es ebenfalls eigene Plätze, die nicht so frei und zugänglich, also nicht so „sicher" zu sein brauchen wie die trockenen, luftigen Orte für Schlummer- und Tiefschlafpausen, da das Gros der Herde hier stehend ruht. In der warmen Jahreszeit genügen schattenspendende Bäume, Weidehütten oder ähnliches, während für die kurzzeitig den ganzen Tag über immer wieder eingeschobenen Pausen kein gesonderter Dösplatz aufgesucht wird.

Solitäre Hautpflege

Ein beträchtlicher Teil des Tages wird bei den Pferden auf die Hautpflege verwandt, die für ihr Wohlbefinden unumgänglich ist und die man deshalb auch als Komfortverhalten bezeichnet. Die Haut stellt nicht allein eine den ganzen Körper umschließende schützende Hülle dar, sie ist darüber hinaus auch als aktives Organ mit zahlreichen wichtigen Funktionen und als Sitz des Tastsinnes und der Wärme- und Kälteempfindung unentbehrlich. Auf den Zusammenhang zwischen Hautaktivität und nervösen Reizen, also zum Beispiel Schwitzen aus Angst oder Schmerzen, der sich grundlegend schon mit dem gemeinsamen Ursprung der Haut und des Nervensystems aus demselben Keimblatt erklären läßt, sei hier nur kurz hingewiesen, da andere Autoren ausführlich darüber berichtet haben. Wir wollen hier lediglich feststellen, daß Pferde eine voll funktionsfähige, gesunde Decke brauchen. Da Wildeinhufer schließlich nicht vom Menschen in mühsamer Arbeit geputzt werden, entwickelten sie ein verhältnismäßig kompliziertes und vor allem recht ausgeprägtes und deutliches Komfortverhalten, das sie befähigt, Haut und Haarkleid selbst in Ordnung zu halten und zu pflegen. Obwohl das Hautpflegeverhalten der Einhufer eine nicht zu unterschätzende soziale Funktion mitzuerfüllen hat, möchte ich jetzt nur auf die solitäre Hautpflege eingehen und die Dinge schildern, die ein Einzeltier zu seinem Wohlbefinden unternimmt.

Das wohl augenfälligste solitäre Hautpflegeverhalten ist das Wälzen. Sehr zum Leidwesen ihrer Besitzer haben selbst viele gutgeputzte Pferde ein absolutes Bedürfnis, sich ausgiebig zu wälzen, ja manche Tiere werden durch das Putzen erst dazu angeregt, was die menschlichen Bemühungen um ein gepflegtes Aussehen dann völlig zunichte machen kann. Zwar wälzen sich Pferde auf fast allen nicht zu harten Unterlagen, doch suchen sie nach Möglichkeit einen ganz speziellen Untergrund auf und ziehen staubige Wälzplätze allen übrigen eindeutig vor. Nicht nur wildlebende Einhufer genehmigen sich täglich in den heißen Mittagsstunden, wenn der Staub am trockensten ist, ein genüßliches Bad, um danach ihr dick eingepudertes Fell sorgfältig wieder auszuschütteln, auch bei Freilandhaltung sind diese besonderen Staubbadeplätze zu finden, während die meisten Pferde mit kombinierter Stall- und Weidehaltung mit irgendwelchen trockenen Stellen vorliebnehmen müssen. Gewöhnlich wird ein solcher Platz von den Tieren selbst angelegt, indem sie das Gras mitsamt der Narbe verbeißen, um durch eine häufige Benutzung dieser Fläche allmählich eine staubige Kuhle auf der Weide entstehen zu lassen.

Der Grund für das Bedürfnis aller Wildequiden und Pferde in

Freilandhaltung, täglich staubzubaden, könnte darin liegen, die zu fettigen und durch Schwitzen, nächtlichen Tau oder Regen verklebten und dadurch nicht mehr in naturgemäßer Richtung am Pferdekörper anliegenden Haare wieder aufzulockern und in den alten Zustand zu bringen. Bei Stallpferden mögen durch scharfes Putzen losgelöste Hautteilchen dieselbe Wirkung haben, die die Deckhaare beim anschließenden Bürsten mit der Kardätsche und Glätten mit einem Lappen dann unphysiologischerweise zu einer glatten, glänzenden Auflage zusammenkleben.

Zum Wälzen legen sich die Pferde in der üblichen Weise nieder, nachdem sie den Wälzplatz zuvor eingehend inspiziert haben. Ihre Absicht ist selbst für den verhältnismäßig ungeübten Beobachter an dem ausgesprochen auffallenden Benehmen leicht zu erkennen, da sie bei zu Boden gesenktem Kopf und waagrecht weggestrecktem Schweif die erkorene Stelle mit aufmerksam nach vorn gerichteten Ohren erst genauestens besichtigen und beriechen und vor der Benutzung oft mit kleinen Schritten noch einige Male umkreisen, ja gelegentlich sogar ein mehr oder weniger hektisches Scharren mit der Vorderhand vorausschicken. Nach dem Niederlegen werden Kopf und Hals flach an den Untergrund gedrückt, um die untenliegende Gesichtshälfte und vor allem deren Backenregion mitzuscheuern, die sie manchmal förmlich in den Boden

Islandstute „Gledia" beim Hinlegen, Wälzen und Aufstehen. Ihr eintägiges Fohlen ist verwirrt, dann interessiert und schließlich zu Bocksprüngen animiert.

hineinreiben. Nach ausgiebigem Bearbeiten der einen Körperhälfte wälzen sich viele Pferde durch Schwungholen auf die andere Seite – besonders gelenkige Tiere wechseln mehrmals –, manche richten sich wieder bis in die Kauerstellung auf, um in dieser Haltung nochmals mit einem Vorderhuf den Boden zu verscharren, ehe sie sich erneut dem Wälzvergnügen hingeben. Pferde, die sich nicht über den Rücken umkippen können oder wollen, wie zum Beispiel viele hochtragende Stuten, legen sich häufig zweimal hintereinander nieder und räkeln jede Seite einzeln am Boden. Da der Vorgang stark ansteckend wirkt, genügt ein sich wälzendes Pferd, daß sich die anderen ebenfalls in schöner Regelmäßigkeit gleichzeitig oder bald danach dieser angenehmen Beschäftigung widmen.

Das Wälzen ist für viele Pferde ein so elementares Bedürfnis, daß ihm auch unter räumlich völlig ungeeigneten und beengten Verhältnissen Genüge getan wird, was hauptsächlich in schmalen Ständen, bei ungeschickten Pferden aber sogar in durchaus geräumigen Boxen zu dem gefürchteten Festliegen führen kann. Tiere, die

beim Überschlagen von einer auf die andere Körperseite derart weit an die Wand geraten, daß ihren stark gewinkelten Beinen die Schwungfreiheit zum Zurückwälzen fehlt, oder deren Hals zu ge- krümmt liegt, als daß der Vorderhand Platz zur Streckung bliebe, sind ohne menschliche Hilfe nicht mehr fähig aufzustehen. Die in großen Anbindeställen, zum Beispiel im Zirkus, üblichen Stallwachen sind schon aus diesem Grunde eine Notwendigkeit, denn bei länger- dauerndem Festliegen können irreparable Schäden wie etwa Nerven- lähmungen entstehen. Frische Einstreu reizt als eine Art Ersatz für das natürliche Staubbad besonders zum Wälzen, und die meisten Stallpfer- de kommen diesem Verlangen ohne zu zögern nach. Ich möchte es bei genügend gutaufgeschütteltem Stroh und vor allem bei neuem, lockerem Sägemehl deshalb geradezu als leichtsinnig bezeichnen, seinen Stall zu verlassen, ehe sich nicht alle Pferde gewälzt und wieder erhoben haben.

Fohlen zeigen bis zu 1½ Jahren ein wesentlich geringeres Wälzbedürfnis als erwachsene Tiere, vermutlich deshalb, weil sie sowieso einen großen Teil des Tages liegend und in Seitenlage verbringen, in der sie sich ausgiebig räkeln und scheuern können. Obwohl alle Hautpflegeverhaltensweisen angeboren sind, scheint das Wälzen den Pferdekindern anfänglich furchtbar aufregend vorzukom- men, wenn sie ihre Mutter bei dieser Tätigkeit beobachten. Wälzt sich eine Mutterstute das erstemal nach der Geburt, was meistens relativ spät geschieht, da sich die Stuten in der Box aus Rücksicht auf das Füllen im allgemeinen nicht herumzuwerfen getrauen und auch im Freien derart um das Neugeborene besorgt sind, daß sie auf ihre eigene Komforthandlung verzichten, so steht das Fohlen mit gespann- ten Sinnen, ja direkt „verblüfftem" Gesichtsausdruck daneben und bekommt dann fast die Beine der sich überschlagenden Mutter an den Kopf. Das hat zur Folge, daß das Kleine ebenfalls eine Aktivität zeigen will und in wilden Sprüngen wie ein Schaukelpferd um die Stute herumtanzt, wobei es häufig mit stark gewölbtem Hals und aufgestell- tem Schweifchen das ganze Register des Fohlenimponiergehabes ab- laufen läßt. Das komischste Erlebnis dieser Art hatte ich mit einem vier Monate alten, zugekauften, sehr aktiven Hengstchen, das einer er- wachsenen Stute beim Wälzen zuerst aufs höchste interessiert zusah und sich schließlich sozusagen mitten ins Getümmel warf und wäh- rend des Umschlagens von einer auf die andere Seite direkt auf den Bauch des ihm fremden Pferdes plumpste.

Neben dem Staubbad, nach dem sich alle Pferde ausgiebig zu schütteln pflegen, verlangen manche Tiere nach einem ausgesproche- nen Schlammbad und suchen, wenn keine richtige Suhle vorhanden

Wie alle Pferde schüttelt sich Sorraiastute „Valquíria" in sägebockartiger Aufstellung ausgiebig nach jedem Wälzen auf trockener Unterlage.

ist, die aufgeweichtesten, erdigsten Plätze auf der Weide, in denen sie sich mit wahrer Wonne so lange wälzen, bis sie von Kopf bis Fuß mit Schlamm bedeckt sind. Diese für „ordentliche" Pferdeleute recht peinliche Verhaltensweise hatte ursprünglich den Sinn, durch die beim Abtrocknen verkrustende Schlammschicht große Teile des Pferdekörpers gegen lästige Insekten zu schützen und beim späteren Abfallen und Abscheuern der Schmutzkruste abgestorbene Haare und Hautteilchen mitzuentfernen, was den Effekt eines das Fell aufrauhenden groben Striegels teilweise zu ersetzen vermochte. Logischerweise schütteln sich Pferde deshalb nach einem Schlammbad nicht. Im Schnee wälzen sich die meisten Pferde besonders gern, merkwürdigerweise auch Zebras und andere Einhufer, die in ihrem eigentlichen Lebensraum niemals mit dem weißen Element in Berührung gekommen sind.

Da das Wälzen den Pferden ein absolutes Vergnügen zu bereiten scheint, sollte man es ihnen möglichst häufig gestatten. Das hysterische Geschrei, das viele Besitzer erheben, wenn ihre Lieblinge, ausnahmsweise einmal freigelassen, diese Gunst sofort dazu nutzen, sich ihr sorgsam gebürstetes Fell „undankbarerweise" zu verschmutzen, ist typisch für das von mir so oft zitierte egozentrische Verhalten

sogenannter Pferdefreunde. In amerikanischen Trainingszentren, in denen man bei allen bisweilen reichlich rigorosen Trainiermethoden manchmal wesentlich mehr auf die Psyche des Pferdes eingeht als hierzulande, werden vielerorts eigene Plätze angelegt, auf denen sich die Pferde nach absolvierter Arbeit wenigstens an der Longe ausgiebig wälzen können – ein trotz Personalmangel durchaus nachahmenswertes Beispiel. Im Zirkus Krone konnte man vor einigen Jahren auch dschigitischen Reitern dabei zusehen, wie sie ihren Achal-Tekkiner-Pferden nach der schweißtreibenden Vorstellung im Sägemehl der Manege einzeln an einem langen Zügel ein genußvolles längeres Staubbaden gönnten. Ebenfalls echte Horsemanship.

Fast alle Pferde gehen gern ins Wasser und schwimmen von Natur aus verhältnismäßig gut, weshalb in früheren Zeiten das abendliche Baden in der sogenannten Schwemme auch hierzulande eine übliche Wohltat war, die man den geschundenen Arbeitsgäulen angedeihen ließ. Manche Pferde wälzen sich sogar in seichten Gewässern, was vermuten läßt, daß das schon erwähnte Scharren vor dem Saufen in flachen Pfützen als Wälzintention verstanden werden kann, bei der

**Norwegerhengst „Fjordi" prüft die Wasser-
tiefe des seine Weide durchfließenden
Baches mit der Vorderhand, ehe er ein
kurzes, erfrischendes Bad nimmt und sich
ganz ins im März noch kühle Naß wirft.**

die Handlung nur nicht ausgeführt wird.
Zwei merkwürdige Erlebnisse hatte ich
vor einigen Jahren auf unserem eigenen
Gelände, das damals von einem seichten
wasserführenden Graben durchzogen
wurde. Im März, bei einer Temperatur
von knapp über Null Grad Celsius, als ringsum auf der Weide und an
der Grabenböschung noch dicker Schnee lag, wälzte sich nicht nur
unser damals dreijähriger Fjordhengst „Fjordi" ausgiebig in diesem
Wasserlauf, sondern auch sein Erzfeind „Vaqueiro", ein gleichaltriger
Sorraiahengst. Bei „Vaqueiro", der zwar schon hier geboren und
aufgewachsen, jedoch bei größerer Kälte ebenso verfroren wie seine
importierten Eltern und anderen Verwandten geblieben war, erstaunte
mich dieses „verrückte" Verhalten besonders.

Einhufer besitzen außerdem ein vielfältiges Repertoire weiterer
Hautpflegeverhaltensweisen. Sie schütteln sich beispielsweise nicht
nur nach ihrem Staubbad kräftig, sondern auch nach Durchnässen des
Haarkleides bei Regen oder Schneefall und nach dem Baden, wobei sie
regelmäßig mit Kopf und Hals beginnen und meistens den ganzen
Körper bis zur Schweifwurzel nachfolgen lassen. Dazu wird eine leicht
sägebockartige Stellung eingenommen, um die zum Schütteln nötige

Standfestigkeit zu erreichen. Sehr häufig ist das Kopfschütteln alleine zu beobachten, welches im Gegensatz zum vertikal ausgeführten Kopfschlagen, das ebenfalls hauptsächlich der Fliegenabwehr dient, stets bei gestrecktem Kopf und Hals nach beiden Seiten hin drehend erfolgt. Insekten können außerdem durch aktives Hautmuskel- und Muskelzittern, durch gezieltes Kopfstoßen bei geschlossenem Maul, durch Aufstampfen mit den Beinen und vor allem durch das ständige Schweifschlagen vertrieben werden. Da längere Haare größere Körperflächen freifegen, stellte das früher bei uns und heute noch in manchen Ländern übliche Kupieren der Schweife aus Modegründen eine ausgesprochene Tierquälerei dar, die den geplagten Pferden ihre Hauptfliegenabwehrmöglichkeit nahm. Die Insektenplage ist in feuchten Gegenden mit guten Brutgelegenheiten besonders groß, und die unterschiedlichen Schweifformen der verschiedenen Einhuferarten, die von der kurzen Eselsquaste über die etwas mehr behaarten Schweifwedel der Steppenzebras bis zum üppigen, manchmal bis zum Boden fallenden Schweifhaar vieler Ponyrassen reichen, scheinen in direktem Zusammenhang mit ihrem ursprünglichen Lebensraum zu stehen. Unter unseren Hauspferden zeigt bekanntlich der Araber mit seinem gestielten, seidig dünnen und im Vergleich zum buschigen Haar eines Nordpferdes spärlichen Schweif die wohl stärkste Anpassung an insektenarme Gebiete. Seine außergewöhnliche Empfindlichkeit gegenüber diesen Plagegeistern, die sich an schwülen Tagen oft in übernervösem Verhalten äußert, weist gleichfalls auf eine Heimat ohne Tümpel oder andere stehende Gewässer hin.

Zu Bewegungsabläufen, die – sieht man von Milben- und Läusebefall im Haarkleid bzw. vom Wurmbefall ab – in erster Linie der Hautpflege und weniger der Parasitenabwehr dienen, gehören ferner das Beknabbern, das Kratzen und das Scheuern. Pferde beknabbern hauptsächlich die Flanken, Teile der Kruppe, des Bauches und vor allem die Beine, also Körperteile, die sie bei auftretendem Juckreiz schlecht durch Scheuern oder Reiben erfassen können.

Das Kratzen führen Einhufer nur mit der Vorderkante eines Hinterhufes aus, wobei im allgemeinen der Bereich hinter den Ohren, die Ohren selbst und Teile des Kopfes und des Halses erreichbar sind. Es ist eine kurzdauernde und stets äußerst vorsichtig und eigentlich bedächtig ausgeführte Handlung, womit besonders oft der durch das dauernde Tragen des Halfters entstehende mechanisch bedingte Juckreiz in der Genickgegend abgestellt werden soll. Dabei bleiben gelegentlich Pferde mit der Hinterhand im Halfter hängen und können sich, besonders wenn sie angebunden sind, in Panik geratend, unter Umständen lebensgefährliche Verletzungen zuziehen, weshalb sie unbeaufsichtigten Tieren meiner Meinung nach, wenn irgend möglich, abgenommen gehören. Nachts in vorne offenen Boxen oder auf großen Weiden mit Büschen und Bäumen trägt bei uns deshalb normalerweise kein einziges Pferd ein Halfter.

Alle Equiden scheuern sich oft täglich verhältnismäßig lange mit Wonne an irgendwelchen festen Gegenständen. So wird von den Zebras in Afrika berichtet, daß sie dazu spezielle Termitenhügel aufsuchen, deren an sich recht rauhe Oberfläche sie durch ihr häufiges und ausgiebiges Benutzen mit der Zeit völlig blankpolieren, da sie Bäumen ausgesprochen vorgezogen werden. Wenn keinerlei feste Hindernisse vorhanden sind, scheuern sich Einhufer sogar aneinander. Unsere Hauspferde pflegen neben Bäumen vor allem Weidezäune auszuwählen und demolieren dabei auch stabile Gatter allmählich vollständig. Geschickte Leute stellen deshalb einen Kratzpfosten in der Mitte der Koppel auf, den die Tiere dann im allgemeinen gerne frequentieren. Noch nachahmenswerter erscheint mir das Errichten eines künstlichen Termitenhügels aus Zement, wie ihn der bekannte Tiergärtner HEDIGER für die Zebras im Baseler Zoo errichtet hat.

Pferde scheuern sich an allen möglichen Körperstellen, an den Backen, am Unterhals und vor allem am Kamm und an der Schweifwurzel. Das intensive Scheuern bereitet ihnen ein ausgesprochenes Vergnügen, was an ihrer lustbetonten Gesichtsmimik (Putzgesicht) deutlich abzulesen ist, und wird von altersher vom Menschen zum Erlangen ihrer Freundschaft ausgenutzt. Besonders das Vertrauen der Fohlen, die die ganze Skala des Komfortverhaltens zeigen, läßt sich mit richtig ausgeführtem Kratzen an so bevorzugten Stellen wie der Schweifwurzel oder dem Mähnenkamm leichter gewinnen als durch das ungeschickte, häufig als Aggression aufgefaßte Getätschel. Mit dem „Beknabbern" in übertragenem Sinne – wir Menschen können ja schlecht ein Fohlen wirklich beknabbern – ahmen wir einen nicht unwesentlichen Teil der Beziehungen von Pferd zu Pferd nach und dringen damit in den Bereich des eigentlichen Sozialverhaltens vor.

DAS SOZIALVERHALTEN

Im Tierreich gibt es Arten, die solitär, das heißt einzeln, oder höchstens kurzzeitig paarweise vorkommen, und andere, die absolut gesellig sind und eine Gesellschaft mit ausgeprägter Sozialstruktur aufweisen. Allein und gesellig lebende Spezies können recht nahe verwandt sein, man denke an den einzelgängerischen Fuchs und an den Rudel bildenden Wolf, die beide zur Familie der Hundeartigen gehören, oder an die sich in der zoologischen Systematik untereinander wesentlich näher stehenden Großkatzen Löwe und Tiger, von denen letzterer einzelgängerisch lebt, während der Löwe übrigens als einziger aus der Familie der Katzenartigen aus Großfamilien und blutsverwandten Junggesellenklubs bestehende Rudel bildet. Bei zahlreichen Tieren kommt es nur während der Fortpflanzungszeit oder der Periode der Jungenaufzucht zur Paarbildung.

Einhufer zählen zu den gesellig lebenden Wesen, die zum Teil bedingt durch ihre verschiedene Umwelt, teilweise jedoch auch aufgrund eines unterschiedlichen psychischen Entwicklungsgrades ein von Art zu Art unter Umständen recht verschiedenes Sozialverhalten ausbildeten. Es ist anzunehmen, daß die Vorfahren aller Equiden vor 70 Millionen Jahren, als sie noch als mehrzehige Buschschlüpfer in tropischen Wäldern vorkamen, einzeln oder allenfalls paarweise hausten und in ihrem Verhalten den Tapiren weitgehend geglichen haben, die ja zu den nächsten Verwandten der Einhufer gehören und bis heute außer in der Paarungszeit absolute Einzelgänger geblieben sind. Ist das Sozialleben der Tapire nur auf das Fortpflanzungs- und Mutter-Kind-Verhalten beschränkt und entsprechend dürftig, so müssen diejenigen Tiere, deren Familie länger zusammenbleibt, oder die ein Rudel und im extremsten Fall eine Herde bilden, einen Modus des Zusammenlebens entwickeln, der ein möglichst reibungsloses Miteinander gewährleistet. Dieser Modus des Zusammenlebens zu mehreren mit einer ganzen Reihe von erlaubten und unerlaubten Verhaltensweisen wird Sozialverhalten genannt.

Das von Natur aus nuancenreich differenzierte Sozialverhalten aller gesellig lebenden Equiden kann sich bei unseren in ihrer Bewegungsfreiheit eingeschränkten Hauspferden meist nicht mehr voll entfalten und ist selbst bei Weidepferden und Ponys in Freilandhaltung, bei denen ein Hengst in der Herde mitläuft, gestört. Bei Stallpferden ist es aus Mangel an sozialem Kontakt vielfach weitgehend verkümmert. Das Bedürfnis unserer Pferde, gewisse gemeinschaftliche Verhaltensweisen auszuleben, ist jedoch derart übermächtig, daß sie selbst starke Größen- und Rassen-, Alters- und Geschlechtsunterschiede dafür außer acht lassen und im extremsten Fall der Einzelhaltung sogar Artunterschiede in Kauf nehmen. Über die wohltuende Wirkung eines Ersatz-Gesellschaftstieres, also etwa eines Ziegenbocks oder der bekannten Katze der ungarischen Vollblut-Wunderstute „Kinszem" wurde schon oft berichtet. Solche Vergesellschaftungen sind allerdings ausgesprochene Notgemeinschaften, die Pferde nur in Ermangelung eines gleichartigen oder nahe verwandten Kumpans, zum Beispiel eines Esels, eingehen.

Das Bedürfnis unserer Pferde nach Gesellschaft ist so groß, daß sie selbst starke Größen- und Rassenunterschiede außer acht lassen.
Der kleine Shetty „Bonny" darf bei sommerlicher Fliegenplage unbesorgt unter dem schützenden Schweif zwischen den Hinterbeinen des gutmütigen große Trabers „Hadom" hindurchweiden.

Soziale Hautpflege

Sehen wir einmal vom Mutter-Kind-Verhalten ab, dem wir ein eigenes Kapitel widmen wollen, so bilden schon zwei Pferde eine Gemeinschaft mit einem wenigstens in Bruchstücken erkennbaren Sozialver-

halten. Dazu gehört als erstes die soziale Hautpflege, bei der sich die beiden Partner gegenseitig hauptsächlich an Körperstellen beknabbern, die sie alleine nur schlecht erreichen könnten. Zur sozialen Fellpflege wird jederzeit während der Weide- und Döszeiten, wann immer sich zwei Putzwillige begegnen, eine von wenigen Minuten bis zu einer halben Stunde dauernde Pause eingelegt. Kontaktsuchende Tiere gehen schräg von vorne aufeinander zu und zeigen dabei mit ihrem „Putzgesicht" eindeutig die Absicht an, die der Fellkraulpartner entweder mit derselben Mimik erwidert oder unwirsch ablehnt. Haben sie sich geeinigt, beginnen sie gewöhnlich am Mähnenkamm und an den Seiten des Halses oder in der Widerristgegend, sich emsig beknabbernd lose Haare auszurupfen und Hautfalten so durch die Zähne zu ziehen, daß ein ähnlicher Effekt wie bei der menschlichen Pflege mit dem Striegel entsteht. Dieses Spiel kann in verschiedener Intensität verlaufen, bei besonders hingebungsvollem Putzen ist deutlich das dumpfe, von den Haaren etwas verschluckte Geräusch der zusammenklappenden Zähne zu hören. Vom Mähnenkamm und Widerrist ausgehend, wird das Fell dann vor allem im

Bereich des Rückens bis zur Schweifwurzel gründlich durchforstet, wobei sich die Tiere langsam aneinander vorbeischieben, bis sie schließlich Kopf an Schweifansatz zu stehen kommen. Vielfach treten sie danach umeinander herum und bearbeiten die andere Seite. Im allgemeinen fellkraulen sich lediglich zwei Pferde und bloß ausnahmsweise macht ein drittes Tier kurzzeitig mit.

Das Fellkraulen üben notfalls sehr unterschiedliche Tiere miteinander aus, und selbst der Mensch wird in Ermangelung arteigener Gefährten durch Zwicken und Zupfen an der Kleidung aufgefordert, sich an dieser als angenehm empfundenen Beschäftigung zu beteiligen, was er oft irrtümlicherweise als Beißintention auffaßt. Dabei können wir durch Eingehen auf solche Einladungen ganz wesentlich dazu beitragen, daß uns das Pferd als begehrten Zeitgenossen betrachtet. Besonders bei heftig und ungestüm knabbernden Tieren ist ihr Wunsch technisch natürlich recht schwierig und vielfach nicht völlig schmerzlos von seiten des Menschen zu erfüllen. Fordert man scheue Fohlen von sich aus zum Fellkraulspiel auf, so sollte man sich am besten vorher eine dicke alte Jacke oder etwas Ähnliches anziehen, sonst muß man versuchen, ihren Knabbertrieb nach kurzer Zeit auf die Stute als dritten Partner abzulenken, indem man das Jungtier in eine derartige Lage schiebt, daß es nach einigen Zupfern an den Ärmeln seine Gegenleistung der Mutter zugute kommen läßt. Die Mutterstute ist anfänglich sowieso der Hautkraulkumpan des Fohlens, das die Mimik und Technik der sozialen Hautpflege schon sehr frühzeitig beherrscht.

Freundschaften und Feindschaften

Pferde, die noch einigermaßen natürlich leben, fellkraulen keineswegs alle Individuen gleichermaßen. Da es in jeder Herdengemeinschaft Freundschaften und Feindschaften, Sympathien und Antipathien gibt, die wie beim Menschen zuweilen ganz spontan entstehen können, werden stets die Freunde als Partner bevorzugt. Anfänglich ist das ausschließlich die Mutter, später fordern sich hauptsächlich Gleichaltrige dazu auf, wobei das ursprünglich beabsichtigte gegenseitige Beknabbern bei Hengstfohlen oft schnell in ein Lauf- oder Kampfspiel übergeht. Ältere Tiere haben manchmal jahrelang anhaltende Fellkraulfreundschaften, zu denen bei Stuten gewöhnlich die eigenen Töchter zählen. In der Zeit der Vorrosse dient der soziale Hautpflegekontakt zwischen dem Hengst und weiblichen Tieren vor allem als

Nur Pferde, die sich mögen, wagen, wie die Warmblutstuten „Amourette" und „Düne", eine unter dem Bauch der anderen Schatten vor der glühenden Sommersonne zu suchen.

Einleitung des Paarungsvorspiels und als Auftakt zum Sexualverhalten. Verhältnismäßig selten fellkraulen sich Hengste mit ihren Fohlen, was bei einem ausgesprochen männlich wirkenden Pascha fast rührend aussieht, da man auf ein so mütterlich anmutendes Tun gar nicht gefaßt ist.

Wie spontan Pferdefreund- und -feindschaften entstehen können, sollen zwei Erlebnisse veranschaulichen: Eines Nachts wurde in der bereits mehrfach zitierten Fjordpferdefreilandherde gegen vier Uhr früh ein Hengstfohlen geboren. Als nach der allgemeinen Aufregung über den neuen Herdengenossen das Interesse wieder ziemlich abgeflaut war, blieb ein ungefähr vier Monate altes Stutfohlen trotz heftigen Drohens der glücklichen jungen Mutter weiterhin so aufdringlich an dem Neugeborenen interessiert, daß es die Stute schließlich aufgab, das Pferdemädchen zu verscheuchen, und sich mit seiner Nähe abfand. Obwohl genug gleichaltrige Spielgefährtinnen vorhanden gewesen wären, wich das Stütchen den ganzen folgenden und auch die nächsten Tage nur kurzfristig von der Seite des Kleinen, um schnell bei der eigenen, oft weit entfernt grasenden Mutter Milch zu trinken. Ob es dabei einer Art mütterlichem Pflegetrieb folgte, ähnlich kleinen Mädchen, die mit Puppen spielen, oder ob es sich lediglich um den Beginn einer normalen Kinderfreundschaft handelte, entzieht sich unserer Kenntnis.

Noch spontaner entstand in meiner eigenen Zucht eine mehr als zwei Jahre während Feindschaft zwischen einer Warmblut- und einer Traberstute. Völlig grundlos ging die damals dreijährige „Aischa" mit Vehemenz auf einen neu zur Herde verbrachten Traber los, ein rasanter Angriff folgte dem anderen, jeder Annäherungsversuch an die übrigen Tiere wurde strikt unterbunden, bis sich der Neuling schließlich abseits in weiter Entfernung befand. Als „Karla" einige Zeit später von den anderen Herdenmitgliedern akzeptiert wurde und sich frei inmitten des Rudels bewegen durfte, konnte man mehrmals am Tage beobachten, wie ihrer Erzfeindin offensichtlich ganz plötzlich einfiel, daß sie ja eigentlich den Fremdling vertreiben müßte, woraufhin sie regelmäßig das ihr unterlegene Tier zu suchen begann, um es durch ausgesprochen gehässige Attacken erneut zu isolieren. Im Laufe des Jahres ist die anfänglich sehr rangniedere Traberstute ziemlich weit aufgestiegen, ohne jedoch die wesentlich jüngere „Aischa" zu erreichen, die es auch später niemals versäumte, ihrer Feindin bei passender Gelegenheit schnell einen Biß oder Schlag zu verabfolgen.

Pferdefreundschaften entwickeln sich meist zwischen Gleichgesinnten oder, etwas weniger vermenschlicht ausgedrückt, zwischen Tieren von ähnlichem Temperament, Laufbedürfnis und Charakter. So haben sich bei mir vier gleichaltrige Hengstfohlen von dem Augenblick an, als man sie zusammenbrachte, ganz deutlich zu zwei Zweierspielgemeinschaften gefunden, indem sich typischerweise der Araberhengst an ein hoch im Blut stehendes, sehr reaktionsschnelles Warmblut anschloß, während der charakterlich wesentlich robustere Arabohaflinger einen ebenfalls etwas

Warmblutstute „Aischa" vertreibt eine Feindin in vorbildlicher Traversale.

derberen, gemütlicheren Spielkumpan
bevorzugte. Diese Gruppierung blieb bis
zum Verkauf der beiden Warmblutheng-
ste erhalten, erst dann spielten die übrig-
gebliebenen Partner notgedrungenermaßen zum erstenmal zusammen. Wie
wichtig solche Herdenfreundschaften für
das psychische Wohlbefinden der Pferde
sind, ist eine versierten Züchtern gutbe-
kannte Tatsache, aus der man in der Vollblutzucht auch die entsprechenden Konsequenzen zieht und, wo immer es geht, ungerade
Kopfzahlen vor allem in Jungpferdeherden vermeidet. Wie die Erfahrung gezeigt hat, bleiben überzählige Fohlen, die sich nicht zu einer
Zweiergruppe zusammenschließen können, in der Entwicklung zurück,
obwohl ihnen körperlich absolut nichts abgehen muß, und geben
damit ein sichtbares Beispiel für eine seelische Mangelerscheinung.

Die Rangordnung

Trotz gegenseitiger Hautpflege und einer eventuell entstehenden Freundschaft wird sich in der kleinen Notgemeinschaft zweier willkürlich zusammengehaltener Pferde sehr bald eine Rangordnung ausbilden, bei der das eine Tier dem anderen unterlegen ist, was sich zum Beispiel darin äußert, daß es immer zuletzt den Stall betreten oder an den Futtertrog gehen darf. In Nichtkenntnis der Dinge ist man gerne geneigt, das natürliche Leben als besser, schöner und vor allem als gerechter anzusehen als etwa unsere Gesellschaftsform mit ihrem Establishment, mit privilegierten und nichtprivilegierten Schichten. Gleiches Recht für alle gilt jedoch in der Natur in keiner Weise, weshalb gesellschaftspolitische Vorstellungen, die Chancengleichheit für jedermann propagieren, im Grunde genommen widernatürlich sind, so gut sie gemeint und so anerkennenswert ihr ideeller Hintergrund sein mag. Es gibt in einer Sozietät von Tieren keine Gleichheit. Ganz im Gegenteil besteht bei sämtlichen gesellig lebenden Arten eine deutlich ausgeprägte und strikt eingehaltene Rangordnung, über die eifersüchtiger und konsequenter gewacht wird als in den meisten noch so reaktionären menschlichen Gesellschaftssystemen. Diese feste Ordnung vermittelt auch den rangtieferen Individuen, die keineswegs unterdrückt und unglücklich wirken, ein Gefühl der Sicherheit, bei dem sie einen festen Platz in der Herde haben und genau wissen, was sie tun und lassen dürfen. Es ist deshalb ein Fehler und für den Frieden in einer Pferdegemeinschaft absolut nicht tunlich, rangniedere Pferde ungebührlich zu bevorzugen, indem man in vermenschlichendem Gerechtigkeitssinn mitgebrachte Leckerbissen möglichst zuerst den Jüngeren oder überhaupt den Kleineren zukommen lassen will und dadurch die schon erwähnte Radfahrerreaktion auslöst.

Eine grasende Pferdeherde ist so lange eine friedliche Gemeinschaft, wie die Ransprüche ihrer Individuen untereinander eindeutig geklärt sind. Werden aber fremde Tiere zusammengebracht und sich selbst überlassen, so brechen sofort äußerst heftige Rangordnungskämpfe aus, die erst aufhören, wenn sich sämtliche Pferde die ihnen gebührenden Plätze gesichert haben. Jedes Tier setzt sich dazu mit allen übrigen Herdengenossen einzeln auseinander, wodurch sich recht schnell die starken Persönlichkeiten, die nicht immer die körperlich größten und kräftigsten, sondern oft bloß temperamentsmäßig oder in ihrer Reaktionsfähigkeit überlegen sein müssen, herauskristallisieren und unter sich die obere Rangfolge ausraufen. Diese manchmal sehr erbitterten Kämpfe können bis zu mehreren Tagen dauern, je nachdem, wie ehrgeizig und kampfeslustig die für die Führungsspitze

Rangordnungskampf
Die neu dazugekommene dunkle Traberstute „Onda" bedroht die Warmblutstuten „Ganda" (Mitte) und „Pepita" (rechts). Die bisherige Leitstute „Ganda" versucht noch mit aufgewölbten Hals, getragenem Schweif und passageartigen Tritten zu imponieren, doch zeigen ihre Ohren bereits die Unterlegenheit an. „Pepita" bemüht sich, mit devoter Ohrenhaltung, Schweif und Hinterhand ängstlich eingezogen, das Weite zu suchen.

in Frage kommenden Pferde sind. Die schwächeren Charaktere werden die Leitstute und die ihr unmittelbar im Rang folgenden bedeutenderen Tiere ohne große Auflehnung anerkennen und untereinander wiederum die mittlere und die niedere Rangordnungsfolge ausmachen. Einige Zeit später bietet sich uns dann erneut das gewohnte friedliche Herdenbild, in dem Raufereien lediglich in Ausnahmefällen zu beobachten sind. In der Natur, in der Rangordnungskämpfe selbstverständlich auch vorkommen, tritt kaum jemals der Fall ein, daß plötzlich viele einander unbekannte Tiere gezwungen werden, länger zusammenzubleiben als für eine kurze Fluchtspanne, für die andere Gesetze gelten.

Bei familiär organisierten Wildequiden und bei Hauspferden gleicher Rasse oder desselben Typs richtet sich die Ranghöhe normalerweise nach dem Geschlecht – Hengste stehen über Wallachen, diese dominieren Stuten –, der Größe, dem Gewicht und dem Alter eines Tieres. Bejahrtere Semester haben Vortritt vor der Jugend, ein Recht, auf dem eifersüchtig solange wie möglich bestanden wird. Bei den eigenen Pferden erregt es bisweilen fast mein Mitleid, wenn ich mitansehen muß, wie manche alte, bisher hochrangige Stute noch mühsam möglichst schnell etwa an einem Zaundurchlaß anzukommen versucht, um ja als erste eine andere Weide betreten zu können.

Da einander fremde Pferde stets eine Rangordnung festlegen, lassen sich bei verhältnismäßig gleichwertigen Gegnern größere Auseinandersetzungen schlecht vermeiden. Zwar kann man ähnlich wie in Tiergärten, wo etwa neue Zebras in ein Nachbargehege verbracht werden, damit sich die Tiere durch ein Gitter gegenseitig beriechen, beäugen und aneinander gewöhnen, auch bei Pferden zuerst nebeneinander gelegene Koppeln beziehen. Das ist immer von Nutzen, wenn sich die Nachbarn von Haus aus sympathisch sind und später den Rangordnungskampf dann nur symbolisch abhandeln, wobei eines der Tiere wie selbstverständlich den Vorzug bekommt. Leider wird manchmal das Gegenteil der Fall sein. Die Pferde mögen sich von Beginn an nicht und lauern die ganze Zeit über bloß darauf, endlich aneinanderzugeraten und dem anderen Mores beizubringen.

Die Überlegenheit eines Pferdes äußert sich darin, daß es ein anderes ungestraft androhen, den besseren Futterplatz einnehmen und als erstes eine besonders beliebte Wälzstelle benutzen darf. Über ihre Position wachen alle eifersüchtig, und jede Mißachtung durch ein rangniedrigeres Pferd, das sich nicht durch die deutliche Warnung des mit angelegten Ohren drohenden, zuweilen seitwärts ausscherenden und schweifdrehenden höhergestellten zur Ordnung rufen läßt, wird mit Bissen oder

„Onda" setzt rückwärtsgehend zum weiblichen Schlagkampf mit der Hinterhand an; man beachte ihre ausgeprägte Drohmimik. Die Warmblutstuten ergreifen die Flucht.

Schlägen der Hinterhand geahndet. Von Gleichberechtigung unterein-ander kann also in keiner Weise die Rede sein. Der Respekt vor einem sehr ranghohen Pferd ist so groß, daß er Angstgefühle oder heftige Wünsche zu unterdrücken vermag. Stellt sich zum Beispiel die Leitstute mitten in einen breiten Durchlaß, der zum begehrtesten Auslauf führt, dann wagen sich die übrigen nicht vorbei, selbst wenn man sie von hinten mit einer Peitsche antreibt. Bei unbedachten Pflegern können in solchen Situationen leicht Verletzungen der Tiere vorkommen, da ranghohe Pferde im Gedränge oft rücksichtslos auskeilen, um sich die nötige Individualdistanz zu erhalten. Sogar beim Durchstürmen einer Koppel zu Beginn der täglichen Weidezeit sind die starken Pferdeper-sönlichkeiten sehr darauf bedacht, vorneweg zu galoppieren. Da in längerdauernden Gemeinschaften meist verhältnismäßig alte Tiere an der Spitze stehen, wären sie vielfach leicht von den Jüngeren zu überholen, die dieses Manöver jedoch nur bei genügend vorhande-nem Abstand riskieren. Erfahrene Rennstallbesitzer wählen deshalb sicher nicht von ungefähr mit Vorliebe solche Jährlinge zum Kauf aus, die aufgrund ihrer Aktivität, Kraft und Nervenstärke einen möglichst ranghohen Platz in einer Herde innehaben, da diese Tiere im allgemei-nen auch gute Rennpferde zu werden pflegen.

Das soziale Gleichgewicht einer schon bestehenden Herde wird nicht allein durch ein neu hinzukommendes Pferd gestört, das sich nach meist ein bis zwei Tagen der Scheu und Unsicherheit in der fremden Umgebung verständlicherweise einen seiner ehemaligen Stellung entsprechenden Rang wiedererkämpfen will bzw. sich auch in der neuen Herdengemeinschaft anstandslos weit unten einstufen läßt. Die nachrückenden jungen Pferde erzwingen naturgemäß von Zeit zu Zeit eine Korrektur der Verhältnisse, und erstmalig gedeckte und eindeutig tragende Stuten, die dadurch im Rang zu steigen scheinen, müssen ebenfalls neu zwischen den Alttieren eingereiht werden.

Der soziale Rang eines Pferdes innerhalb einer Herdengemein-schaft scheint aber nicht nur von der Umwelt bestimmt zu werden, sondern wie alle psychischen Bereiche auch von der Vererbung abhängig zu sein, denn interessanterweise erreichen die Nachkom-men ranghoher Pferde zumeist selbst wieder eine hohe Stellung, während die Kinder der rangniederen im allgemeinen rangtiefer bleiben. Die für den hohen Rang einer Stute erforderlichen Charakter-eigenschaften wie auffallende Aktivität oder sogar Aggressivität verer-ben sich genauso wie Exterieurmerkmale und werden von den Fohlen später gleichfalls gezeigt. Dazu kommt noch als umweltbedingte Tatsache, die uns zu denken geben sollte, die nahezu gleiche soziale Einstufung der Saugfohlen und ihrer Mütter. Das bedeutet, daß jedes

Herdenmitglied die Fohlen hochrangiger Stuten fast wie deren Mutter respektiert, die deshalb üblicherweise besonders frech sind, da sie sich bei Gefahr ja jederzeit in den Autoritätsbereich der Mama zurückziehen können. Solche Jungtiere wachsen mit einem weitaus größeren Gefühl der Sicherheit auf als die Füllen schwächerer Stuten, denen es weniger aus körperlichen Gründen als hauptsächlich psychischer Ursachen wegen außerordentlich schwerfällt, einen wesentlich höheren als den Geburtsrang zu erreichen. Nicht einmal hier gibt es in der Natur also Chancengleichheit. Da Pferdekinder bei naturgemäßer Haltungsweise außerdem nicht wie in den meisten Zuchtbetrieben üblich mit vier bis sechs Monaten abgesetzt werden, sondern ihren engen Kontakt zur Mutter erst mit der Geburt eines neuen Geschwisters verlieren, ist der starke Einfluß des rangabhängigen Verhaltens der Stute auf ihr eigenes Benehmen von ziemlich langer Dauer.

Will der Mensch in einem Herdengefüge nicht nur wie etwa das artfremde Gnu in einer Zebraansammlung geduldet werden, sondern mit seinen Tieren gefahrlos umgehen, so muß er sich unbedingt zu ihrem ranghöchsten Mitglied machen. Ob er dabei in übertragenem Sinne die Funktion einer Leitstute oder die des Herdenhengstes einnimmt, wird je nach Gelegenheit verschieden sein. Ist ein Pferdehalter oder -züchter nicht in der Lage, seinen Führungsanspruch wirklich konsequent durchzusetzen, was keineswegs mit roher Gewalt geschehen muß, so bleibt er ganz auf das Wohlwollen seiner Tiere angewiesen und bei der geringsten Ausnahmesituation gefährdet, da die harmlosesten Zurechtweisungen durch ein ranghöheres Pferd für den Menschen unter Umständen schon schwerwiegende Folgen haben können.

Die Pferdefamilie

Dem Leser wird aufgefallen sein, daß bei der Schilderung der Rangordnung vom Hengst noch nicht die Rede war, obwohl er in einer natürlichen Einhufergruppe stets das ranghöchste Tier ist, dem sich alles widerspruchslos unterordnet und dessen Auftauchen meist schon genügt, um Frieden unter streitenden Stuten zu stiften. Dieses Verhalten, das manchen Pferdefreunden bereits geläufig ist, seit die Freilandhaltung widerstandsfähiger Ponystuten zusammen mit einem Hengst üblich wurde, paßt gut zu unseren landläufigen Vorstellungen. Beeinflußt wohl durch die Lektüre zahlreicher Pferdebücher und -romane und vor allem durch Fernsehserien wie Fury sind wir daran gewöhnt, uns unter einer Pferdeherde eine Ansammlung möglichst vieler Tiere vorzustellen, die von einem besonders schönen und auffallenden Hengst bewacht, geleitet und verteidigt werden. Man war allgemein bisher der Meinung, daß die Hengste bei den meisten Einhufern ausgesprochene Paschas seien, immer bestrebt, ihren ständig umkreisten und eifersüchtig gegenüber eventuellen Nebenbuhlern verteidigten Stutenharem zu vergrößern.

Diese Ansicht wurde für die speziell Interessierten und besser Unterrichteten durch Untersuchungen, Vorträge und Filme über Primitivpferde wie die vielzitierten Dülmener im Merfelder Bruch oder auch die Camarguepferde untermauert, so daß sich in unser Unterbewußtsein das Bild einer großen Zahl von Stuten mit ihren Fohlen und eines dominierenden und höchst aktiven Hengstes eingeprägt hat. Daß es eigentlich genauso viele Hengstfohlen und später erwachsene Hengste geben müßte, wie Stutfohlen geboren wurden, die aber bei der Primitivpferdehaltung auf der ganzen Welt als Jährlinge aus dem Herdenverband herausgefangen oder bei den verschiedenen asiatischen Reitervölkern kastriert werden, und daß diese Eingriffe eine massive Störung des Sozialgefüges, ja im Grunde genommen seine vollständige Zerstörung bewirken, hat man sich dabei niemals so richtig klargemacht.

Der Familienverband

Von 1964 bis 1974 wurden von KLINGEL umfassende Studien über die soziale Organisation verschiedener wildlebender Zebraarten, später bis 1982 noch afrikanischer und asiatischer Wild- bzw. Halbeselarten und verwilderter Pferde angestellt, die umwälzende Neuigkeiten zutage brachten.

Nach KLINGEL kann man bei den heute vorkommenden Einhufern zwei verschiedene Formen der sozialen Organisation unterscheiden. Die urtümlichere der beiden wird durch die Territorialität einzelner dominanter Hengste gekennzeichnet, die jeweils ein von ihnen genau abgestecktes, mehr oder weniger großes Gebiet in Besitz nehmen, in dem sie alle Rechte haben und dessen Grenzen sie heftig gegen Nachbar-Revierbesitzer verteidigen.

Sämtliche paarungswilligen Stuten, die sich darin länger oder kurzfristig aufhalten, dürfen vom Territoriumsinhaber belegt werden. Schwächere Hengste, gleich welchen Alters, sind im Areal geduldet, aber nicht berechtigt zu decken. Die weiblichen Tiere dieser an Arten relativ kleinen Equidengruppe, zu der neben den stattlichen, großohri-

gen und schmalgestreiften ostafrikanischen Grevyzebras die Somali-
wildesel und nach KLINGELS Ansicht auch die verschiedenen asiatischen
Halbesel, also die Onager, Kulane und Kiangs, gehören, halten außer
zu ihrem Saugfohlen und Jährling lediglich einen sehr losen Kontakt zu
anderen Stuten. Größere Ansammlungen von Artgenossen kommen
nur zufällig zustande, die einzelnen Tiere trennen sich nach kurzer Zeit
wieder; eine ausgeprägte, leicht sichtbare Rangordnung bildet sich bei
diesen Einhufern deshalb nicht aus.

**Unser 14jähriger territorialer Halbeselhengst
„Dschigkul" schreitet die Grenzen seines
Reviers ab.**

Anderen Autoren zufolge sollen Esel und
Halbesel auch Merkmale der unten beschriebenen zweiten sozialen Organisa-
tionsform zeigen. Bei unseren eigenen 13 Hauseseln, die wir im Laufe
der letzten Jahre hielten, können, wenn man sie genau und längere
Zeit beobachtet, eindeutige Ansätze einer Rangordnung festgestellt
werden, was vielleicht am zeitlich langen Zusammenleben auf begrenzten Koppeln liegen mag.

KLINGELS zweite, an Arten umfangreichere und für uns interes-
santere Einhufergruppe besitzt ein weiterentwickeltes Sozialverhalten,
das durch oft jahrelang bestehende Familienverbände und ebenfalls
recht dauerhafte Junghengstegruppen gekennzeichnet ist. Zu den

Familien bildenden Equiden gehören außer den zuerst von ihm untersuchten Steppenzebras noch die Hartmannschen Bergzebras aus Namibia, die weitgehend ausgerotteten sogenannten echten Bergzebras Südafrikas und vor allem die eigentlichen Pferde, also in erster Linie unsere Hauspferde mit ihren zahlreichen Rassen. KLINGEL nimmt auch an, daß die früher weiter verbreiteten, heute lediglich in Restbeständen wild in der Mongolei und in kleinen Zuchtgruppen in verschiedenen Tiergärten vorhandenen Przewalskis in Familien organisiert seien. Rückschließend aus dem Verhalten der Hauspferde wäre das natürlich nur logisch, galten sie doch bis vor wenigen Jahren hauptsächlich deutschen Zoologen als alleinige Vorfahren sämtlicher domestizierter Pferde. Zwar müssen die Mongolischen Urwildpferde sehr nahe mit diesen verwandt sein, da sie unbegrenzt miteinander fruchtbar sind, das heißt auch Kreuzungen von Przewalskis mit Hauspferden pflanzen sich im Gegensatz zu den unfruchtbaren Esel-Pferde- oder Zebra-Pferde-Bastarden weiter fort, doch hat die ganze Sache einen Haken: Przewalskis besitzen, wie sich vor einigen Jahren herausgestellt hat, 66 Chromosomen, Hauspferde jedoch nur 64, kommen damit also nach der heute üblichen Lehrmeinung als Ahnen nicht mehr in Betracht. Ob nun der sogenannte Tarpan, ein früher über große Teile Osteuropas verbreitetes, im letzten Jahrhundert ausgerottetes, etwas adretteres Wildpferd der alleinseligmachende Vorfahre aller Hauspferde ist, wie in neuester Zeit vielfach angenommen wird, wage ich stark zu bezweifeln. Aber wir geraten allzu weit von unserem eigentlichen Thema ab.

Zebrafamilien bestehen gewöhnlich aus einem dominanten Hengst und seinen maximal sechs, durchschnittlich zwei erwachsenen Stuten und deren Nachzucht bis zu manchmal zwei Jahren, so daß die Gesamtzahl einer Gruppe nie mehr als zwanzig, im allgemeinen jedoch wesentlich weniger Individuen umfaßt. Daneben kommen ebenfalls relativ dauerhafte Junggesellenverbände vor, aus denen die Familienhengste nach längerer Erkrankung oder Tod ersetzt werden können, wenn nicht ein anderer mit kleiner Stutenzahl seinen Harem schon aufgestockt oder die hengstlose Familie als ganzes übernommen hat. In intakten Steppenzebrapopulationen werden die Jungstuten in der mit ein bis zwei Jahren erstmals auftretenden Rosse gegen den Willen des Familienoberhauptes von fremden Hengsten entführt und mit meistens zwei Jahren friedlich einem neuen Klan einverleibt. Die Junghengste der Steppen- und Bergzebras verlassen im Alter von ein bis zwei Jahren freiwillig den Familienverband.

Wenn durch neue Erkenntnisse Zweifel an den bisherigen Vorstellungen geweckt werden, ist es immer angebracht, die Richtigkeit früherer wissenschaftlicher Thesen im Hinblick auf die modernen Forschungsergebnisse kritisch zu untersuchen. Durch einen besonderen Glücksfall hatte ich die Möglichkeit, die vornehmlich an den Böhmzebras der Serengeti gewonnenen Einblicke in den Aufbau einer wirklich natürlichen Herde unter weitgehend gleich idealen Bedingungen an Hauspferden nachzuprüfen, denn, wie schon mehrmals angedeutet, stellen sogar die anscheinend so naturnah gehaltenen Ponyfamilien mit einem Hengst, seinen Stuten und deren weiblichen Fohlen eine unnatürliche, weil keineswegs vollständige Pferdegemeinschaft dar. Hierzulande wird ja einesteils aus züchterischen Erwägungen, teilweise aus räumlichen Gründen, hauptsächlich jedoch aus der Angst vor den möglichen Folgen der vermuteten erbitterten Hengstkämpfe fast niemals mehr als ein Hengst in einer Herde gehalten, weder der Althengst und seine über ein Jahr alten Söhne noch viel weniger zwei voll erwachsene Beschäler, ein Unterfangen, wofür die psychologisch richtig vorbereiteten männlichen Tiere auch gar nicht vorhanden wären.

Die schon oft zitierte Fjordpferdeherde konnte mir zur Überprüfung der neuen Forschungsergebnisse aus der Serengeti ebenfalls dienen. Das Besondere an dieser Hauspferdepopulation war nicht ihr Freileben in einem sehr weiträumigen Areal, sondern eben die Tatsache, daß sie noch ein wirklich natürliches Sozialgefüge aufwies, da 1973, als meine intensiveren Beobachtungen begannen, in der 34köpfigen Gesamtherde mit elf Zuchtstuten neben zwei voll ausgewachsenen Familienhengsten sämtliche heranwachsenden Söhne der beiden Vatertiere mitliefen. Zu jeder Pferdefamilie, die die kleinste soziale Einheit darstellt, gehören immer ein Hengst als Familienoberhaupt und eine Stute, eventuell mit einem Saugfohlen und ihrem Jährling vom Vorjahr, wobei Hengste das Bestreben haben, die Zahl ihrer Frauen zu vermehren. Der Wunsch, möglichst viele Stuten zu besitzen, deckt sich durchaus mit den bisherigen Vorstellungen, doch ist es selbst einem kräftigen und aktiven Wildhengst kaum möglich, sich einen nur annähernd so großen Harem zu erobern, wie er manchen Primitivpferden vom Menschen geboten wird. Da ja ungefähr 50 Prozent Hengstchen und 50 Prozent Stutfohlen zur Welt kommen, gibt es auch genauso viele erwachsene Hengste und Stuten, und da alle Tiere den Trieb zur Fortpflanzung in sich tragen, ist die Konkurrenz im Freileben äußerst hart.

Eine natürliche Pferdeherde ist keineswegs ein homogenes Gebilde, sie teilt sich je nach ihrer Gesamtgröße in wenige oder zahlreiche kleinere Familien auf, in unserem Falle in zwei verschieden große Familienverbände, denen jeweils einer der beiden Fjordpferdehengste vorstand. Der fünfjährige „Endo", der kräftigere und etwas aktivere der zwei, nannte im Frühjahr zehn der elf Stuten sein eigen. „Findo", sein um ein Jahr jüngerer Vollbruder, der ihm deshalb im Exterieur stark glich, im Charakter jedoch umgänglicher erschien, mußte sich damals mit einer Kleinfamilie im menschlichen Sinne begnügen, er besaß nur eine Stute mit ihrem Saugfohlen und dem vorjährigen Jährlingshengst. Da diese Fjordpferde in einer für deutsche Verhältnisse extrem rauhen Umwelt hoch oben im Bayerischen Wald leben und fast ohne Beifutter wesentlich härter als die meisten der üblichen Primitivpferde gehalten werden, war im Spätfrühling zur Zeit der Rosse ihr Ernährungszustand des normalerweise sehr langen dortigen Winters wegen noch ziemlich schlecht. So konnte „Endo", der Hengst mit den vielen Stuten, durch das Deckgeschäft zusätzlich geschwächt, seinen Harem nicht vollständig beisammenhalten, so daß ihm sein Bruder „Findo" drei seiner Schönen mit ihrem gesamten Anhang zu entführen vermochte. Damit waren die Familiengruppen schon bedeutend ausgeglichener, denn der stärkere „Endo"-Verband umfaßte nun insgesamt 19 Köpfe, während „Findo" 15 Tiere anführte. Bis zum Sommer hatten sich die Besitzverhältnisse der beiden Hengste vollkommen geklärt, und man respektierte gegenseitig das Eigentum des anderen.

Nach bisheriger Ansicht erwartet man nun, daß die beiden Hengste den zur Verfügung stehenden Aktionsraum in zwei Reviere aufteilen und sich geflissentlich aus dem Weg gehen würden. Das traf jedoch keineswegs zu. Zwar weideten die Familien im allgemeinen getrennt voneinander und besaßen verschiedene Schlafplätze, doch stießen sie mehrmals am Tage aufeinander und teilten sich einen Dösplatz und eine staubige Wälzstelle, die sie zur gleichen Zeit aufsuchten und benutzten. Während der heißen Mittagsstunden bildeten sie am Dösplatz eine einzige Herde, in der keinerlei Gruppierungen mehr festzustellen waren, ja man pflegte, fast möchte ich sagen, gutnachbarliche und verwandtschaftliche Beziehungen nicht nur unter den weiblichen Mitgliedern oder den Fohlen, sondern vor allem zwischen den erwachsenen Hengsten, die einen beträchtlichen Teil der Mittagszeit mit intensiver gegenseitiger Fellpflege verbrachten. Daß dieser außerordentlich enge Kontakt der Familienverbände untereinander keine Feindseligkeiten der Vatertiere heraufbeschwor, dürfte allen üblichen Vorstellungen vom Hengstverhalten total widersprechen. Unter Umständen mag das zum Teil in der engen Verwandtschaft der Hengste begründet sein, die schließlich gemeinsam aufgewachsen sind, oder auch etwas an dem bekannt frommen Temperament der Fjordpferde überhaupt liegen. Allein aus diesen Tatsachen läßt sich ihr äußerst friedfertiges Benehmen, das übrigens vollständig mit dem der Zebras in der Serengeti übereinstimmt, allerdings sicher nicht erklären. Trotz gegenseitiger Duldung bestand aber eine durchaus erkennbare Kollektivrangordnung zwischen den Familien als Ganzes, die im Zweifelsfalle dem älteren Hengst „Endo" mit seinem Anhang immer den Vortritt verschaffte.

Die in der Literatur immer wieder übernommenen Berichte, daß die Jährlingshengste von ihren Vätern aus dem Familienverband verstoßen werden und eigene Herden bilden müssen, stammen fast ausnahmslos aus der Deckzeit, die die meisten Beobachter besonders zu reizen scheint. Das ist einesteils verständlich, da im Frühjahr in den Herden die größte Aktivität herrscht, andererseits wird dem Pferdeliebesleben in typisch menschlicher Egozentrik ein viel zu breiter Raum zugestanden, wie wir noch ausführlicher verdeutlichen wollen. Roßt eine Stute, jagt das Familienoberhaupt mit Ausnahme etwaiger männlicher Saugfohlen alle Junghengste zirka fünfzig Meter weit weg, doch in der übrigen Zeit besteht ein durchaus freundschaftliches Verhältnis zwischen Vater und Söhnen, die sich zeitweilig völlig freiwillig absondern und die Gemeinschaft gleichaltriger Kameraden aufsuchen, mit denen sie eigene Gruppen bilden können.

Ein derartiger Junggesellenklub bestand in der Fjordpferdeherde aus einem vierjährigen, altersmäßig psychisch schon zur Familiengründung befähigten, an sich ausgewachsenen, doch sehr kleinen Hengst, der noch keine Familie gründen konnte und von den Beschälern auch in unmittelbarer Nähe ihrer Stuten geduldet wurde, und zwei unterschiedlich starken zweijährigen Tieren, die offensichtlich der „Endo"-Familie entstammten, mit der sie durch häufige Besuche in losem Kontakt blieben. Daß die beiden aus freien Stücken einen Großteil des Tages ihrer Wege gingen, wird schon daran deutlich, daß sie während der gemeinsamen Mittagsruhe am Dösplatz soziale Hautpflege mit „Endo" betrieben. Trotz aller Kumpanei gab es jedoch im Junghengsteklub eine eigene Rangordnung, in der der etwas zurückgebliebene Vierjährige vom hochaktiven jungen „Asko" bereits von der Spitze verdrängt worden war.

Der Zusammenschluß unbeweibter bereits erwachsener Heng-

Üben des ritualisierten Territorialverhaltens mit aggressivem Imponieren des aufstampfenden Vierjährigen, das von dem dunkelgesichtigen überlegenen „Asko" nicht entsprechend beantwortet wird.

ste und Junghengste verschiedener Altersstufen zu einer selbständigen, oft lange zusammenhaltenden Gruppe mit gesonderter Rangordnung entspricht im Grunde genommen wieder auf beinahe komische Weise einem Bereich menschlichen Sozialverhaltens, denn in fast allen humanen Gesellschaften unterschiedlichster Prägung findet man ganz ähnlich strukturierte Junggesellenklubs, Burschenvereine oder wie immer diese Verbindungen heißen mögen. Diese Gemeinschaft männlicher Individuen ergibt sich bei den Einhufern wie bei manchen Primitivvölkern und bis vor kurzem, als unsere eigene Gesellschaftsordnung weniger liberalisiert war als heute, auch bei uns aus der Tatsache, daß die meisten dieser Jungmannen trotz sexueller Reife noch nicht in der Lage sind, eine Familie zu gründen. Bei Einhufern ist neben voller körperlicher Entwicklung eine vollausgereifte Psyche notwendig, um sich kräftemäßig und nervlich so weit zu engagieren, daß der Raub einer Jungstute und ihre Verteidigung über eine längere Zeit und damit die „Eheschließung" gelingt. Wildlebende Einhuferhengste fühlen sich dazu keineswegs schon mit drei Jahren fähig, einem Alter, das man neuerdings vielfach als durchaus ausreichend etwa für den Reitdienst ansieht, sondern bauen, wie KLINGEL bei seinen Böhmzebra-Untersuchungen feststellte, frühestens mit fünf bis sechs Jahren ihren eigenen Klan auf.

Eine mißlungene Familiengründung konnte ich beobachten, die der bereits erwähnte Junghengst „Asko" unternahm. Er empfand offensichtlich große Sympathien für eine dreijährige Stute, die gerade ihr erstes Fohlen zur Welt gebracht hatte. Der Stute schien er ebenfalls zu gefallen, da sie ihn nur in den allerersten Lebensstunden ihres Neugeborenen wegzudrohen versuchte und schon bald neben sich und dem Kleinen duldete. Am selben Tag wurden zwei fremde Pferde auf dem Areal freigelassen, was eine Riesenaufregung verursachte. Diese Gelegenheit, bei der fast alle ihre Aufmerksamkeit auf die Neuankömmlinge richteten, nahm „Asko" dazu wahr, seine Angebetete mit ihrem Kind klammheimlich bis an die äußerste Grenze des Gebietes zu entführen. Dort, hoch oben am Berg, verbrachten die drei mehrere Nachmittagsstunden eng beieinander, bis plötzlich „Endo" das Fehlen einer seiner Frauen mit ihrem Neugeborenen auffiel. Unglücklicherweise befanden sich die Geflohenen zwar einige hundert Meter entfernt, jedoch fehlte jegliche Baumdeckung, so daß der Beraubte sie ins Blickfeld bekam, schnurstracks den Hang hinaufgaloppierte und die Stute mit ihrem Fohlen ohne viel Federlesens zur Herde zurücktrieb. Der Zweijährige setzte sich in keiner Weise zur Wehr, die psychische Überlegenheit des Älteren war augenscheinlich noch so groß, daß ein kurzes Androhen genügte, um einen möglichen Kampf im Keim zu ersticken.

In den folgenden zwölf Jahren beobachtete ich in Abständen die Veränderungen im Aufbau dieser Herde, die in diesem Zeitraum allmählich auf ungefähr hundert Individuen angewachsen war. 1975, also zwei Jahre später, hatten sich schon drei Familien gebildet. Neben „Endo" und „Findo" die beide jeweils vier Frauen ihr eigen nannten, war nun nicht „Asko" als neuer stolzer Familienvater hinzugekommen, wie ich das eigentlich angenommen hatte, sondern sein früher wesentlich unauffälligerer Halbbruder „Hilbo". Dieser vierjährige Hellbraunfalbe hatte sich zu einem ziemlich umtriebigen und aggressiven Hengst entwickelt, „Asko" nach heftigen Raufereien aus seiner Kronprinzenrolle verdrängt und sich einen Harem mit drei Stuten erkämpft. Als frischgebackener Pascha war er um seine Frauen natürlich sehr besorgt und umkreiste sie ständig mit drohender Miene. Spaziergänge und kurze Besuche bei anderen Bekannten aus der Herde wußte er normalerweise zu verhindern. Kam doch einmal ein nachbarlicher

Plausch mit einer seiner Schönen zustande, unterbrach er ihn rigoros und trieb sie zurück ins eigene Serail.

„Asko" gelang es erst im Laufe der beiden folgenden Jahre als inzwischen Sechsjähriger, vollerwachsen und zu einem stattlichen Hengst gereift, sich aus den zahlreichen nachwachsenden Jungstuten eine recht beachtliche Familie aufzubauen. Sein Klan umfaßte 1977 fünf Stuten und drei Fohlen. Aber auch „Hilbo" hatte seinen Harem

Der hellbraunfalbe „Hilbo", ein sehr umtriebiger und aggressiver Pascha, duldet keine Alleingänge und Nachbarbesuche seiner Damen. Hier treibt er wild entschlossen eine Stute in seinen Harem zurück.

vergrößern können und nannte nun ebenfalls fünf Frauen, eine einjährige Tochter und zwei Saugfohlen sein eigen. Daneben konnten sich noch zwei kräftige fünfjährige Burschen mit vier bzw. einer Jungstute verehelichen. Vielleicht stört sich der eine oder andere Leser an dem allzu vermenschlichenden Ausdruck „verehelichen". Um eine Art Ehe handelt es sich bei Pferdefamilien jedoch tatsächlich, und mit der ehelichen Treue, „bis daß der Tod euch scheidet", wie es so schön bei uns Menschen heißt, halten es zumindest die Stuten normalerweise mehr als manche in unserer heutigen Gesellschaft, die sich so etwas hoch und heilig versprochen haben. Alle Stuten, die 1975 einem Hengst angehörten, blieben über den ganzen Beobachtungszeitraum ihrem Ehemann treu. Neue Familien wurden also vor allem aus den nachwachsenden Jungstuten gebildet, die von den Althengsten wesentlich weniger gut bewacht werden als ihre langjährigen Ehefrauen. Bei freilebenden Camarguepferden und auch einer vielköpfigen New-Forest-Ponyherde erlaubten die wenigen mitweidenden Althengste sogar dem Nachwuchs, sich fast in ihrer Gegenwart zu paaren – man sieht, recht moderne Sitten.

In großen Stutengesellschaften mit nur einem mitlaufenden Beschäler wie etwa bei den Dülmener „Wild"pferden im Merfelder Bruch bilden sich matriarchalisch organisierte Gruppen, die jeweils aus einer dominierenden Altstute mit ihren Töchtern und Fohlen bestehen. Die um Inzucht zu vermeiden alle zwei Jahre frisch eingesetzten Deckhengste haben es häufig nicht leicht, sich gegen die starken und selbstbewußten Matronen durchzusetzen, die ihre Brut oft lange und heftig gegenüber Aufdringlichkeiten des neuen Paschas verteidigen. Auch bei meinen eigenen Sorraiapferden, auf die wir noch zu sprechen kommen werden, sah ich ähnliche „männerfeindliche" Verhaltensweisen. Neben diesen Stutenklans gibt es in solchen unnatürlichen Herdenverbänden sogenannte Schicksalsgemeinschaften, zu denen sich kranke und alte, nicht mehr fortpflanzungsfähige Stuten zusammenschließen. Im wirklich natürlichen Wildleben, bei den Steppenzebras wie bei der von mir untersuchten Fjordpferdeherde, kommen solche bedauernswerten Gruppen nicht vor, da alle Stuten bis an ihr Lebensende im angestammten Verband bleiben können und alte Hagestolze oder sich wegen langer Krankheit aus dem Familienleben zurückziehende, betagte Oberhäupter die Möglichkeit haben, den ebenfalls jahrelang bestehenden Herrenklubs beizutreten, wenn sie es nicht vorziehen, allein als Eremiten zu leben.

Doch zurück zu unserer Fjordpferdeherde. Bis 1980 veränderte sich die Zahl der erwachsenen Stuten in den schon bestehenden Familien bis auf die von „Asko" nicht, der sich noch zwei Jungstuten dazuorganisieren konnte, so daß er meine in ihn von Anfang an gesetzten großen Erwartungen in dieser Hinsicht vollständig erfüllte. Mit sieben Frauen entsprach er fast dem klassischen, weitverbreiteten Bild eines Herrschers der Herde. Als mir ab 1985 keine Möglichkeit mehr blieb, das Geschehen weiter zu verfolgen, hatte sich die ca. hundertköpfige Herde in 13 Familien aufgegliedert, von denen ein Hengst noch vier Stuten, vier Hengste drei und einer zwei Stuten besaßen. Damit war Schluß mit der Vielweiberei, denn die sieben anderen Hengste mußten sich mit je einer Ehefrau begnügen. Im Durchschnitt kamen bei 25 deckfähigen Stuten knapp zwei Frauen auf einen Familienvorstand, was also exakt den Verhältnissen bei den Steppenzebras in der Serengeti entspricht. Die restlichen ungefähr 40 Tiere teilten sich in die bei den Müttern bleibenden Saugfohlen und die noch nicht geschlechtsreifen Jungstuten; daneben bestand in den ersten Jahren jeweils eine Gruppe ein- bis siebenjähriger Junggesellen von bis zu 14 Köpfen, die untereinander wie in der Familie eine eigene, strenge, so lange unveränderte Rangordnung einhielten, bis einer der dominanteren Burschen abwanderte, weil er eine Stute ergattert und eine eigene Familie gegründet hatte. Ergänzt wurden die Junggesellenklubs alljährlich von den Einjährigen, die bei den Fjordpferden mehr oder weniger freiwillig ihrem in der Deckzeit immer unfreundlicher und aggressiver werdenden Papa auswichen, der sie nicht mehr näher als ca. 50 Meter an seine wieder liebesbereiten Frauen heranließ. Nach einigen vergeblichen Annäherungsversuchen wandten sie sich schließlich ganz ab und widmeten sich ihren Spielkameraden. Als die Fjordherde auf hundert Tiere angestiegen war, hatten sich sogar vier Junghengstegruppen aus jeweils zwei bis sechs Halbstarken gebildet.

Eine sehr ähnliche Sozialstruktur sollen auch die in den Pryor Mountains im Westen der USA freilebenden Mustangs und die verwilderten Pferde auf der kanadischen Atlantikinsel Sable Island aufweisen. Etwas weniger harmlos ging es bei meiner eigenen kleinen Exmoorponyherde zu, in der der Familienhengst seine keineswegs freiwillig abwandernden einjährigen Söhne äußerst vehement vertrieb, sobald eine seiner Stuten zu rossen begann. Unsere kleinen Briten benahmen sich tatsächlich so, wie man das aus den älteren Büchern her kannte.

Vom verhaltenskundlichen Standpunkt aus ist der häufige Einsatz gerade dreijährig gewordener Hengste in unseren Kulturpferdezuchten im Hinblick auf ihre psychische Unreife manchmal etwas problematisch. Nervlich labile Junghengste bedürfen deshalb in ihrer ersten Deckperiode einer besonders gefühlvollen Hand. Es erscheint mir keineswegs gewagt, in diesem Zusammenhang vom möglichen Entstehen richtiger sexueller Komplexe, vergleichbar mit den oft beim Menschen vorkommenden, zu sprechen, die sich zeitlebens in unlustigem und „faulem" Decken, zu frühem Absamen und anderen Verhaltensstörungen äußern können. Manche sensiblen Junghengste erwekken den Eindruck, hauptsächlich gegenüber älteren Stuten gehemmt zu sein, als ob deren soziale Position dem noch jugendlichen Beschäler zu ranghoch vorkommen würde. Unsere Hauspferdehengste praktizieren ja so gut wie kein Sozialverhalten, sie lernen sich höchstens in den üblichen Junghengstekoppeln einen mehr oder minder hohen Rang zu erkämpfen. So fehlt ihnen trotz des an sich richtigen Austobens in einer Art Junggesellenklub, was dem Wildleben einigermaßen entspricht, die ständige lose Verbindung zum vollwertigen Familienverband mit einem dominierenden Hengst, mit Jungtieren aller Altersstufen und vor allem auch mit verschieden alten Stuten. Zwar

Etwas weniger harmlos als bei den Fjordpferden geht es bei unseren Exmoorponys zu. Familienhengst „Musketeer" vertreibt seinen knapp einjährigen, heftig unterlegenheitskauenden Sohn „Muksi" mit gebleckten Zähnen aus der Familie, weil eine seiner Stuten zu rossen beginnt.

bekommt der Junghengst im Freileben noch nicht die Möglichkeit zu engerem sexuellen Kontakt, daß er das Paarungsverhalten von Hengst und Stute vom Beginn der Vorrosse bis zum eigentlichen Deckakt jedoch sehr genau verfolgt, kann ich ganz klar belegen.

Das Sexualverhalten ist natürlich lediglich ein Teilbereich des vollständigen Verhaltensrepertoires, das in der natürlichen Pferdegroßfamilie abgespielt wird. Die weniger eindrucksvollen Tätigkeiten, wie sich ein Vater etwa seinen kleinen und halbwüchsigen Kindern gegenüber benimmt, die ein Junghengst anfänglich aus eigener Erfahrung und später aus der Beobachtung lernt, bleiben ihm üblicherweise ebenfalls fremd. Wenn das auch recht vermenschlichend klingen mag, bin ich doch überzeugt davon, daß es sich so verhält, denn Hengstfohlen, die sogar nur das erste halbe Lebensjahr zusammen mit ihrem mitweidenden Vater heranwuchsen, zeigen ein wesentlich weiter entwickeltes männliches Normalverhalten als solche, die in der häufigeren hengstlosen Stutengemeinschaft groß geworden sind. Sinngemäß gilt das selbstverständlich genauso für die psychische Entwicklung der Stuten, für die sich der Umgang mit voll erwachsenen Hengsten während der Jugendzeit ebenfalls günstig auswirkt.

Aus dem bisher Gesagten geht eindeutig hervor, daß die meisten unserer Pferde derart unnatürlich aufwachsen, daß sie kaum ein vollständiges, lückenloses Sozialverhalten entwickeln können. Ganz sicher ist der Ursprung gewisser „Untugenden", die dann besser Verhaltensstörung genannt werden sollten, in dieser oft vaterlosen Kindheit verborgen. Bei uns liegen ja recht ähnliche Gegebenheiten vor, und die Mängel im menschlichen Sozialverhalten, die durch das Aufwachsen mancher Kinder in Teilfamilien oder in Heimen entstehen, sind wohl in übertragenem Sinne auch in den entsprechenden Bereichen derjenigen Pferde wiederzufinden, die eine analoge Jugendzeit durchgemacht haben.

Ritualisiertes „Territorial"verhalten oder die Tabuisierung des Familienverbandes

Bis zu den Veröffentlichungen KLINGELS schloß man aus dem häufigen Markieren von Kothaufen an den Grenzen ihrer Gehege, Weiden oder eines Freilandgeländes, daß Pferdehengste ausgesprochen territorial seien. Diese Ansicht muß revidiert bzw. stark eingeschränkt werden, denn die meisten Einhuferhengste haben keine begrenzten, fest umschriebenen Reviere, die sie, wie wir das von Hirschen oder Raubtieren her kennen, heftig gegen rivalisierende Artgenossen verteidigen. Ein strenger Territorialanspruch wäre größtenteils auch gar nicht durchsetzbar, da das Gros der Pferdeartigen trotz aller Standorttreue durch klimatisch bedingte äußere Umstände zu mehr oder weniger ausgedehnten tages- und jahreszeitlichen Wanderungen genötigt ist. Wir haben davon ja schon in dem Kapitel über das Raum-Zeit-Tätigkeitssystem gesprochen. Ein Aktionsraum aber, den mehrere Familien in einem gewissen Abstand voneinander durchziehen, läßt sich kaum sinnvoll parzellieren. Zahlreiche Einhuferarten neigen überdies zur zeitweisen Bildung von Großherden, die dann aus Hunderten von Tieren auf verhältnismäßig engem Raum bestehen können, wie es unseren ursprünglichen Vorstellungen entspricht. Solch eine Ansammlung wird, wie wir schon wissen, nicht von einem allgewaltigen Leithengst angeführt, sondern setzt sich, nur lose zusammenhaltend, aus vielen einzelnen, festen Verbänden mit je einem dazugehörigen Familienvorstand zusammen.

Hengste mit Anhang, die miteinander Wanderungen unternehmen, eine Tränke benutzen oder eine größere Fläche beweiden, können in Ausnahmesituationen auch gemeinsam handeln, also zusammen fliehen, sich einem Feind stellen oder beispielsweise einen Rivalen vereint in die Flucht schlagen. Eines Tages verbrachte man in das Fjordpferdeareal einen voll ausgewachsenen Wallach und eine Stute in bester Kondition. Beim Auftauchen der Fremdlinge stürmten ihnen sofort die Familienoberhäupter mitsamt ihrem männlichen mehr als zwei Jahre alten Nachwuchs entgegen. Der Wallach, der noch weitgehend wie ein Hengst reagierte, versuchte verzweifelt, die vollwertigen Nebenbuhler von seiner Gefährtin durch Imponier- und Kampfgehabe fernzuhalten, doch ohne Erfolg, denn bei aller Kampftechnik und großem Engagement wurde die Übermacht zu erdrückend. Schließlich ergriff der so hart Bedrängte die Flucht und machte sich vor Angst sogar naß, was ich bisher noch nie bei einem männlichen Pferd gesehen habe. Das Erstaunliche an der ganzen Rangelei, die damit endete, daß der Wallach in einigen hundert Metern Entfernung allein grasen mußte, war in der Tat, daß sich die beiden Familienhengste zu seiner Vertreibung zusammengeschlossen hatten, um gemeinsam gegen ihn vorzugehen, und die zweijährigen Hengste bei diesem „unfairen" Kampf ebenfalls mitmachten, den ziemlich kräftigen Gegner zwar nicht tätlich angriffen, ihn jedoch schon heftig bedrohten. Zum Schluß des Dramas kam man erneut um das erwartete Schauspiel eines nun zwischen den zwei Herdenhengsten entbrennenden heftigen Streits um die neue Stute, da sie wie selbstverständlich vom ranghöheren „Endo" in Besitz genommen wurde, während „Findo", ohne auch nur den Versuch zu wagen, seinerseits Ansprüche anzumelden, zu seinem Familienverband zurückkehrte. Zu bemerken bliebe vielleicht, daß trotz großen Kampfgeschreis und manchmal recht bedrohlich wirkenden Getümmels kein einziges Pferd verletzt worden war.

Bei größeren Ansammlungen zahlreicher nichtterritorialer Einhufergruppen sichten sich automatisch immer wieder einander bekannte und auch fremde Familienoberhäupter, wobei ein eigenartiges Ritual in Kraft tritt, das von KLINGEL als gegenseitiges Begrüßen der Hengste beschrieben wird. Ich möchte es dagegen keineswegs so bezeichnen, da es sich meiner Meinung nach um zwei völlig andere, zu

„Findo" und „Endo" nehmen mit lautem
Kampfgeschrei und drohendem Eckzahnentblößen den Neuankömmling in die Zange.

einem einzigen Ablauf kombinierte Ver-
haltenskomplexe handelt, nämlich um
eine Tabuisierung des Familienverbandes
und um ein ritualisiertes Territorialverhalten.

Nähern sich zwei Familienhengste auf eine gewisse Entfernung, die bei Fjordpferden bei etwa hundert Metern liegen dürfte, so
lassen sie ihre Stuten zurück und eilen in Imponierhaltung mit gespitzten Ohren im Trab aufeinander zu. Bei weiterhin aufmerksam nach
vorne gerichteten Ohren beschnuppern sie sich gegenseitig an den
Nüstern, legen als eine Art symbolischer Kampfhandlung die Ohren
ruckartig und kurzzeitig zurück, wölben den Kragen noch stärker und
stampfen beide energisch mit einer Vorderhand auf, das Ganze
untermalt von lautem Quietschen, das bis zu einem Röhren anschwel-
len kann. Dieser „Kraftakt", das Aufstampfen und das machtvolle
Brüllen, das nicht mit dem gewohnten hellen Hengstwiehern zu
vergleichen ist, wirkt ausgesprochen beängstigend auf den Beobachter, der im nächsten Moment das Ausbrechen eines heftigen Rivalen-
kampfes befürchtet. Doch nichts dergleichen geschieht. Nach der

anfänglichen Demonstration der eigenen Kraft und Herrlichkeit folgt keine Keilerei, sondern nur ein gleichzeitiges Umkreisen Seite an Seite, wobei die Hengste die Flanke des „Kontrahenten" beriechen, anschließend die Genital- und dann seine Analregion. Die Kopf-zu-Schweif-Aufstellung wird während der Ausführung des Zeremoniells merkwürdigerweise peinlichst eingehalten, sie scheint mir deshalb ähnlich wie die Fellkraulhaltung Symbolcharakter zu besitzen und absolut friedliche Absichten zu signalisieren. Zum Abschluß tritt der Rangniedere einen Schritt beiseite, um einen Kothaufen zu deponieren, den der zweite, ranghöhere Hengst anschließend seinerseits mit seinem Kot überdeckt und mit etwas Harn markiert. Stets schließt die heilige Handlung mit einem gemeinsamen Beriechen der Exkremente, worauf sich die Akteure nach kurzem Drohen mit schwach angelegten Ohren und einem gelegentlich angedeuteten Steigen abwenden und zu ihren Familien zurückkehren. Dieses Zeremoniell wiederholt sich im Laufe des Tages immer dann, wenn sich erneut zwei Hengste an einer anderen Stelle des Aktionsraums zu nahe kommen.

Nach vollzogenem Ritual streben die Familien entweder wieder auseinander, es kommt aber genauso vor, daß sie aneinander vorbeiweiden, ja sogar wie etwa in der mittäglichen Döszeit einen Schattenplatz aufsuchen und die feste Struktur zugungsten einer durcheinandergewürfelten Gemeinschaft aufgeben.

Tabuisierung des Familienverbandes: Nach einleitendem Imponieren beriechen sich „Findo" und „Endo" an der Schulter und an der Flanke.

„Endo" kotet ostentativ, „Findo" beriecht ihn in der Analgegend.

Das Nichtstattfinden eines Kampfes und das eventuelle gemeinsame Verbringen einer gewissen Zeit sind zwei äußerst interessante und für das ganze Sozialleben der Pferde höchst bedeutungsvolle Tatsachen, da sie die Bildung einer eigentlichen Herde überhaupt erst ermöglichen. Durch das geschilderte Zeremoniell, das anscheinend immer erneut ablaufen muß, soll seine Wirkung nicht nachlassen, werden offensichtlich die Stuten für den jeweiligen anderen Hengst derart tabu, daß eine räumliche Distanz anschließend weitgehend oder völlig entfallen kann. Es ist also zumindest bei den von mir beobachteten Fjordpferden und ebenfalls bei den von KLINGEL untersuchten Steppen- und Bergzebraarten keineswegs so, daß ein Hengst bei Einhaltung der Spielregeln jederzeit fremde Stuten zu behelligen oder zu entführen vermöchte. Die Reduzierung der Gruppen- und der Individualdistanz geht so weit, daß auf dem erwähnten Dösplatz körperliche Berührungen unter Stuten aus verschiedenen Familien vorkommen und Familienhengste soziale Hautpflege miteinander betreiben können. Ich

glaube, daß die Beobachtung des gegenseitigen Fellknabberns zweier ausgewachsener, familienführender Beschäler in Gegenwart ihres gesamten Anhangs doch einigermaßen sensationell sein dürfte. – Einander bekannte Stuten „begrüßen" sich logischerweise nicht.

Die Tabuisierung der Familienverbände ist nachhaltig genug, daß selbst kranke Hengste nicht sofort von ihren gesunden Rivalen ausgestochen werden können. So lahmte „Findo" eines Tages stark auf einer Hinterhand, was ihn weitgehend kampfunfähig machte. Trotzdem unternahm „Endo" keinen Versuch, ihm eine oder mehrere Stuten zu entführen, obwohl sie ja ursprünglich zu Jahresanfang noch sein eigen gewesen waren. Dieses Verhalten deckt sich fast völlig mit den KLINGELschen Böhmzebra-Beobachtungen, bei denen sogar festgestellt wurde, daß beim Tod oder bei altersbedingtem Ausscheiden eines Anführers der verwaiste Harem freiwillig zusammenbleibt, bis er von einem Junggesellen oder einem anderen Familienhengst mit wenigen Stuten als Ganzes übernommen wird.

Nach Wendung der beiden um die Vorderhand gemeinsames Beriechen des Kothaufens.

Nasonasaler Kontakt und angedeuteter Abschiedssprung

Die Akteure gehen in verschiedener Richtung ab.

Neben der Familientabuisierung, die erst einen größeren Sozialverband ermöglicht, verfolgt das Ritual zwischen zwei Hengsten den weiteren Zweck, ein verschiebliches Territorium, also ein gleichsam mit dem Familienverband im Aktionsraum mitwanderndes Revier zu symbolisieren. Wir erwähnten schon, daß Pferde, die täglich ausgedehnte Flächen in einander folgenden Gruppen durchstreifen, im allgemeinen keine klar begrenzten Gebiete markieren und verteidigen. Die meisten Einhufer haben dieses ausgeprägte Territorialverhalten, das die Vorläufer der heutigen Equiden vor Millionen Jahren in ihrer tropisch bewaldeten Heimat mit Wahrscheinlichkeit besaßen, bereits im Laufe ihrer Entwicklungsgeschichte als unzweckmäßig abbauen müssen. Da sich Verhaltensweisen jedoch nur sehr zögernd verändern und weitaus starrer als körperbauliche Merkmale beibehalten werden, können sie sich in der Tierwelt zu wenigen Symbolhandlungen ritualisieren, um das Überleben und die Weiterentwicklung einer Art nicht zu stören oder sogar zu verhindern. Das Zeremoniell der sich begegnenden Hengste zeigt mit seinen durchaus kämpferischen Symbolen und Elementen des Imponiergehabes und mit dem gegenseitigen Markieren der Kothaufen diese ehemalige Funktion der Verteidigung des Reviers und der Familie noch an.

Logischerweise entfällt das Ritual, begegnet ein Familienführer

einem Junghengst, der keine eigenen Stuten besitzt. Die Junghengste scheinen die einzelnen Elemente des Zeremoniells jedoch bereits zu üben, besonders das gegenseitige Markieren der Kothaufen ist schon früh deutlich ausgeprägt, und selbst der kämpferische Teil und das Imponiergehabe werden öfter gezeigt, ohne daß es zu einem anschließenden Spielkampf kommen muß. Es fällt auf, daß sie nicht nur körperlich wesentlich aktiver als Jungstuten wirken, sondern absolut den Eindruck vermitteln, auch „geistig" reger zu sein, da sie an allem Neuen weitaus mehr Anteil nehmen als ihre weiblichen Altersgenossen. So sind sie zum Beispiel brennend an jedem neugeborenen Herdenmitglied interessiert, bei dem sie sogar noch verweilen, wenn sich der Familienhengst längst wieder abgewandt hat, ganz im Gegensatz zu den Jungstuten, von denen etwaige schlummernde Muttergefühle und eine entsprechend größere Zuneigung zu dem winzigen Fohlen aus menschlicher Sicht viel eher zu erwarten wären.

Spezielle Sozialverhaltensweisen

Man ist gerne geneigt, interessante und neue Ergebnisse auf andere, ähnliche Tiere mit weitgehend gleichem Gebaren zu übertragen, ohne seine Analogieschlüsse wirklich exakt zu überprüfen. Wir können bis jetzt also mit Sicherheit feststellen, daß das bisher geschilderte, ausgeprägt friedfertige Sozialverhalten der Fjordpferde fast vollständig mit dem Verhalten der von KLINGEL untersuchten und ausgesprochen zu Großherdenbildungen tendierenden Steppenzebras übereinstimmt, und vermuten, daß es wohl auch für das Gros der ihnen körperbaulich nahestehenden Ponys in gleichem Umfange zutrifft. KLINGEL selbst zog daraus weitreichende Schlüsse für alle echten Pferde, obwohl er sich beinahe ausschließlich auf Literaturhinweise über Ponypopulationen und auf eigene Kleinpferdestudien stützt.

Unter unseren Hauspferden lassen sich bei Arabern, vor allem wenn sie ausgesprochen edel sind und einen Typ verkörpern, wie er im ägyptischen Staatsgestüt EL Zahraa und seinen europäischen und amerikanischen Nachzuchten angestrebt wird, gewisse urtümliche Körperbaumerkmale feststellen. Zu diesen anatomischen Eigenarten gehören zum Beispiel ihre fast so kleinen und niederen Backenzähne, wie wir sie ausschließlich bei fossilen Funden der Pferdevorläufer aus dem Ende des Tertiärs, also vor mehr als 1,5 Millionen Jahren, wiederfinden, oder etwa, daß sie fünf Lendenwirbel besitzen – alle anderen Pferde haben sechs –, was unter sämtlichen Equiden nur noch – von Ausnahmen abgesehen – bei Eseln vorkommt. Ich könnte mir denken, daß hauptsächlich die sogenannten asilen, völlig reingezogenen Araber neben ihren eselähnlichen physischen Merkmalen auch einige psychische Eigenschaften und Verhaltensweisen dieser Einhufer aufweisen. Gerade ihre besonders gepriesenen Tugenden wie große Ausdauer, Genügsamkeit und „Intelligenz" sind schließlich alles typische Eselcharakteristika. Man sage mir nicht, Esel seien dumm! Sie begreifen neue Aufgaben wesentlich schneller als Pferde und führen sie, wenn sie nicht allzu artungemäß sind, gewöhnlich auch rascher aus als ihre angeseheneren Verwandten. Daß sie außer zum Trinken das Wasser scheuen und kaum dazu zu bringen sind, auf das sprichwörtliche Eis zu gehen, liegt an ihrer ursprünglichen trockenen, wasserarmen und heißen Heimat Nordafrika, wo es seit mindestens zehntausend Jahren keine großen Gewässer oder längere Frostperioden mehr gab, denen man nicht rechtzeitig hätte ausweichen können. Andererseits wäre es zum Beispiel sehr gut möglich, daß Pferden vom Arabertyp noch eine vielleicht etwas modifizierte und eingeschränkte Hengstterritorialität geblieben wäre, nur leider hat sich bisher kein Züchter getraut, in den wenigen Fällen, in denen orientalische Beschäler gemeinsam mit ihren Stuten weiden dürfen, auch ihre Söhne mitlaufen zu lassen.

1970 wurde in die oft zitierte Fjordpferdeherde „Infant", ein feinknochigerer, drahtigerer Hengst von mausgrauer Färbung und ausgesprochen tarpanartigem, an Araber erinnerndem Aussehen verbracht, da der Besitzer dieser Zucht die Meinung vertrat, tarpanähnliche Tiere seien für die Freilandhaltung im kalten Bayerischen Wald die geeignetsten. Der Versuch erwies sich als auf die Dauer völlig undurchführbar, nicht weil der Hengst nicht zum Zuge gekommen wäre oder den Winter nicht überdauert hätte, sondern weil sein gesamtes Verhalten von dem der übrigen Pferde und vor allem der anderen Vatertiere derart abwich, daß sein Verbleiben zu problematisch wurde. Dieser tarpanide Neuling wies unter anderem noch ein ziemlich ausgeprägtes Territorialverhalten auf. Er war ständig in Bewegung und bemüht, eine quer durch das Areal gehende, imaginäre Grenze zu verteidigen, die sich in keiner Weise an die Bodenformation hielt, und verhinderte dadurch das turnusmäßige Durchwandern des Aktionsraumes durch die verschiedenen Gruppen weitgehend. Auch das tabuisierende Hengstzeremoniell durchbrach er häufig und ließ es in einen richtigen Kampf ausarten. Selbst gegenüber seiner Familie zeigte dieser Hengst ein in vieler Hinsicht anderes Benehmen, das tatsächlich die immer wieder in der Literatur geschilderten Pascha-Allüren erkennen ließ, da er ständig um seine Stuten kreiste und sie wesentlich enger zusammenhielt; ein Durcheinanderwürfeln seiner Haremsdamen mit denen fremder Hengste duldete er niemals.

Man könnte nun einwenden, daß dieses mit dem der anderen Hengste nicht übereinstimmende Gebaren nur individuell bedingt sei und daß ein etwas edleres Fjordpferd schließlich kein Araber ist. Da individuelle Unterschiede sogar bei einander wesentlich ähnlicheren Pferderassen durchaus vorkommen, mögen die Argumente zum Teil berechtigt sein, doch stützen sich meine Ansichten über das in manchen Punkten andersartige Verhalten deutlich den orientalischen Typ verkörpernder Tiere nicht allein auf Studien an Fjordpferden, sondern auf zahlreiche weitere Beobachtungen an verschieden hoch im Blut stehenden Warmblütern und vor allem an völlig freilebenden nordspanischen Kleinpferden. Auch bei diesen Kleinpferden, die ein weitaus größeres, durch keinerlei Zäune eingeschränktes Gebiet zur Verfügung haben und teilweise klare orientalische Merkmalszüge tragen, zeigten die familienführenden Beschäler dasselbe aktivere und besitzbewußtere Auftreten wie unser tarpanähnlicher Fjordpferdehengst. Zwar kam es nie zu einer ernsthaften Auseinandersetzung, nicht einmal im Frühjahr, als ständig rossige Stuten in der Nähe waren, doch hielten die Hengste einen auffallend weiten Abstand zwischen ihren Familien ein, der wesentlich strenger als bei den Fjordpferden oder den von KLINGEL beschriebenen Zebra-Ansammlungen gewahrt blieb. Als weiteres Beispiel möchte ich hier die im Urwald von Bialowies lebenden sogenannten Waldtarpane anführen, von denen ebenfalls eine ausgeprägte Territorialität berichtet wird. Diese polnischen Pferdchen, die wie die bekannten Hellabrunner Rückzüchtungs-tarpane in München einem früher in Südost- und Osteuropa vorkommendem Wildpferd ähneln, sind interessanterweise aber bedeutend edler und erinnern mehr an arabische Pferde als die deutschen, was als eine weitere Bestätigung der Koppelung Verhalten–Körperbau gewertet werden darf.

Für das Verhalten der Wildesel gibt es noch mehr Analogiebeispiele bei unseren Hauspferden. Wie wir schon wissen, sind Wildeselhengste territorial, bilden keine Familienverbände und leben den größten Teil des Jahres solitär. Unsere Sorraiahengste weisen ebenfalls deutliche Relikte territorialen Verhaltens auf. Ihre Familienhengste weiden vielfach bis zu zwei Stunden einige hundert Meter weit entfernt von ihren Stuten und Fohlen, häufig sogar außer Sicht- und Hörweite. Lediglich die Grenzen ihrer Koppeln verteidigen sie nicht nur gegen Nachbarhengste heftig, sondern auch gegenüber fremden Menschen, ja selbst gegen jedes vorbeifahrende Fahrzeug, gleich welcher Größe. Man hat bei ihnen oft das Gefühl, daß sie nach dem Motto handeln: Was schert mich Weib, was schert mich Kind, Hauptsache mein Land bleibt sauber und Fremde draußen.

Bei Fjordpferden, Haflingern und Exmoors habe ich solche Grenzbewachungen bisher noch nicht, bei manchen Warmblütern und einem Trakehner Fuchshengst dagegen in ähnlicher Form ebenfalls schon etliche Male beobachtet. Vor allem großwüchsige und vielfach etwas hagere und knochige Pferde, die wie die Sorraias gewöhnlich einen Ramskopf haben, neigen zu ähnlichen Abwehrreaktionen. Pferde dieses Typs und mit solcher Kopfbildung gelten allgemein als schwierig im Temperament, als reizbar und im Charakter leicht zu verderben. Zwar möchte ich behaupten, daß diese Anschauung häufig aus menschlicher Feigheit und vor allem aus dem Unverständnis gegenüber diesem Pferdeschlag herrührt, doch hat sie sicher insofern eine gewisse Berechtigung, als viele Tierfreunde einfach nicht mit ihm zurechtkommen. Unser deutsches Pferdeideal ist wohl aus geschichtlichen Gründen eng mit einem stämmigeren und abgerundeten Typ verbunden, wie ihn die verschiedenen Ponyrassen verkörpern und wie er zu einem Großteil bislang auch bei den Warm- und Kaltblutrassen angestrebt wurde. Seine prinzipell kontaktfreudige und duldsame Sozialstruktur erleichterte natürlich auch den zwischenartlichen Umgang von Mensch zu Pferd ganz wesentlich.

Die Ursache für manche Schwierigkeiten gerade mit den großwüchsigen, etwas aggressiven Ramskopfpferden liegt hauptsächlich in deren weniger duldsamen Sozialverhalten begründet, das sie vermutlich aus ursprünglich umweltbedingtem Anlaß nicht gleichermaßen entwickelt haben. Wie die afrikanischen Wildesel und die asiatischen Halbesel halten sie des im Herkunftsgebiet spärlichen Futterangebots wegen einen wesentlich weiteren Weideabstand von Tier zu Tier ein als viele sonstige Einhuferarten, und ihr dadurch auch in anderen Lebensbereichen im Laufe der Entwicklungsgeschichte vergrößerter Individualabstand, der tunlichst von Pferd zu Pferd eingehaltene Zwischenraum, hat sich selbstverständlich in der relativ kurzen Zeitspanne des Haustierstands ebenfalls noch nicht geändert. Der losere Zusammenhalt der Herdenmitglieder dieses Pferdetyps war in der ehemaligen Kavallerie eine gesuchte und notwendige Eigenschaft der sogenannten Chargenpferde, die nicht „kleben" durften und sich jederzeit aus dem engen Truppenverband lösen ließen und einzeln weggeritten werden konnten.

Dieses ererbte einzelgängerische Wesen mit dem großen Individualabstand kann man bei den entsprechenden Warmblütern, aber auch bei anderen Rassen wie etwa Andalusiern, Lusitanern, Lipizzanern und relativ vielen Trabern verhältnismäßig häufig beobachten. Solche Tiere sind unverträglich, wird ihre Individualdistanz unterschritten oder zwingt man sie dazu, ein kleines Areal zu bewohnen. Sie weiden gewöhnlich einzeln oder nur mit ihren Kindern und schließen sich weniger gern zu den üblichen Herden und Fellkraulkumpaneien zusammen. Im Stall neigen sie dazu, sogenannte Stand- oder Boxenschläger zu werden und gegen die Zwischenwand zum Nachbartier hin auszukeilen. Die dauernden Versuche, die zu dicht aufgestallten anderen Pferde zu vertreiben, können nicht allein zu einer für den Menschen als ausgesprochen störend empfundenen Lärmentwicklung und Beschädigung der Stallungen, sondern auch zu Verletzungen des Tieres selbst führen. So mußte man etwa die Box des vor Jahren recht bekannten Lusitanerhengstes „Jaguar" im Reitinstitut E. v. NEINDORFFS auspolstern, da der Schimmel als typischer Vertreter dieser speziell für die Hohe Schule mit ihrem sublimierten Aggressions- und Imponierverhalten geeigneten Pferde ständig an die Bretter donnerte.

Da man solche ramsnasigen, langschädeligen Pferde mit dem diesem Typ entsprechenden losen Sozialverhalten oft im Hochleistungssport findet, sind sie im allgemeinen für eine Freilandhaltung mit mehr als einem Hengst zu wertvoll, weshalb ich das Verhalten erwachsener männlicher Tiere untereinander leider nicht beobachten konnte und es sich hier um überwiegend theoretische Schlußfolgerungen handelt.

Ziehen Einhufer im Freileben an einen anderen Ort, so wandern sie, wie geschildert, im allgemeinen im Gänsemarsch, nach Familieneinheiten geordnet, hinter einer meist schon ziemlich alten Leitstute her, der ihr Saugfohlen und Jährling folgen. Ihnen schließt sich die jeweils nächstrangige Stute mit deren Nachzucht an. Der Hengst bildet entweder die Nachhut oder geht auf einem eigenen, parallelen Wechsel neben seiner Familie, um nach Feinden Ausschau zu halten oder einen Richtungswechsel der Gruppe zu bewirken. Die Leitstute kommt in der Rangfolge unmittelbar nach ihm, sie stellt also das ranghöchste weibliche Tier einer Familie dar und bestimmt, liegen keine wirklichen oder vermeintlichen Gefahren vor, die einzuschlagende Richtung. In Pferdeherden, in denen der Hengst bloß kurze Zeit mitläuft, oder die nur aus Stuten bestehen, ist die Position der Leitstute eine ungleich dominierendere als in den wirklich natürlichen Einhuferverbänden. An freilebenden Islandponys konnte EBHARDT beobachten, daß besonders bei den schwereren, „kaltblüterartigeren" Typen die Herrschaft der Leitstute so stark ausgeprägt war, daß beim Einsetzen eines Beschälers im Frühjahr derart heftige Rangordnungskämpfe zwischen den beiden entstanden, daß EBHARDT zumindest bei manchen Islandponys geradezu von einer matriarchalischen, mutterrechtlichen Gesellschaftsordnung sprechen zu können glaubte. Ähnliche Turbulenzen konnte ich bei den Sorraiapferden beobachten, nur daß sich bei ihnen nicht bloß die Leitstute gegen einen frisch auf die Koppel gebrachten Hengst wehrte und ihn unter Gebrüll mit den Zähnen und Vorderhufen angriff, sondern sich auch alle Familienmitglieder bis hin zu den Jährlingen an der Attacke beteiligten. Trauten sich einige noch nicht, aktiv an der „Schlacht" teilzunehmen, so machten sie wenigstens ein böses Gesicht, legten die Ohren zurück und verzogen drohend die Mundwinkel. Hätte eine Anführerin von Women's Lib das Geschehen verfolgen können, es hätte ihr das Herz im Leibe lachen müssen. Vermutlich laufen also auch in Einhufersozietäten patriarchalische und matriarchalische Verhaltensweisen nebeneinander her und überlagern oder ergänzen sich oft gegenseitig, wie wir das aus menschlichen Bereichen kennen.

Ist in einer Herde kein Hengst vorhanden, kann es passieren, daß eine besonders ranghohe und aggressive Stute eine Art Hengstfunktion übernimmt, die den Aufgaben der Leitstute, die ein anderes Tier verkörpert, parallel läuft. In meiner Warmblutstutenherde hatte die aktive „Aischa" als Fünfjährige diese Rolle inne, die meistens allein für sich weidete und beim abendlichen Zurückkehren zum Stall stets die Nachhut bildete und wartete, bis alle Herdenmitglieder das Tor passiert hatten. Sie stand in der Rangordnung an dritter Stelle unter elf erwachsenen Tieren, lief also keineswegs als letzte durchs Tor, weil sie den übrigen den Vortritt hätte lassen müssen. Die deutlich maskulinen Züge dieser Stute, die jedoch schon zwei Fohlen geboren hatte, zeigten sich auch daran, daß sie einmal eine rangniedrigere rossige Gefährtin wie ein Hengst von der restlichen Herde absonderte und sogar mehrmals auf sie aufsprang, was im Gegensatz zu Kühen bei Pferden sehr selten vorkommt.

Die im folgenden geschilderten sozialen Verhaltensweisen, die den Forschungsergebnissen KLINGELS völlig gleichen, vermögen das Bild ziemlich abzurunden. Eine ihrer erstaunlichsten Tatsachen dürfte die erwähnte Beständigkeit der Sozialverbände sein. Es hat sich gezeigt, daß erwachsene Tiere im allgemeinen ihr ganzes Leben lang zueinanderstehen und nur die Jungtiere aus dem Familienverband ausscheiden. Der Zusammenhalt unter den einzelnen Familienmitgliedern ist so eng, daß jedes neue, zur Gemeinschaft stoßende Tier tage- und manchmal wochenlang nicht richtig aufgenommen und seine Integration erst durch das Einschreiten des Hengstes schließlich bewerkstelligt wird. Daher vermag ein fremder Hengst in Abwesenheit des Familienoberhauptes nicht einfach eine oder mehrere Stuten zu entführen, die ihm nicht folgen oder ihn sogar abschlagen. Fällt ein Hengst einem Unfall oder, in der Serengeti, einem Raubtier zum Opfer, bleiben die Stuten weiterhin beisammen, bis die Gruppe geschlossen von einem neuen Beschäler übernommen wird. Die normale Ablösung eines sehr alten oder kranken Familienhengstes erfolgt in der Regel allmählich im Laufe von Tagen und gewöhnlich ohne größere Kämpfe; die abgedrängten Tiere schließen sich dann vielfach ihren verschieden großen Söhnen an, leben aber gelegentlich auch als Einzelgänger weiter.

Jungstuten im Alter von durchschnittlich eineinhalb Jahren zeigen ihre erste Rosse, die ungewöhnlich lange dauert – was man auch bei Hauspferden beobachten kann – durch eine charakteristische Haltung an, die auf alle in der Nähe grasenden Junggesellen und Familienoberhäupter, die nur wenige Stuten haben, derart signalisierend wirkt, daß sich eine im allgemeinen recht große Anzahl von Verehrern einstellt. Geruchsreize scheinen diesem optischen Signal weit unterlegen zu sein. Der Hengst verteidigt seine Tochter zwar, doch unterliegt er in den meisten Fällen im Laufe der oft eine Woche andauernden Rosse der einmal bis 18 Tiere gezählten Übermacht der ständig sich aufdrängenden heiratslustigen Bewerber. Ist der Raub gelungen, gehen die Kämpfe zwischen den Entführern weiter, bis sich die Stute nach mehreren Rosse-Intervallen schließlich einem neugegründeten oder schon bestehenden Verband eingegliedert hat. Manchmal setzt sich auch der Vater gegen die Bewerber durch, und das Jungtier darf in der ursprünglichen Familie bleiben. Mit der in der Mehrzahl der Fälle gelingenden Entführung der Jungstute wird die Inzuchtquote in der freien Natur verhältnismäßig niedrig gehalten, obwohl Inzestzucht, vor allem wohl in Form von Vater-Tochter-Paarungen, vorkommen dürfte. Eine instinktive Sperre, die solch enge Inzucht verhinderte, wie manche Pferdebesitzer vermuten, scheint nicht vorhanden zu sein.

DAS SEXUALVERHALTEN

Über wenige Verhaltensbereiche des Pferdes wurde so viel geschrieben wie über sein Sexualleben. Das liegt sicher zum großen Teil daran, daß es zur Zeit der Fohlengeburten und der Rosse in Tierparks und zoologischen Gärten und in allen Pferdezuchten, seien es Freilandhaltungen oder intensiv betriebene Gestüte, am meisten zu beobachten gibt. Überdies ist neben den Mutter-Kind-Beziehungen das Paarungsgeschehen selbst für den Laien so deutlich zu erkennen, daß es sich dem Ethologen als Studienthema geradezu anbietet. Auch ein gewisser Voyeurismus scheint mir bei den meisten Menschen vorhanden zu sein, ob er nun zugegeben oder abgestritten wird.

Das hat dazu geführt, daß dem Sexualverhalten der Einhufer in Anlehnung an die Worte von Schiller: „Der Hunger und die Liebe erhalten das Weltgetriebe" bisher eine viel zu große Bedeutung beigemessen wurde. Für den Hunger mag das bei den Pferden durchaus zutreffen, Fressen ist tatsächlich ihre wichtigste Beschäftigung, für die Liebe bzw. die Sexualität gilt das jedoch nur in sehr begrenztem Umfang. Bei uns Menschen stellt die Erotik fast während des ganzen Lebens einen nicht wegzudenkenden Bestandteil unseres Verhaltens dar, wobei die Fortpflanzung eine geradezu nebensächliche Rolle spielt. Auch bei einigen anderen Hirntieren wie etwa den Menschenaffen und vor allem den Delphinen wird noch ihre ausgeprägte soziale Funktion deutlich. Anders beim Pferd, bei dem das Sexualverhalten so gut wie ausschließlich im Dienste der Fortpflanzung steht und der kommunikative Bereich höchst untergeordnet ist.

Trotzdem gibt es bei den Einhufern ganz sicher eine Art Liebe, die, mag sie auch nicht bewußt empfunden werden, doch zweifelsohne für viele Handlungen mitentscheidend ist, etwa für den freiwilligen Zusammenhalt von weiblichen Familienmitgliedern oder für die freundschaftliche Beziehung zwischen Hengsten und ihren Söhnen oder zwischen Stuten und Saugfohlen. Sogar ein unserer Partnerliebe entsprechendes Gefühl ist vorhanden, denn wie sonst könnte man es auslegen, daß manche Hengste unter einem oft großen Angebot eine klar favorisierte Lieblingsstute erwählen, die sie in einer Weise bevorzugen, daß man einfach nicht mehr von rein hormonellen oder vegetativen Vorgängen sprechen kann?

Auch deutlich gezeigte Zuneigung von Stuten zu einem Hengst kommt vor. Unsere 27jährige Sorraiastute „Valquíria" versäumt es zum Beispiel in der kalten Jahreszeit nie, eigens zu „Esbelto" alleine durch den halben Stall zu schlendern, um ihn an seiner ab Brusthöhe offenen Box zärtlich zu begrüßen, wenn sie ohne ihn mit ein paar anderen Stuten im Auslauf gewesen war. Ihre „Liebe" zu ihrem Ehemann, mit dem sie vom Frühjahr bis Spätherbst zusammen mit wenigstens einer, manchmal auch zwei Nebenfrauen seit nunmehr 17 Jahren auf einer gemeinsamen Weide zubringt, wird von ihm absolut erwidert, da er sie eindeutig gegenüber anderen Gefährtinnen favorisiert.

Mit Hormonen allein oder bloßer Gewöhnung lassen sich diese Dinge offensichtlich genausowenig ausreichend begründen, wie sie für das menschliche Gefühlsleben allein gültig sind. Wie ähnlich höher entwickelte Tiere uns Menschen gerade in den elementarsten Lebensbereichen sind, zu denen nicht zuletzt das Sexualverhalten gehört, geht schon aus der vom Volksmund geprägten Feststellung „das ist menschlich" hervor, wobei menschlich in diesem Sinne immer Handlungen meint, die rein körperliche Ursachen haben und uns keineswegs über die Tiere erheben.

Der freie Herdensprung

Zwischen dem Sexualverhalten der Hengste und dem der Stuten besteht ein fundamentaler Unterschied. Die Hengste aller Einhuferarten sind ständig paarungsbereit, sie haben keine besonderen Brunstzeiten. Die Stuten rossen dagegen, von Art und Umwelt abhängig, teilweise nur im Frühjahr und Frühsommer, in südlichen Zonen gelegentlich über das ganze Jahr verteilt, im Abstand von etwa drei

Wochen. Ihre eigentliche Paarungsbereitschaft ist ausschließlich zur Zeit des Follikelsprungs in der sogenannten Hochrosse vorhanden, der individuell verschieden eine manchmal mehrere Tage währende Vorrosse vorangeht und an die sich eine kürzere Nachrosse anschließt. Wie bei allen Wildeinhufern kommen auch bei unseren Hauspferderassen die Jungstuten im allgemeinen mit ungefähr eineinhalb Jahren in ihre gewöhnlich lange dauernde erste Rosse. Obwohl sie im Freileben dann und während ihrer weiteren Brunstzeiten, die anfänglich in unregelmäßigen, witterungsbedingten Abständen, später in durchschnittlich 21 Tagen folgen, manchmal sogar von verschiedenen Hengsten mehrmals gedeckt werden, nehmen sie normalerweise vor ihrem vollendeten zweiten Lebensjahr nicht auf; das erste Abfohlen erfolgt deshalb gewöhnlich mit drei Jahren.

Bei intensiver Sonneneinstrahlung ist auch die Rosse besonders stark und die Befruchtungsrate am höchsten, während sie im Spätsommer und im Herbst immer mehr abklingt und die Paarungsbereitschaft der Stuten in den Wintermonaten häufig völlig erlischt. Diese verschieden günstigen Konzeptionszeiten liegen absolut im Sinne einer möglichst erfolgreichen Fortpflanzung, da bei der ungefähr elfmonatigen Trächtigkeit der echten Pferde die Fohlen dadurch in die sonnen- und futterreiche Jahreszeit hineingeboren werden. Selbst bei unseren Stallpferden ist die Befruchtungsquote der in den natürlichen Fortpflanzungsmonaten gedeckten Stuten wesentlich höher als bei den im Spätwinter oder in zu zeitigen, noch sonnenarmen Frühjahrsmonaten dem Hengst zugeführten Tieren. Dieses Problem macht vor allem Rennpferdezuchten zu schaffen, die ja sehr frühe Geburten wünschen, da die Altersberechnung mit dem Jahreswechsel beginnt und ein Fohlen im zweiten Jahr vom ersten Januar an als Jährling gilt, ganz gleich, ob es im Frühling oder im Spätherbst zur Welt kam. Das unphysiologische, die Natur des Pferdes und seine Entwicklung nicht berücksichtigende An-den-Start-Bringen von Zweijährigen liegt in erster Linie an einem Rennsystem, das viele hochdotierte Rennen für Zwei- und Dreijährige ausschreibt, älteren Pferden jedoch vergleichsweise wenig Chancen gibt, noch annähernd dieselbe Menge Geld zu verdienen. Zweijährigen-Rennen sind nur mit Pferden möglich, wenn sie tatsächlich schon volle zwei Jahre oder sogar noch einige Monate mehr zählen. Allerdings lassen sich solche Vollblut- und Traberfohlen nicht ohne weiteres in der gewünschten Zahl erzeugen, da manche klinisch völlig gesunden Stuten bei einer jahreszeitlich allzu frühen, an sich eben der Natur nicht gemäßen Bedeckung so lange alle drei Wochen nachrossen, bis sie das entsprechende Grünfutterangebot vorfinden und vor allem die wahrscheinlich sehr wesentliche Ultraviolett-Bestrahlung genossen haben. Neuerdings wird deshalb in manchen großen Gestüten versucht, diesen Mangel durch künstliche Verlängerung der Lichteinwirkung mit zahlreichen Glühbirnen und mit UV-Licht-Bestrahlern zu beheben.

Aus der langen Tragezeit des Pferdes ergibt sich die naturgemäße Notwendigkeit einer sehr bald auf die Geburt folgenden Wiederbedeckung, soll das nächste Füllen erneut im Frühjahr kommen. Stuten werden deshalb gewöhnlich etwa neun Tage nach dem Abfohlen rossig, wobei viele bereits am siebten mit der Vorrosse beginnen, nach einer schweren Geburt oder in höherem Alter auch erst nach zwölf oder mehr Tagen. Eine in der Natur so rasch erneute Trächtigkeit mag dem Außenstehenden fast brutal erscheinen, doch liegt sie durchaus im Sinne der Arterhaltung und wird beim sogenannten Sprung aus der Hand, also bei einer vom Menschen beaufsichtigten und geleiteten Paarung genauso angewandt. Der dadurch jedes Jahr um 20 Tage zeitigere Abfohltermin reguliert sich schließlich, bevor er in die noch zu kalten Monate gerät, von selbst durch die schon angedeutete natürliche „Lichtmangelbremse", die durch hohe Vitamingaben, teilweise durch Hormonzufuhr über eine gewisse Zeit hin jedoch ausgeschaltet werden kann. Bei Steppenzebras, die ja in Äquatornähe mit ganzjährig nahezu gleichbleibender Sonneneinstrahlung leben, kommen Fohlengeburten über das ganze Jahr gleichmäßig verteilt vor. Im Gegensatz dazu fohlen die Fjordpferde im Bayerischen Wald fast ausnahmslos im Mai. Geburten im April oder Juni oder sogar noch später im Jahr sind große Seltenheiten, obwohl die Familienhengste dauernd mit ihren Stuten zusammen sind und sie durchaus zur Liebe animieren könnten; die besonders harte Umwelt scheint dort stärker als der sexuelle Anreiz eines männlichen Tieres zu wirken. Auch unsere eigenen Exmoorstuten brachten während einer Beobachtungszeit von acht Jahren fast alle ihre Füllen im Wonnemonat zur Welt, und die fleißige englische Kollegin GATES, heute Baker, die jahrelang sehr genau das Verhalten freilebender Exmoorponys studierte, stellte bei 294 notierten Geburten ebenfalls fest, daß 96% im Mai und nur 4% im April oder Juni erfolgten.

Logischerweise verhalten sich die halbwilden Sorraiastuten und die im spanischen Galizien umherstreifenden Ponys in ihrer wesentlich sonnenreicheren Heimat mit einem um gute vier Wochen zeitigeren Frühjahrswetter etwas anders. Bei ihnen fängt das Kinderkriegen schon Mitte März an und erfolgt hauptsächlich im April, so daß die Herden bereits Anfang Mai zusammengetrieben werden können, um den neuen Fohlenjahrgang mit dem Brand der Besitzer zu versehen.

Der Hengst bemerkt die bevorstehende Rosse einer Stute bereits vor ihrer richtigen Paarungsbereitschaft.
Haflingerhengst „Medicus" beriecht seine Stute „Ossi" zärtlich an der Flanke; das Fohlen entfernt sich ein paar Schritte mit leicht irritiertem Gesichtsausdruck.

Die Abfohlzeit der in einem großen Schutzgebiet an den Masurischen Seen lebenden Koniks beginnt ebenfalls Ende März und dauert bis zum Juni. Knapp die Hälfte dieser Geburten fällt wie bei den nordspanischen Kleinpferden und den Sorraias in den April und nicht in den Mai, wie man von angepaßten Primitivpferden in einer so kalten und schneereichen Gegend wie dem ehemaligen Ostpreußen an sich nun erwarten würde. Das oft recht edle Aussehen der von den Polen als Tarpan bezeichneten kleinen grauen Pferde läßt eine starke Südpferdeblut-Zufuhr ihrer hauptsächlich im südpolnischen Galizien beheimateten Vorfahren erkennen, für die ein entsprechend früher Geburtentermin durchaus passend wäre. Unsere eigene Rückzüchtungs-Tarpanstute aus Hellabrunn brachte ihr Fohlen, wie es sich für ein echtes Nordpony gehört, im Mai zur Welt, obwohl sie ohne weiteres früher hätte fohlen können, da der Hengst seit 14 Monaten mitlief. Allerdings erinnerte sie auch nicht an ein südliches Edelpferdchen, sondern glich sowohl im Äußeren wie im Verhalten einem typischen Pony aus nördlichen Breiten.

Der Hengst bemerkt die bevorstehende Rosse einer Stute bereits vor ihrer richtigen Paarungsbereitschaft. Alle männlichen Einhufer zeigen ja das ganze Jahr über großes Interesse für die Exkremente ihrer Artgenossen und widmen sich hauptsächlich den Kothaufen und Harnstellen ihrer eigenen Frauen recht intensiv. Bei dem täglichen Untersuchen und anschließenden Markieren der Ausscheidungen erkennen sie dann am besonderen Geruch des Harns, ob sich die Stute dem Stadium der Rosse nähert. In der meist einige Tage dauernden Periode der Vorrosse beginnt nun der Hengst sein verstärktes Augenmerk auf diese Stute zu richten, er weidet ständig in ihrer Nähe, treibt vermehrt soziale Fellpflege mit ihr und versucht schon recht frühzeitig, sich ihr in eindeutiger Weise anzubieten. Das alles spielt sich im allgemeinen nach einem ziemlich festgelegten Schema ab. Der Bewerber kommt ihr in mehr

„Medicus" wird etwas deutlicher und beginnt auszuschachten. Das Fohlen zeigt andeutungsweise das Unterlegenheitsgesicht.

Die weitere Annäherung mißglückt, „Ossi" schlägt den Hengst energisch ab.

oder weniger ausgeprägter Imponierhaltung mit aufgewölbtem Hals und versammelten, kadenzierten Trabschritten entgegen. Je vertrauter die Umworbene – etwa als langjähriges Mitglied seiner Familie –, um so weniger deutlich tritt das Imponieren in Erscheinung, je neuer und fremder sie ihm vorkommt, desto stärker wirft er sich in Positur, desto mehr ist er bemüht, seine Vorzüge herauszustellen. Auf parallele Verhaltensweisen beim männlichen Homo sapiens braucht wohl kaum extra hingewiesen zu werden. Nachdem der Hengst häufig die Schulter und zumeist die Flanke berochen hat, wendet er sich den für das Sexualleben wichtigeren Körpergegenden zu, er beriecht ausgiebig ihre Genitalregion und flehmt daraufhin hingebungsvoll. Über das Flehmen werden wir noch berichten. Während des Beriechens und Flehmens schachtet er normalerweise aus und schickt sich dann anschließend an, die Stute zu bespringen.

Zu Beginn der Rosse werden gewöhnlich alle Annäherungsversuche ziemlich heftig abgewehrt. Die Stute bedroht den Verehrer mit angelegten Ohren und durch Ausschlagen mit einer Hinterhand. Zeitigt diese deutliche Ablehnung nicht den gewünschten Erfolg, so keilt sie mit beiden Hinterhufen gestreckt nach ihm aus, oftmals unter zornig quietschenden Kampflauten und Verspritzen von Harn, worauf er im allgemeinen sein Vorhaben für kurze Zeit aufgibt, jedoch weiterhin in ihrer Nähe bleibt und sie ständig aus den Augenwinkeln

beobachtet. In der Literatur wird dieses Abwehrverhalten ausführlich und häufig in stark dramatisierender Form geschildert, etwa derart, daß noch nicht in der Hochrosse befindliche Tiere einem Hengst wild in die Ganaschen trommeln sollen. Ich habe zwar schon oft beobachtet, wie eine belästigte Stute mit Vehemenz auskeilte, von einem Trommelfeuer an den Unterkieferrand konnte dabei aber nie die Rede sein, da selbst der Unerfahrenste während seiner jugendlichen Kampfspiele solchen Schlägen auszuweichen gelernt hat. Allerhöchstens bei einem völlig „unschuldigen" Junghengst, der darüber hinaus als Einzel-

Mit iberischer Grazie und imponierendem Tänzeln nähert sich der vierjährige Sorraiahengst „Vaqueiro" der achtjährigen „Arisca", deren Mimik und Haltung noch leicht reservierte Skepsis ausdrücken. Ihre braune dreijährige Tochter „Agolada" schlägt abwehrend mit dem Schweif und schiebt sich schützend vor ihre einjährige Schwester „Alcántara".

tier aufgezogen worden sein müßte, könnte ich mir vorstellen, daß er einmal voll am Kopf getroffen wird, weil seine wohl angeborene Ausweichreaktion zu langsam erfolgt. Ich selbst habe bei meinen zahlreichen Jungtieren und bei den vielen frei mit der Herde mitlaufenden erwachsenen Beschälern unterschiedlichster Rassen vom Shetlandpony bis zum Lipizzaner niemals erlebt, daß sie wirklich einen richtigen Schlag an den Kiefer erhalten hätten.

Keilt eine Stute aus, entzieht sich der in der Vorrosse sowieso schon vorsichtige und wachsame Hengst durch Hochstrecken des Kopfes und seitliches Ausweichen geschickt dem zu erwartenden Schlag, bei zu großer Nähe bäumt er sich auf, so daß er, wenn überhaupt, lediglich an der muskelbepackten Brust getroffen wird, was er ohne Schaden übersteht. Auch die Bauchregion oder seine Genitalien sind bei Annäherungsversuchen in der Natur so gut wie nie in

Gefahr, da der freilebende erwachsene und versierte Familienführer seine Frauen niemals so zu überrumpeln versucht wie die in ihrem Sexualverhalten vom Menschen gegängelten Beschäler. Ein allzu stürmisches Vorgehen frisch in eine Herde entlassener Junghengste, die noch keinerlei Erfahrung besitzen, jedoch voller Stallmut sind, kann unter Umständen zu Verletzungen führen. Nach der ersten, auf den Übermütigen manchmal schockierend wirkenden starken Abwehrreaktion eines bedrängten Tieres benimmt er sich aber, auch wenn er dabei unverletzt blieb, im allgemeinen sehr schnell wesentlich vorsichtiger und taktiert überlegter und abwartender. Der geübte Hengst beobachtet die Reaktion der umworbenen Stute äußerst genau, ja selbst während sie ausschlägt, kalkuliert er kühl ihre Reichweite und weicht den Hufen nur so weit aus, wie unbedingt nötig ist.

Auf die Vorrosse folgt die manchmal nur einige Stunden, im allgemeinen jedoch zwei bis drei Tage dauernde Hochrosse, in der bei gesunden Tieren die Eireifung und der Follikelsprung am Eierstock stattfinden, die sie begattungsbereit und befruchtungsfähig machen. Der anfängliche Widerstand schmilzt im Laufe der Vorrosse dahin, und mit dem Einsetzen der Hochrosse signalisieren die Stuten dann sehr deutlich ihre Liebesbereitschaft. Sie stehen dabei mit sägebockartig gespreizten Beinen und schwach gesenkter Hinterhand, den Schweif tragen sie etwas erhoben und den Kopf und Hals in der später ausführlich geschilderten typischen Abwinkelung, um mit dieser charakteristischen Haltung auch weit entfernte Hengste anzulocken. Während der Rosse setzen sie, sich allmählich in der Häufigkeit steigernd, Urin und Brunstschleim ab, wobei sie besonders stark und langandauernd blitzen. Das Blitzen, das an sich zum stoffwechselbedingten Verhalten gehört, dient jetzt als ein die Paarungsbereitschaft recht auffällig anzeigendes Signal, das durch seine zielgerichtete Häufigkeit und zusammen mit dem spezifisch riechenden Brunstschleim höchst erotisierend auf alle männlichen Einhufer wirkt.

Die Kopfhaltung und die Ohrenstellung erwachsener weiblicher Tiere machen den Paarungswillen ebenfalls deutlich, können allerdings bei manchen Jungstuten, die das erstemal belegt werden, von einem kindlichen Unterlegenheitsgesicht überlagert sein. Der beim normalen Pferdefamilienleben bereits seit Tagen auf die angenehme Tätigkeit vorbereitete Hengst gelangt endlich mit seinem immer intensiver geführten Liebeswerben ans Ziel. Wie in der Vorrosse beginnt er mit einem mehr oder weniger ausgeprägten Vorspiel, mit Zwicken in die Schulter und Flanke, Beriechen der Genitalregion und anschließendem Flehmen, währenddessen er entweder schon voll ausgeschachtet hat oder noch einmal zurücktritt, um dann mit erigier-

Allmählich bröckelt die Abwehrfront. „Arisca" erliegt so viel Charme und südländischem Feuer, wendet das Gesicht zu „Vaqueiro" und stellt sich mit gelüftetem Schweif in Paarungsbereitschaft signalisierender Sägebockhaltung auf.

tem Penis aufzuspringen und die Paarung zu vollziehen. Er umklammert die Stute mit den Vorderbeinen vor den Hüften in den Weichen, wobei er meistens den Kopf in der Schulter-Widerrist-Gegend der Stute aufstützt. Sehr temperamentvolle Decker – die stürmischsten, die ich kannte, waren ein Deutscher Traber- und ein asiler Araberhengst – verbeißen sich unter Umständen ziemlich heftig während des bei erfahrenen Hengsten durchschnittlich 15 Sekunden (12–26) dauernden Koitus in ihrem Mähnenkamm oder in einer Hautfalte ihres Halses oder ihrer Schulter. Junge, unerfahrene Beschäler sind oft noch recht zappelig und stellen sich ziemlich ungeschickt an. Sie springen manchmal quer von der Seite auf die Schulter oder den Rücken der Stute, ehe sie mehr durch Zufall in die richtige Position rutschen und die Paarung bewerkstelligen können. Während der Begattung lassen beide gern wollüstig stöhnende oder grunzende Laute hören, und die Stute geht häufig ein paar Schritte vorwärts oder langsam im Kreis. Der Hengst zeigt nun einen lustbetonten Gesichtsausdruck. Die Begattung wird beim freien Sprung in einem Familienverband mehrmals am Tage und vielfach in recht knappen Zeitabständen vollzogen, weshalb es auch bei einer jeweils nur kurzen Hochrosse zu ausgesprochen häufigen Liebesakten kommt, die an den Kräften eines Beschälers stark zehren.

Rossen einige Stuten gleichzeitig, was in den Hauptwonnemonden sogar in einer verhältnismäßig kleinen Freilandherde möglich ist, so kommt leicht die eine oder andere zu kurz, da die Samendichte und -menge nach mehreren Sprüngen bedeutend zurückgeht und die Aktivität des Hengstes damit nachläßt. Viele haben überdies hochfavorisierte Lieblingsfrauen, denen sie ihre Dienste besonders ausgiebig zur Verfügung zu stellen pflegen. Außerdem scheint nach meinen Beobachtungen das ständige Werben eines mitlaufenden Beschälers manchmal schon vor deren eigentlicher Hochrosse die Paarungsbereitschaft zu stimulieren, obwohl bei solch frühgeduldeten Sprüngen noch keine Befruchtung stattfinden kann. Die relativ geringe Stutenzahl, die der Durchschnittsfamilienverband bei freilebenden Zebras und in wirklich natürlich belassenen Pferdegesellschaften aufweist, kommt einer optimalen Befruchtungsquote und damit der Arterhaltung ganz außerordentlich entgegen, da sie eine häufige Bedeckung jedes Tieres während seiner vollen Rosseperiode sichert. Isländische Pferdezüchter, die in Westeuropa vielleicht die meiste Erfahrung mit dem sogenannten freien Herdensprung besitzen, gesellen einem Deckhengst über die Sommermonate, in denen sie ihn unbeaufsichtigt im Gebirge schweifen lassen, jeweils maximal nur zwölf Stuten zu, da sich gezeigt hat, daß bei einer größeren Anzahl weiblicher Tiere eine hundertprozentige Trächtigkeit, die ja in allen Zuchten angestrebt wird, ohne Eingreifen des Menschen nicht mehr gewährleistet ist. Auch hier bestätigt sich wiederum die von der Natur vorgesehene kleine Familien- oder Herdeneinheit, wie wir sie bei den Fjordpferden kennengelernt haben und wie sie von den Zebras berichtet wird.

Ich habe bereits angedeutet, daß möglicherweise ein Teil des Sexualverhaltens erlernt wird, denn das Werben des Hengstes um die Stute, sein zärtliches Beknabbern und Beriechen und der eigentliche Begattungsakt spielen sich inmitten des Familienverbandes vielfach in sehr engem Kontakt mit den anderen Tieren ab, die dem allem mit großem Interesse folgen. Häufig kann man beobachten, daß das wenige Tage alte Saugfohlen den beiden Eltern dabei immer wieder zwischen die Füße läuft und im Wege umgeht. Ängstliche Pferdezüchter haben schon oft befürchtet, daß dem Füllen beim Belegen etwas geschieht, doch ist zumindest ein ständig in seiner Familie lebender Beschäler ja keineswegs ein „Unmensch", besser gesagt „Unpferd", im

Hengste onanieren, indem sie mit der Rute klatschend an den Bauch schlagen.

Gegenteil, er erweist sich im allgemeinen gegenüber seinen Kindern als ein liebevoller Vater und schiebt deshalb, wenn er sich mit der Mama intensiv zu beschäftigen gedenkt, das Kleine gewöhnlich nur vorsichtig mit der Nase beiseite. Beim Deckakt steht das Fohlen dann meist dicht am Kopfende der Mutter. So recht geheuer kommt ihm die Sache jedoch nicht vor, vermutlich, weil der aufreitende Hengst, den es kennt und an sich nicht fürchtet, zusammen mit der Stute eine derart fremde und mächtige Einheit bildet, daß ihm ein kurzzeitiges, manchmal auch während des ganzen Vorganges anhaltendes intensives Unterlegenheitskauen nicht unangebracht erscheint.

Weiden bei völlig intakten Familienverbänden die halbwüchsigen Tiere ebenfalls mit, dann nehmen sie ganz besonders regen Anteil an dem interessanten Geschehen. Jungstuten können dabei so dicht herangehen, daß sie die Mutter an den Nüstern beriechen, wohingegen Junghengste, sofern sie wie etwa bei den Exmoorponys nicht schon ganz aus der Familie vertrieben wurden, durch Drohgebärden des Vaters doch in einigen Metern Entfernung einen respektvollen Abstand wahren müssen. Die Bedeutung des Vorganges scheint zumindest den etwas älteren von ihnen durchaus bewußt zu sein, da ich öfter beobachten konnte, daß sie beim Zusehen während des Deckaktes ausschachteten und zu onanieren begannen.

Hengste onanieren, indem sie sich mit voll erigierter Rute

mehrmals klatschend an den Bauch schlagen. Früher wurden lange Abhandlungen über diese „Untugend" geschrieben, die man vor allem in der Rennpferdehaltung als leistungsmindernd ansah und möglichst zu verhindern suchte. Die Einstellung diesen Dingen gegenüber hat sich ja glücklicherweise inzwischen einigermaßen gewandelt, und eine letzten Endes durch einen Samenstau hervorgerufene natürliche Handlungsweise sollte heute nicht mehr als Laster bezeichnet werden. Daß es sich keineswegs um eine domestikationsbedingte, durch zu mastige Fütterung entstandene Reaktion handelt, geht schon daraus hervor, daß sie nicht nur bei Hauspferden in Stall- und Freilandhaltung, sondern sogar bei wirklich wildlebenden Zebrahengsten zu sehen ist. Das häufige Absamen nicht zum Einsatz kommender männlicher Tiere liegt absolut im Sinne der Arterhaltung, da somit immer wieder frischer Samen gebildet werden muß, der jederzeit voll befruchtungsfähig zur Verfügung steht, sollten sie durch irgendwelche Umstände einmal zum Decken gelangen. Auch nervöse Reize lösen dieses Verhalten aus, etwa wenn zwei fellkraulende Junghengste beim gegenseitigen Beknabbern in der Lendengegend des Partners angekommen sind und beide gelegentlich ausschachten und onanieren.

Leben mehrere Hengste mit ihren Familien auf dem gleichen Areal, so wäre nach den herkömmlichen Vorstellungen zu erwarten, daß in der Rosse heftige Kämpfe um die paarungsbereiten Weibchen ausbrechen würden, die ich jedoch bei den echten kleinen Sozietäten bisher nie erlebt habe. Die männlichen Tiere sind zwar in dieser Zeit bestrebt, ihre Stuten von Nebenbuhlern möglichst fernzuhalten, doch respektiert man im allgemeinen den Besitzstand des Nachbarbeschälers und unternimmt keinen Versuch, ihn beim Deckgeschäft in dieser vorübergehend wehrlosen Haltung anzugreifen oder währenddessen eine seiner Frauen zu entführen.

Die meisten wissenschaftlichen Veröffentlichungen über das Paarungsverhalten der Equiden beruhen auf Ergebnissen, die an Primitivpferden gewonnen wurden, deren Sozialstruktur trotz des Lebens in Freigehegen fast genauso unnatürlich wie das gewöhnlicher gestütseigener Stutenherden ist. Diesen untersuchten Primitivpferden, etwa den Dülmenern im Merfelder Bruch, die das ganze Jahr über matriarchalisch organisiert sind, wird im allgemeinen im Frühjahr ein einziger, fütterungsmäßig gut vorbereiteter Deckhengst beigesellt, dessen augenfälligstes Verhalten in seinem Versuch besteht, die sich immer wieder in kleine Familien aufspaltende und auseinanderstrebende Großherde zusammenzuhalten. In drohender Treibhaltung mit waagerecht, manchmal beinahe bis zur Erde vorgestrecktem Hals und Kopf, stark angelegten Ohren und stets leicht gelüftetem Schweif

Nordspanischer Kleinpferdehengst treibt eine rossige Stute, die das zottelige Winterfell noch nicht ganz verloren hat, mit tiefgehaltenem Kopf, drohendem Gesichtsausdruck und leicht gelüftetem Schweif.

umkreist er die Herde, dauernd bemüht, mit zornigen Schlenkerbewegungen des Schädels ein Ausbrechen von Einzeltieren oder Stutengruppen zu verhindern. Fast alle männlichen Tiere verschiedener Herkunft und unterschiedlichen Temperamentes verhalten sich so, wenn sie in einen für sie allein an sich zu großen Verband eingesetzt werden, in dem sie statt mit echten Rivalen hauptsächlich mit Rangordnungskämpfen innerhalb der Stutengruppen zu tun haben, nur ist Ausmaß und Vehemenz des Treibens individuell verschieden, je nachdem, wie aktiv und despotisch die jeweiligen Beschäler veranlagt sind.

Das oft beschriebene und zugegebenermaßen recht eindrucksvolle Treiben soll nach Ansicht vieler Autoren stets die Paarung einleiten. Ich glaube nicht, daß das zutrifft, da es in Großherden aus zahlreichen, harmonisch gewachsenen Familienverbänden fast völlig entfällt oder bloß andeutungsweise vorhanden ist, wenn sich eine in der Vorrosse befindliche Stute zu weit von ihrer Gruppe entfernt. Nur in Ausnahmesituationen, wenn einander fremde Verbände zusammenstoßen oder eine allzu große Junggesellenschar in der Nähe steht, treiben sogar solche Hengste ihren Stutenharem mehr oder weniger

Die Wildstute wird stürmisch gedeckt und geht dabei einen Schritt vorwärts, während der Hengst sich im Mähnenkamm verbeißt. Am Kopfende schauen ihre Zweijährige und der Jährling interessiert zu.

Links eine weitere rossige Stute, die von einem zweiten Familienhengst in der Genitalgegend berochen wird. Größerer Familienabstand als bei den Fjordpferden, doch ebenfalls gegenseitiges Respektieren des „Eigentums".

heftig zusammen. Wenn ein Vatertier mit seinem wandernden Anhang die Richtung wechseln will, nimmt es, parallel an den im Gänsemarsch ziehenden Frauen und Kindern vorbeilaufend, immer die drohende Treibhaltung ein, wodurch es sie zum Abbiegen zwingt. Auch ein etwa zum Reitdienst herangezogener Beschäler, den man wieder zu seinen Stuten auf die Weide entläßt, pflegt zuerst in dieser Haltung die Koppel zu umrunden und nach dem Rechten zu sehen, hört aber, nachdem er sich vergewissert hat, daß alles in Ordnung ist, sofort damit auf.

Die unterschiedliche Abstammung unserer verschiedenen Hauspferderassen bewirkt auch ein geringgradig voneinander abweichendes Sexualverhalten und dürfte für die großen individuellen Variationen auch in diesem Bereich verantwortlich sein. Das Treiben gehört meiner Meinung nach nicht zur ungestörten Paarung der echten Pferde und wird nur in absoluten Ausnahmesituationen angewandt. Eine Ausnahmesituation ist aber das Einsetzen eines Beschälers in eine hengstlose Herde, das ihn in eine ihn völlig überfordernde Lage bringt, da er nicht etwa wie ein wildlebender Zebrajunggeselle ein rossiges Jungtier entführen oder günstigstenfalls eine geschlossene Familie mit zwei oder drei Stuten übernehmen muß, sondern mit einem Schlag über eine Vielzahl festgefügter Familien herrschen soll. Vielleicht entstammt sein übertriebenes Gehabe sogar dem ursprünglichen Benehmen beim Raub einer Jungstute, das er auf diese ähnliche Lage überträgt, für die ihm die Natur kein Konzept mitgegeben hat.

Im Frühjahr kommt es bei derartigen Freilandherden vor, daß mehrere Stuten den Hengst gleichzeitig in unmißverständlicher Rossigkeitsstellung umringen oder geradezu bedrängen. Gewöhnlich verteilt er in solchem Falle seine Gunst absolut nicht gleichmäßig und bevorzugt deutlich eine der Schönen, was ein besonders aufdringliches Gehabe anderer hochrossiger Konkurrentinnen zur Folge haben kann. Gegenseitiges Bedrohen und Rangstreitigkeiten können zu diesem, fast möchte man sagen Sexualneid hinzukommen, so daß eine ständige Unruhe und Kabbelei mit Gequietsche und Auskeilen den schaulustigen Verhaltensforscher entzückt. Der Hengst benimmt sich dabei keineswegs sehr kavaliersmäßig und bedroht ihm weniger sympathische Stuten oft ganz massiv, ja vertreibt sie sogar, solange er mit seiner Lieblingsdame beschäftigt ist. Wälzt er sich neben ihr, dann steht die Erkorene, "für die er diese Schau abzieht", manchmal mit ausgesprochen albernem, um nicht zu sagen kindischem Gesichtsausdruck wie ein Fohlen daneben, das zum erstenmal seine sich wälzende Mutter sieht; Liebe scheint auch bei den Pferden zeitweise die Funktion des Verstandes etwas lahmzulegen.

Der Sprung aus der Hand

Beim schon erwähnten Sprung aus der Hand, der üblicherweise praktizierten Bedeckung unserer nicht in Freilandhaltung lebenden Hauspferde, entfällt ein Großteil des Paarungsvorspiels, und das ganze Sexualverhalten reduziert sich, soweit möglich, zum bloßen Begattungsakt. Da das langsame Herantasten des Hengstes an eine Stute in der Vorrosse fehlt, bei dem er erst dann zur Paarung schreitet, wenn sie in der entsprechenden Stimmung ist, muß nun zuerst geprüft werden, ob sich das zu belegende Tier wirklich in der Hochrosse befindet. Zwar führen größere Vollblut- und Trabergestüte schon seit längerem und seit einigen Jahren auch die meisten Warmblut-Deckstationen eine tierärztliche sogenannte Follikelkontrolle durch, bei der manuell durch Betasten der Eierstöcke vom Mastdarm aus der augen-

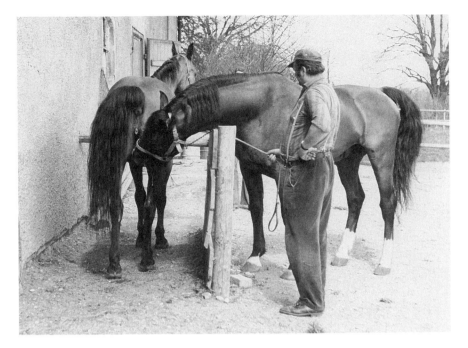

Der Holsteinerhengst „Fabulus" beriecht intensiv den abgehenden glasigen Brunstschleim der Stute „Ganda", die einladend den Schweif beiseite hält und deutlich sichtbar „blitzt".

blickliche Zustand der Rosse diagnostiziert wird, um den geeignetsten Zeitpunkt der Bedeckung festzustellen, doch bleibt man tunlichst noch zusätzlich beim früher prinzipiell üblichen „Probieren". Dazu wird die Stute in einen sogenannten Probierstand gestellt, um den herangeführten Beschäler vor etwaigen Schlägen eines vielleicht noch nicht rossigen oder auch neurotischen Tieres zu schützen. Vielfach verwendet man einen Probierhengst, der von besonders ruhigem und umgänglichem Wesen und einfach zu handhaben sein soll und den man die Stute an Schulter, Flanke und im Genitalbereich beriechen läßt, um dabei ihre Reaktion zu beobachten. Zeigt sie nun das Begattungsgesicht, stellt sich breitbeinig hin, hebt den Schweif, blitzt und macht keine Anstalten zum Schlagen, so ist sie im allgemeinen paarungsbereit, und man nimmt den Probierhengst wieder zurück, um den ausgewählten Beschäler zum Zuge kommen zu lassen.

Der eigentliche Begattungsakt vollzieht sich prinzipiell genauso wie beim freien Herdensprung. Ein kurzes Vorspiel wird dem Deckhengst meistens erlaubt, und er beriecht die Stute in der bekannten Weise, flehmt, schachtet aus und bespringt sie schließlich, wobei auf das richtige Absamen besonderes Augenmerk zu lenken ist. Manche nervösen Hengste schachten schlecht aus, decken fahrig und samen zu früh oder auch zu spät ab, wenn sie bereits wieder abgestiegen sind. Das richtige Absamen ist äußerlich am rhythmischen Nicken des Schweifes zu erkennen und außerdem durch Anlegen eines Fingers an die Rute kontrollierbar, an der man die deutlichen Kontraktionen beim Samenerguß spüren kann. Um die Beschäler, die in der Deckzeit schon ein lautes Gewieher anstimmen, wenn ein Auto auf den Hof fährt, und beim Herausführen in tänzelndem Trab mit manchmal piaffeähnlichen Tritten, gewölbtem Hals und gesenkter Hinterhand in stolze Imponier-haltung verfallen und erregte Schnorrlaute ausstoßen, vor Schlägen zu schützen, ist es vielfach üblich, die Stuten zu spannen, das heißt, man fesselt ihnen die Hinterbeine mit einem um die Vorderbeine und um den Hals geschlungenen Seil derart, daß sie zwar kleine Schritte vorwärts machen, jedoch nicht ausschlagen können. Bei normalen Pferden in der Hochrosse, die nicht durch allzu engen Kontakt mit dem Menschen durch Einzelhaltung, und das möglicherweise bereits ab dem Fohlenalter, zu Verhaltenskrüppeln erzogen wurden, und bei nicht zu groben männlichen Tieren, die ebenfalls gewöhnlich erst durch falsche Erziehung dazu neigen, die Stuten nicht zu gewinnen, sondern zu vergewaltigen, ist das Spannen an sich nicht notwendig und dient mehr der Beruhigung des Hengsthalters. In Vollblutgestüten werden sie darüber hinaus nicht nur gespannt, sondern ein Helfer legt ihnen häufig darüber hinaus eine Nasenbremse an. Das natürliche Paarungsverhalten mit seinem nuancenreichen Vorspiel und erst nach manchmal tagelanger Einstimmung der Stute auf den eigentlichen Deckakt ist damit zur absoluten Vergewaltigung entartet. Ob sie dabei noch angenehme Gefühle empfindet, wage ich etwas anzuzweifeln. Ihnen den Schweif mit einer sauberen Binde zu umwickeln, um Verletzungen der Rute des Hengstes durch einschneidende Haare zu vermeiden, ist dagegen sicher keine schlechte Sache.

Beim Deckgeschäft kann man sich bisweilen des Eindrucks nicht erwehren, daß sich der Hengst und die Stute, wenn man sie gewähren ließe, recht normal und vernünftig verhielten, wären die Besitzer der Sprache des Pferdes etwas mächtiger. Von entscheiden-der Wichtigkeit für das zukünftige reibungslose Funktionieren des Deckens unter Aufsicht des Menschen ist der richtige, einfühlsame Umgang mit dem Junghengst, dem zwar das Paarungsverhalten angeboren wird, die Erfahrung jedoch anfänglich fehlt. Die Anfangs-eindrücke, die er bei der Ausübung seiner Liebespflichten erfährt, sind auch bei ihm für ein späteres von Komplexen freies Verhalten aus-schlaggebend. Man werfe mir nicht eine vermenschlichende Sicht vor, jeder versierte Hengsthalter wird mir meine Ansicht aus seiner reichen

Erfahrung bestätigen können. Manche Maidenstuten, die das erstemal dem Hengst zugeführt werden und noch nie in ihrem Leben einen derart ungestüm grunzenden und möglicherweise fellzwickenden, auftrumpfenden Beschäler erlebt haben, fürchten sich und versuchen sich ihm zu entziehen, obwohl sie eindeutig in der Hochrosse sind. Es ist klar, daß man sie durch Zureden und Klopfen beruhigen muß und eventuell mit einem liebenswürdigeren Probierhengst vorbereiten sollte. Mit zeitraubender Geduld unter Hintanstellung der eigenen Nervosität gelingt es häufig, nicht nur zappelige Junghengste zu guten Deckern zu machen, sondern selbst hysterische Pferdejungfern zu willigen Pferdedamen zu erziehen. Ältere, schon Fohlen führende Stuten sind manchmal übernervös, läßt man ihren Nachwuchs zu Hause oder sperrt ihn während des Sprunges weg; sie lassen sich meist sofort beruhigen, wenn man ihr Füllen ans Kopfende bringt, was der natürlichen Aufstellung im Freigehege entspricht.

Die Intensität und damit die Erkennbarkeit der Rosse im Stall gehaltener Pferde läßt oftmals zu wünschen übrig, weshalb man in der Praxis derartige Tiere am besten einige Tage neben einem Hengst aufstallt, der sie dann zu wesentlich deutlicher sichtbaren Symptomen stimuliert. Daß ihr mehrmaliges Belegen während einer Rosse für das Befruchtungsergebnis günstig ist, brauche ich wohl nicht eigens zu erwähnen. Werden manche Beschäler besonders häufig verlangt oder ist es in einem Zuchtgebiet traditionsgemäß üblich, ihnen sehr viele Stuten zuzuführen – in Oldenburg etwa hundert und mehr pro Saison –, so sind diese an sich viel zu zahlreichen Liebesdienste nur durch intensivste Fütterung mit Beigabe von großen, die Samenproduktion fördernden Eiweißrationen und hohen Vitamingaben zu ermöglichen.

DAS MUTTER-KIND-VERHALTEN

Tragezeiten und Geburtstermine

Findet nach der Bedeckung der Stute eine Befruchtung statt, dann schließt sich die beim Pferde ungefähr elf Monate dauernde Trächtigkeit an. Eine allgemein gültige Tragezeit ist nicht bekannt, sie variiert zwischen 320 und 355 Tagen, ein Spielraum, in dem 95% aller Stuten fohlen, während in das errechnete arithmetische Mittel von 335 bis

337 Tagen bloß etwa 15% der Geburten fallen. Zu dieser großen Schwankungsbreite, die in Einzelfällen sogar noch unter- bzw. überschritten werden kann, kommt als zusätzliche Schwierigkeit das übliche mehrmalige Belegen hinzu, wodurch sich, wenn bei langanhaltender Rosse der letzte Deckakt unter Umständen eine Woche später als der erste erfolgte, meistens auch der Tag der Befruchtung nicht mehr exakt bestimmen läßt. Da der Eisprung gewöhnlich am Ende der Hauptrosse liegt, liefert wohl das Zählen der Trächtigkeitstage ab dem letzten Decktermin die genaueste Länge der Tragezeit einer Stute. Zu Rate gezogene Lehrbücher vermögen kaum Näheres zu sagen, da ihre Daten nur sehr bedingt brauchbar sind. So werden neben Fütterungseinflüssen Rasseeigentümlichkeiten für diese unterschiedlich lange Gravidität verantwortlich gemacht insofern, als frühreife Kaltblutstuten kürzer als etwa die osteuropäischen Landschläge tragen und Warmblut- und Vollblutstuten dazwischenliegen sollen. Bei meinen persönlichen Aufzeichnungen, die ich im Laufe von fast dreißig Jahren Pferdezucht gesammelt habe und in denen 122 eigene Fohlengeburten verschiedener Rassen und nahezu gleich viele, möglichst genaue Informationen mir bekannter Züchter ebenfalls unterschiedlichster Typen enthalten sind, hat sich herausgestellt, daß die Rasse einer Stute nur relativ geringe Auswirkungen auf ihre Trächtigkeitsdauer hat.

Neben großen individuellen Unterschieden – eine Stute trägt immer verhältnismäßig kurz, die andere lang – machen sich die äußeren Einflüsse in eigentlich erstaunlichem Ausmaß bemerkbar. Manche der einer Rasse zugeschriebenen Eigenschaften entpuppen sich bei genauem Zusehen als Mängel in der Haltungsweise und verändern sich sofort in Richtung einer kürzeren Tragezeit, verbringt man solche Stuten in eine bessere Umgebung. Zu einer die Gravidität verkürzenden guten Umwelt gehört nicht nur die sättigende Menge, sondern auch die optimale Qualität des Futters mit dem erforderlichen Gehalt an Eiweiß, Mineralstoffen und Vitaminen und fast gleichbedeutend damit genügend Bewegung in frischer Luft und vor allem eine ausreichende Lichteinwirkung. In der Literatur wird als interessanter Punkt hervorgehoben, daß Bedeckungen von Juni bis Oktober die Tragezeit nicht unwesentlich verringern, wohingegen sie sich verlängert, werden die Tiere in den sonnenarmen Winter- und Frühjahrsmonaten November bis Mai belegt. Ich glaube, daß man hier wie so oft Ursache und Wirkung verwechselt hat. Nicht das Datum der Bedeckung ist entscheidend, sondern die lichtreichen oder -armen letzten Monate der Gravidität, da einer im Juli befruchteten und im Juni abfohlenden Stute gewöhnlich die Möglichkeit geboten wird, während der Hochträchtigkeit den Weidegang mit viel Ultraviolett-Bestrahlung zu genießen.

Interessanterweise brauchen Stuten bei ihrer ersten Trächtigkeit fast immer auffallend länger oder kürzer als bei ihren folgenden Schwangerschaften. Bei allen Stuten jeder Rasse hat auch das benützte Vatertier Einfluß auf die Dauer der Tragezeit. Da Esel im Durchschnitt knapp vier Wochen länger als Pferde tragen, brauchen die Maultierfüllen, die ja von einem langohrigen Vater und einer Pferdemutter abstammen, gewöhnlich ca. 14 Tage länger als Fohlen, die von einem Pferdehengst empfangen wurden.

Hengstfüllen werden im allgemeinen ein bis zwei Tage länger getragen, weshalb man bei sehr genauer Kenntnis der üblichen Trächtigkeitsdauer seiner Stuten nach dem Überschreiten ihres Durchschnittswertes annehmen darf, daß männlicher Nachwuchs zu erwarten ist. Zur Geschlechtsbestimmung des Fohlens schon während der Tragezeit hat EBHARDT an seinen Islandpferden eine hochinteressante Entdeckung gemacht, die ich einmal bei Haflingern in Freilandhaltung vor Zeugen nachprüfen und bestätigen konnte. Er schreibt: „Im Frühjahr, wenn die Altstuten hochtragend sind, nimmt man den Leithengst aus der Herde und führt ihm erstmals eine dreijährige Stute zum Decken zu, also außerhalb des Stutgeheges. – Wenn man mit dieser frisch gedeckten Jungstute ins Stutgehege zurückkehrt, sind alle Stuten neugierig und nehmen die Witterung dieser Jungstute auf. Ihre Verhaltensweise ist dabei höchst unterschiedlich. Eine Anzahl der Altstuten beginnt die Jungstute zu treiben, sie beißen sie in die Schweifrübe, stoßen dumpfwiehernde Laute aus und legen ein ausgesprochen männliches Wesen an den Tag. Die restliche Gruppe der Altstuten nähert sich nur bis auf fünf oder sechs Schritte der Jungstute, nimmt die Witterung auf und verhält sich sehr vorsichtig und scheu. – Vor 1½ Jahrzehnten reichte ich dem Rektor der Tierärztlichen Hochschule Hannover eine Erklärung für dieses unterschiedliche Verhalten der Altstuten ein, aus der hervorging, daß bei hochtragenden Stuten der Hormonspiegel durch das Geschlecht des Fohlens beeinflußt wird. Die sich maskulin verhaltenden Altstuten tragen Hengstfohlen, während die sich betont feminin verhaltenden Stuten Stutfohlen tragen. Die Studenten der Tierärztlichen Hochschule Hannover überwachten meine Voraussagen drei Jahre hindurch und fanden sie ausnahmslos bestätigt, sobald die Fohlen geboren waren."

Während tragende Altstuten erst, wenn sie deutlich an Leibesumfang zulegen, bedeutend ruhiger und gesetzter werden, legen Erstlingsstuten schon nach wenigen Trächtigkeitswochen – vermenschlicht ausgedrückt – ihre meisten Teenagerallüren ab und zeigen im

Vergleich zu ihren nichtgedeckten Altersgefährtinnen ein ausgesprochen erwachsen wirkendes Gehabe. Kennt man seine Tiere gut, läßt sich die Gravidität auch ohne hormonelle oder manuelle Untersuchung meist bald an diesem veränderten Verhalten feststellen. Das Lauf- und Spielbedürfnis trächtiger Stuten ist auffallend reduziert, und besonders in der zweiten Hälfte der Tragezeit bewegen sie sich lediglich in Ausnahmefällen und dann bloß kurzzeitig in forcierten Ganggarten, obgleich individuelle Schwankungen vorkommen und Ausnahmen die Regel bestätigen. Proportional zur wachsenden Frucht steigt das Freßbedürfnis, und die Freßzeit wird, wenn möglich, maximal ausgenützt. Im letzten Drittel der Trächtigkeit, in das das Hauptwachstum des Embryos fällt, der sich jetzt auch rein äußerlich am Leibesumfang des Muttertiers bemerkbar macht, verändert sich das Trinkverhalten, und kaltes Wasser wird nur zögernd oder in Intervallen aufgenommen, da es krampfartige Zustände im Bauchbereich der Stute und häufig deutlich in ihrer Flankengegend sichtbare Fohlenbewegungen auslösen kann. Ca. zwei Monate vor der zu erwartenden Geburt scheint sich das Ungeborene stark zu drehen und seine Lage zu verändern. Während dieser oft einige Tage dauernden Zeit der unruhigen Frucht fühlen sich die Stuten etwas unwohl, fressen schlecht, manche weisen einen geringgradigen schleimig-blutigen Ausfluß auf. Meine diesbezüglichen Beobachtungen und Aufzeichnungen reichen leider nicht aus, um einen sich möglicherweise daraus ergebenden genaueren Bezug zum späteren Abfohltermin herzustellen.

Das Einfallen der breiten Beckenbänder der Stute, das Größer- und Schlafferwerden ihrer Schamteile und das sogenannte Harzen des mächtig angewachsenen Euters zeigen uns an, daß der Geburtstermin näherrückt. Die Milchdrüse ist schon dabei, Kolostralmilch zu erzeugen, die nun tropfenweise austritt und eingetrocknet tatsächlich wie durchsichtiges, gelbliches Baumharz aussieht. Manche Tiere sondern derart viel „Pech" ab, daß zentimeterlange Zapfen an den Zitzen kleben, andere dagegen so wenig, daß man von Glück sagen kann, wenn man die oft nur stecknadelkopfgroßen Pfropfen überhaupt bemerkt. Die Freude des Anfängers darüber, daß das langersehnte Ereignis endlich unmittelbar bevorstehen müsse, ist aber nicht immer voll berechtigt, da das Harzen Tage, gelegentlich sogar Wochen anhält. Meistens, aber bei weitem nicht immer – ich habe schon mehrmals Stuten gehabt, bei denen zwei, manchmal sogar drei Tage lang Milch aus den Zitzen tropfte –, ist das Einschießen der Milch als absolut sicheres Zeichen für eine in einigen Minuten oder höchstens in ein bis zwei Stunden erfolgende Geburt zu werten. Die Zitzen werden dadurch so prall gefüllt, daß die jetzt weiße Flüssigkeit entweder in stetigen Tropfen abfließt oder in mehr oder weniger starkem Strahl auf den Boden spritzt. Erstlingsstuten schauen sich oft völlig irritiert nach ihren manchmal milchverklebten Hinterbeinen um oder heben sie abwechselnd hoch. Erst ein meist heftig einsetzender Schweißausbruch an Hals und Schulter ist ein sicheres Zeichen dafür, daß die Stute in die Vorbereitungs- oder bereits in die Eröffnungsphase der Geburt eingetreten ist.

Aus zahlreichen Statistiken, die an einem umfangreichen Material in gut geleiteten Gestüten erstellt und auch von mir im eigenen Betrieb aufgezeichnet wurden, geht klar hervor, daß der weitaus größte Teil aller Muttertiere zwischen 20 Uhr und 7 Uhr morgens fohlt, wobei ein Schwerpunkt in den frühen Abendstunden liegt, die weitaus meisten Geburten jedoch in der zweiten Nachthälfte und um die Zeit des beginnenden Morgengrauens notiert werden. Pferde bringen also wie ihre wilden Verwandten ihre Jungen mit Vorliebe im Schutze der Dunkelheit zur Welt. Vermutlich fühlen sich die tagsüber verhältnismäßig häufig beunruhigten Wildeinhufer wirklich an ihren übersichtlichen Schlafplätzen mit dem aufgestellten Wachtposten am ungestörtesten, doch kommen selbst bei ihnen Geburten inmitten der Tagesweide vor und konnten in der Serengeti sogar fotografisch festgehalten werden. Daraus ergibt sich aber eindeutig, daß nicht die Dunkelheit, sondern die empfundene Ruhe oder, besser gesagt, das vorhandene oder nicht vorhandene Gefühl der Sicherheit allein über den Geburtsbeginn oder seine Verzögerung entscheidet.

Ich glaube deshalb, daß die romantischen oder manchmal regelrecht dramatischen Schilderungen einer Pferdegeburt, wie man sie häufig nicht nur in ausgesprochenen Romanen, sondern sogar in Erzählungen vorgesetzt bekommt, deren Autoren den Anspruch des Sachverstandes für sich erheben, in der Mehrzahl der Fälle, zumindest was die Platzwahl der Wöchnerinnen anbelangt, ein reines Phantasiegebilde sind. Aufgrund meiner Freilandbeobachtungen möchte ich behaupten, daß Pferde geschützte Geburtslager äußerst selten und bei naßkaltem, windigem Wetter lediglich in Einzelfällen aufsuchen, wie mir wohl jeder Robustpferdehalter bestätigen kann. Ist das verlangte Sicherheitsgefühl vorhanden, was in Gestüten mit Fremdpersonal meist erst nach der abendlichen Fütterung der Fall zu sein pflegt, fohlen Pferde, wann immer ihre Stunde kommt, und verzögern die Geburt auch tagsüber nicht. Wenn daher in vielen Hobbyzuchten manch wohlmeinender Besitzer, der kurz vor der schweren Stunde ein ganz besonders sorgfältiges Auge auf seine Stute hat, trotzdem die Geburt gelegentlich verpaßt, bloß weil er mal eben mußte oder sonstwie kurz aus dem Stall ging, so liegt das an der vielfach beunruhigenden Wirkung gerade dieser liebevollen Besorgnis.

Eine Eigenart aller Einhuferstuten ist ihre Fähigkeit, die Geburt, wenn es ihnen angebracht erscheint, um mehrere Stunden zu verzögern, was im Wildleben viele Vorteile mit sich bringt. Im Haustierstand, in dem sich diese Eigenschaft bewahrt hat, warten die Stuten gewöhnlich, bis Ruhe im Stall eingekehrt ist, bevor sie mit dem Abfohlen beginnen.

In meiner eigenen Zucht fiel in den ersten zehn Jahren mehr als die Hälfte der Geburten in die Tagesstunden. Wie sehr diese so gegen alle Erfahrungen anderer sprechende Feststellung als Zeichen dafür zu werten ist, daß sich die Pferde verhältnismäßig geborgen fühlten, was auch im Niederlegen der Tiere jeglicher Altersstufen tagsüber sogar in Gegenwart des Menschen im Stall zum Ausdruck kam, wurde mir erst nach folgendem aufschlußreichen Erlebnis klar: Ausnahmsweise mußten einmal äußerst pferdebegeisterte, pflichtbewußte, den Tieren jedoch fremde Bekannte die Geburtsüberwachung bei einer Stute übernehmen, die schon ihr fünftes Fohlen bekommen sollte. Obwohl sämtliche Anzeichen auf ein unmittelbar bevorstehendes Abfohlen hinwiesen, verlief die Nacht aber ungestört. Als ich zur Mittagszeit nach Hause kam, ließ ich die Stute des schönen Wetters wegen frei, und sie preschte zur Stalltüre hinaus und suchte im Galopp (!) die Weide auf, wobei ihr die Milch in starkem Strahl aus den Zitzen zu spritzen begann. Auf der am Rande von Bäumen geschützten Koppel legte sie sich dann inmitten der freien, kurzgefressenen und sonnenbeschienenen Fläche nieder und gebar innerhalb von fünf Minuten ein ausgesprochen lebenskräftiges und ausgereiftes Hengstfohlen. Da konnte ich mich des Eindrucks nicht erwehren, daß sie sich nur den besorgten Blicken meiner Freunde entziehen wollte, um endlich in Ruhe fohlen zu können. Dieselbe Geburtsverzögerung scheine ich selbst einmal bei einer im Bayerischen Wald lebenden Fjordstute bewirkt zu haben. Daß „Diba", wie die Stute hieß, sehr bald niederkommen mußte, war mir nach ihrem Verhalten und Aussehen völlig klar, und da ich unbedingt eine Geburt in dieser Herde protokollieren und fotografieren wollte, hatte ich sie seit nahezu 36 Stunden kaum mehr aus den Augen gelassen. Um wach zu bleiben, hatte ich schnell einige Tassen Kaffee im Haus des Besitzers getrunken, und als ich nach einer halben Stunde die Stute wieder aufsuchte, lag schon ein kräftiges Hengstfohlen neben ihr.

Die Geburt

Das Einschießen und vor allem das Abtropfen, noch mehr aber das Verlieren von Milch in kaum unterbrochenem Strahl zeigt normalerweise nicht nur die unmittelbar bevorstehende Geburt an (Vorbereitungsphase der Geburt), es ist auch entscheidend an der Entstehung der mütterlichen Gefühle beteiligt, die vielfach schon jetzt, ehe das Fohlen zur Welt gekommen ist, einsetzen. Da Stuten im sich anschließenden Eröffnungsstadium, bei dem die Geburtswege durch das Anpressen der Fruchtblase allmählich geweitet werden, gewöhnlich noch stehenbleiben und oft sogar bis unmittelbar vor der Austreibungsphase, in der die eigentliche Geburt unter starken, schmerzhaften Wehen stattfindet, Futter aufnehmen, wird man häufig erst durch das sich schwallartig entleerende Fruchtwasser nach außen auf das große Ereignis aufmerksam. Diese manchmal etwas hektisch wirkende, hastige Futteraufnahme bis unmittelbar vor dem Eintritt der Preßwehen, die man übrigens sowohl bei im Stall, als auch bei im Freiland gehaltenen Pferden und bei wildlebenden Einhufern beobachten kann, ist besonders bei letzteren durchaus sinnvoll, steht ihnen doch in der Regel bis zur fertigen Prägung ihres Foh-

Stuten gebären normalerweise in Seitenlage. Die Austreibungsphase ist in vollem Gange, die Vorderfüße des Fohlens haben die Eihaut schon durchstoßen, während seine eben erscheinende Nase noch von den Fruchthüllen umgeben ist.

lens eine unruhige Zeit bevor, während der sie meistens nur wenig zum Fressen kommen.

Normalerweise legen sich alle Equiden zur Geburt in Seitenlage nieder, die die günstigsten mechanischen Austreibungsmöglichkeiten schafft, da sonst die doch ziemlich gewichtige, bis etwa $^1/_{15}$ des Muttertieres ausmachende Frucht von ihrer Lage an der tiefsten Stelle des Pferdeleibes bis zum Beckenausgang hinauf angehoben werden müßte. Während des Eröffnungsstadiums hat sich das Fohlen bereits so weit gedreht, daß seine Oberlinie zum Rücken der Stute weist und die gestreckten Vorderbeine mit dem daraufliegenden Kopf zur mütterlichen Scheide zeigen, so daß in der Austreibungsphase zuerst die beiden Vorderhüfchen, die zur Schonung des Uterus und des Beckenraumes wie mit einem Gummipolster von Fohlenhorn umkleidet sind, in der Schamspalte sichtbar werden. Lebensschwache oder abgestorbene Fohlen drehen sich nicht mehr in die normale Stellung und Haltung, wodurch Geburtsverzögerungen und Schwergeburten entstehen könne, auf die wir hier jedoch nicht näher eingehen wollen.

Durch die auch im Gesicht und durch rudernde Bewegungen mit den Hinterbeinen sich ausprägenden heftigen Wehenschmerzen – der Name Wehe gibt sie ja deutlich wieder – werfen sich die Stuten ähnlich wie bei Kolikbeschwerden manchmal achtlos zu Boden, wobei das Nichtangepaßtsein an ein „Höhlenleben" im Stall schon daran kenntlich wird, daß die herausragenden Fohlenfüßchen dabei oft in Gefahr zu geraten scheinen, an der Wand verletzt zu werden. Anfangs rutschen sie glücklicherweise meist in den Beckenraum zurück, und da sich viele Stuten mehrmals wieder erheben, kann man sie sachte so zu dirigieren versuchen, daß beim Niederlegen und zum Auspressen des Fohlens genügend Abstand von der Wand vorhanden bleibt. Eine möglichst große Abfohlbox ist deshalb von unbedingtem Vorteil. Mit dem Eintreten des Fohlenkopfes in die Geburtswege sucht die Stute die unbewußten, jetzt verstärkten Austreibungswehen mit der sogenannten Bauchpresse unter Anspannen der Bauchmuskeln aktiv zu unterstützen. In höchst sinnvoller Weise bereiten das keilförmige Schnäuzchen und der Kopf des Fohlens die Geburtswege auf den umfangreichen Schultergürtel vor, nach dessen Durchtritt gewöhnlich die Hauptarbeit für die angestrengt pressende Stute getan ist, denn der restliche Körper wird jetzt ziemlich schnell ans Tageslicht befördert. Bei normalem Verlauf dauert die Austreibungsphase der für die Geburt sehr günstigen Beckenformationen aller Einhufer wegen, wozu im Vergleich zu manchen anderen Haustieren üblicherweise noch recht trainierte Muskeln und ein besonders aktiver Kreislauf kommen, nur wenige Minuten, und eine halbe Stunde wird selten überschritten. Die meisten Stuten stehen nach wenigen, durchschnittlich neun, Minuten wieder auf und reißen dadurch die Nabelschnur an der von der Natur dafür vorgesehenen Stelle ab. Wenn die Geburt wegen eines für die Mutter unverhältnismäßig großen Fohlens besonders anstrengend war, bleibt sie manchmal auch bis zu einer halben Stunde liegen, um sich ein bißchen zu erholen. Erstgebärende brauchen bei allen Säugetieren im allgemeinen etwas länger als solche, die schon mehrmals geboren haben.

Es ist selbstverständlich, daß der die Geburt überwachende Mensch möglichst wenig stören sollte. Langsame Bewegungen und besänftigendes Zureden können nervöse Stuten zwar zuweilen beruhigen, doch sollte man das Tier trotzdem, soweit es geht., allein lassen, damit es sich voll auf die Wehen konzentrieren kann. Ein mehrere Mann starkes Geburtshelferteam halte ich bei normal verlaufender Geburt für genauso unangebracht wie das leise Flüstern und nur auf den Zehenspitzen Gehen wohlmeinender Pferdefreunde, die mit ihrem rücksichtsvollen Herumschleichen im Stall oder jede Deckung ausnützenden Heranpirschen im Freilandgehege die Wöchnerin unter Umständen hochgradig irritieren, da sie nun wie ein gefährliches Raubtier auf Beutefang wirken.

Einhufer besitzen bekanntlich ziemlich derbe Embryonalhüllen, die zwar während der Geburt einreißen, deren sich das Neugeborene aber aus eigener Kraft und völlig auf sich selbst gestellt durch Schütteln und Schlenkern und Zappeln mit den Beinchen entledigen muß. Lebenskräftige und gesunde Tiere sind zur Selbstbefreiung aus den mehr oder weniger große Teile ihres Körpers und manchmal sogar ihren Kopf umschließenden Häuten im allgemeinen durchaus in der Lage, weshalb ein erstickt aufgefundenes Fohlen fast immer für eine gewisse Lebensschwäche, wenn nicht sogar für eine Totgeburt des Füllens spricht. Stuten, die bereits mehrere Geburten hinter sich haben, belecken und beknabbern ihr Kind zwar sofort nach dem Aufstehen, doch dient diese üblicherweise als „Trockenlecken" beschriebene Beschäftigung, die gerade in den Anfangsminuten mit äußerst geringer Intensität erfolgt, viel mehr ihrer geruchlichen und oftmals geschmacklichen Orientierung oder, richtiger gesagt, ihrer Prägung auf das Junge, als der Säuberung des Fohlens. Neben diesem ersten

Das Fohlen ist eben geboren und noch zur Hälfte von den bläulich-weißen, durchsichtigen Embryonalhüllen umgeben. Nie wirkt ein Pferdekopf so schmal und edel wie unmittelbar nach der Geburt. Die Ohren des Neugeborenen liegen noch eng am Hals an und richten sich erst allmählich auf.

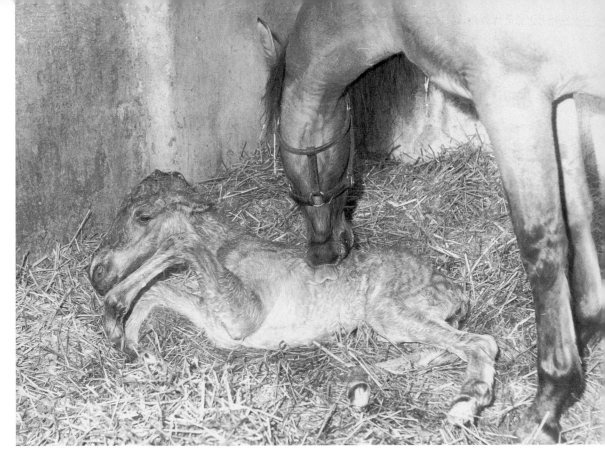

Das Belecken durch die Stute dient bei Pferden weniger der Säuberung, dem Trocknen oder der Anregung des Kreislaufs des noch nassen Neugeborenen, als vielmehr der geruchlichen und vielleicht auch geschmacklichen Prägung der Mutter auf ihr Kind.
„Valquíria" beleckt wie alle Sorraiastuten den soeben geborenen „Vaqueiro" heftig und länger, als unsere Vergleichsmütter anderer Rassen.

psychischen wird schon sehr früh ein stimmlicher Kontakt aufgenommen, der meistens mit einem Wiehern des noch nassen Fohlens beginnt und von der Mutter mit ganz spezifischen, zärtlichen, nur in dieser Zeit angewandten Lauten beantwortet wird. Die akustische Prägung der Stute auf ihr Fohlen, dessen Stimmchen sie später immer auch aus unter Umständen großer Entfernung oder einem ganzen Kinderchor wiedererkennen muß, ist genauso wichtig wie der umgekehrte Vorgang. Das Belecken und Beknabbern im Gesicht und am Rücken des Kleinen dauert nun etwas länger an, geschieht aber weiterhin in einer weniger gründlichen Weise, als wir diesen „rührenden" Vorgang von Fleischfressern her kennen; auch die oft zitierte Massagewirkung der mütterliche Zunge zur Kreislaufanregung ist lediglich von untergeordneter Bedeutung. Zum Geburtsvorgang gehört noch das Ausstoßen der Nachgeburt, das im günstigsten

Falle unmittelbar danach, häufig jedoch innerhalb einer halben bis zwei Stunden und unter deutlichen Nachwehen stattfindet, die oft stark genug sind, um ein erneutes Hinlegen der Stute mit schmerzvollem Wehengesicht zu bewirken. Im Gegensatz zu vielen anderen Tieren pflegen Pferde die Nachgeburt nicht aufzufressen.

Das Fohlen und seine Prägung

Eine Geburt nimmt nicht nur die Stute mit, nach dem ausgesprochen erschöpft und angestrengt wirkenden Gesichtsausdruck des Neugeborenen zu urteilen, scheint sie auch eine große körperliche Leistung für das Fohlen darzustellen, das in den ersten Lebensminuten keineswegs so munter und befreit in die Welt schaut, wie man das gelegentlich von Autoren serviert bekommt, die vermutlich noch nie dabeigewesen sind. Je nach Lebenskraft versuchen die Pferdekinder aber trotzdem nach durchschnittlich 16 Minuten, sich auf ihre Wackelbeinchen zu erheben, was anfänglich gewöhnlich an der Vorderlastigkeit scheitert, die sie auf halber Höhe kopfüber wieder zu Boden purzeln läßt. Nun besagen Durchschnitte relativ wenig, kennt

Fjordstute „Diba" hat sich unmittelbar nach der Geburt ihres Fohlens erhoben und beginnt, die noch nicht abgegangene Nachgeburt hinter sich herschleifend, „übersprungsartig" hastig zu fressen.

„Diba" hat sich, nachdem die Nachgeburt schließlich abgegangen ist, erschöpft kurz in Kauerstellung niedergelegt. Der etwas übertragene „Fjordi" steht, nach innen horchend und mühsam das Gleichgewicht haltend, breitbeinig daneben.

man die niedrigsten und höchsten Werte einer Skala nicht, weshalb ich sie im folgenden immer auch dazufüge. Wie wir sehen werden, kann die längste benötigte Zeit die des schnellsten Fohlens um das mehr als Zehnfache übersteigen.

Mit erstaunlicher Ausdauer wird das Aufstehen jedoch so oft wiederholt, bis es schließlich einmal klappt und das Kleine zum erstenmal für eine kurze Zeitspanne zum Stehen kommt, in der es sich mit desorientierter Ohrenhaltung oft einige Minuten lang völlig still verhält, als ob es sein neues Gleichgewicht erst ausloten und auskosten wollte. Prinzipiell gilt, daß die muntersten und vitalsten Füllen immer die für die Rasse und insbesondere für das Verhältnis zur Größe der Mutter eher kleingeborenen sind, während auffallend groß auf die Welt gekommene Fohlen gewöhnlich zu allem am meisten Zeit brauchen. Unser im Laufe der vielen Jahre schnellstes war das kleine Traberhengstchen „Kertag", dem es schon nach zehn Minuten gelang, auf den eigenen Beinen zu stehen, das langsamste mit 105 Minuten ein etwas übertragenes, sehr großes Halbblut-Hengstfohlen. Erstlingsstuten, die sich manchmal vor dem im Stroh liegenden winzigen Fremdling zu fürchten scheinen, verlieren jetzt häufig ihre Scheu, da sie ihn wie ein richtiges Pferd auf vier Beinen stehen sehen.

Nun wird der sinnvolle Drang zur Nahrungsquelle im Neugeborenen derart übermächtig, daß er den zur Koordination der Bewegungen absolut überwiegt und seine ersten Schritte sofort der Suche nach dem lebensspendenden Euter dienen. Fohlen haben kein angeborenes Wissen davon, wie ein Pferd aussieht oder wo sich an ihm der Sitz des Euters befindet. Auf unbeholfenen Beinen vorwärtsstrebend, tasten und stupsen sie an jedem großen Hindernis herum, auf das sie stoßen. Im Freileben ist das gewöhnlich die Mutter, im Stall genauso oft die Wand. Nach einiger Zeit übt vermutlich der Geruch der Stute oder wahrscheinlich noch mehr der der austretenden Milch eine verstärkte Anziehungskraft auf das Füllen aus, und es sucht nun vermehrt an ihrer Brust und ihrem Bauch dem süßen Duft auf die Spur zu kommen, bis es durch Zufall einmal an die richtige Stelle gerät. Für das in der Regel schon prall gefüllte Euter genügt bereits ein sanfter Anstoß, um die Milch im Strahl austreten zu lassen, wodurch das Füllen im wahrsten Sinne des Wortes auf den Geschmack gebracht wird und die Zitze dann mehr oder weniger zufällig zu fassen bekommt. Die oft geschilderten liebevollen Bemühungen der Mutter, ihrem Kind ans Euter zu verhelfen, bestehen dabei in Wahrheit nur darin, sich einladend in eine für das Fohlen günstige Richtung zu drehen, um

Fohlen haben keine ererbte Kenntnis davon, wo sich an der Mutter das Euter befindet. „Fantas" Neugeborenes sucht zuerst zwischen ihrem Ellbogen und der Brust, bis es allmählich in die richtige Richtung vorrückt.

ihm so die Suche und sich selbst vom Milchdruck zu erleichtern. Viele Stuten beknabbern gern Kruppe und Schweifwurzel ihres suchenden Kindes, was kräftige Neugeborene meist mit einem Ausschlagen der Hinterhand beantworten, wodurch dann häufig die ganze Mühe umsonst war, da der Kleine wieder zu Boden purzelt. Gerät er mit seinem Schnäuzchen in die Weichengegend, so bestärkt sie ihn in der richtigen Richtung durch ein starkes Aufziehen des Bauches, manchmal auch durch ein leichtes Anheben der ihm abgewandten Hinterhand und durch leise, aufmunternde, ganz spezielle Töne.

Aus den wesentlich länger verharrenden Suchbewegungen sowohl zwischen den Vorderbeinen oder an der Brust der Mutter wie zwischen den Hinterschenkeln geht, wie schon erwähnt, hervor, daß den Pferdekindern lediglich das Wissen um einen dachförmigen Winkel angeboren zu sein scheint, nicht jedoch die instinktmäßige Kenntnis der genauen Lage des Euters. Ich möchte das mit einer entwicklungsgeschichtlichen Tatsache erklären: Die im Embryonalzustand noch bei allen Säugetieren und beim Menschen angelegte sogenannte Milchleiste, die beiderseits vom Winkel zwischen Vorderbeinen und Brust bis in die Schamgegend reicht, wird je nach Tierart

verschieden ausgebildet. Bei Hund und Schwein mit ihren vielen Zitzen bleibt sie voll erhalten, bei anderen bildet sie sich weitgehend zurück und beschränkt sich bei Elefant und Affe etwa auf eine beidseitige Milchdrüse in der Brustregion, beim Pferd dagegen und bei vielen anderen Säugetieren auf ihren hinteren, in der Schamgegend gelegenen Abschnitt. Neugeborene Füllen suchen aber immer noch in der

gesamten Brust- und Bauchregion den Sitz der vielzitzigen Milchleiste, obwohl sich das Zielobjekt anatomisch schon längst verändert hat.

Übergroße Fohlen tun sich anfänglich schwer, da sie den Hals wesentlich stärker durchbiegen müssen als normalgroße. Haflingerstute „Ossi" kontrolliert geruchlich ihr mit 96 cm Widerristhöhe geborenes, siebenstündiges Fohlen „Olli".

    Eine das erste Auffinden der Milchdrüse oft sehr erschwerende Tatsache liegt bei unseren Pferden in der manchmal vorkommenden falschen Relation der Körperhöhe von Mutter und Kind. Hauspferde variieren in der Größe bekanntlich viel stärker als Wildeinhufer, weshalb ein Fohlen auch bei verhältnismäßig gleichen Vorfahren unter Umständen überdurchschnittlich groß oder klein zur Welt kommen kann. Bei verschieden großen Eltern richten sich zwar Geburtsgröße und -schwere der Nachkommen mehr nach der Mutter, doch können

Fohlen aus kleinen Stuten, die einen wesentlich größeren Hengst zum Vater haben, großrahmiger sein, als es deren Körpergröße entspricht. Zebra- und Wildeselfüllen, die immer in der passenden Kleinheit geboren werden und uns deshalb in den ersten Tagen besonders winzig und relativ kurzbeinig erscheinen, brauchen nur Maul, Kopf und Hals der natürlichen Suchhaltung gemäß in einer Linie ganz leicht nach

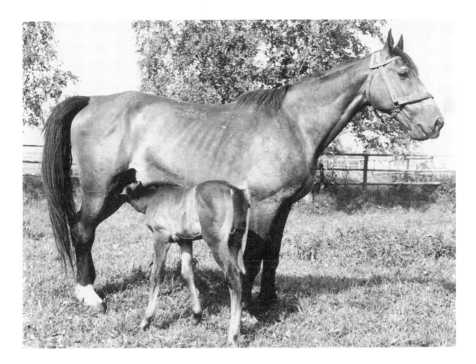

Relativ klein geborene Füllen haben weniger Schwierigkeiten beim ersten Auffinden des Euters.
Die 168 cm Stockmaß messende 18jährige Holsteinerstute „Adolphine" mit ihrem bei der Geburt nur 99 cm hohen Stutfohlen „Aischa".

oben zu strecken, um ohne Schwierigkeiten direkt auf die Zitzen zu stoßen. Große Hauspferdefohlen haben dagegen bei kleinen Müttern weitaus ernstere Schwierigkeiten, da sie nur bei nach unten durchgebogenem Kopf und Hals mit dem Schnäuzchen in der üblichen Weise von unten her an das Euter gelangen, eine Haltung, die ihnen ausgesprochen schwerfällt und im Extremfall erst nach mehreren Stunden gelingt. Die von mir protokollierten 52 Warmblut-, Traber-, Exmoor- und Sorraiafohlen benötigten durchschnittlich 114,5 Minuten, bis sie das erste Mal Muttermilch aufnehmen konnten. Das schnellste war mit dreißig Minuten ein Exmoorstutfohlen namens „Whinny" und das langsamste mit 230 Minuten „Krummbein", ein Sorraiahengst. Den Rekord stellte das nicht exakt notierte, deutlich übertragene Hengstchen der Fjordstute „Diba" auf, das mehr als fünfeinhalb Stunden brauchte. Man sieht, mit dem genußvollen Milchnuckeln nach wenigen Minuten, wie das meistens geschildert wird, ist es zumindest bei vielen domestizierten Einhufern nicht so weit her.

Beim zweitenmal geht es aber schon wesentlich gekonnter, wenn ihnen auch die dabei geringgradig nach seitlich oder vorne umgebogene, prall gefüllte Zitze anfänglich gern wieder aus dem Mäulchen flutscht.

Hungrige kleine Fohlen manchen ein ganz typisches Sauggesicht, wobei ihre Zunge der Länge nach wie ein V gefaltet zwischen den Lippen sichtbar wird und ein deutliches Leerlauf-Sauggeräusch zu hören ist. Durch das Vorstrecken der rinnenförmigen Zunge, deren Form sich der ovalen Stutenzitze ideal anpaßt, bekommt das Neugeborene überhaupt erst den Michgeschmack zu kosten, der seine Suche merklich intensiviert. Wenn es schließlich eine Zitze damit zu umfassen vermag, braucht es nur noch die Lippen zu schließen, um endlich am Ziel seiner Wünsche angelangt zu sein. Die Fohlen, die die allen Pferden gleichermaßen eigene Technik des Milchsaugens mit einem aus der dreieckigen Zunge und den Lippen geformten Saugrohr, die nicht mit unserem Strohhalmtrinken mit gespitzten Lippen zu vergleichen ist, von Geburt an beherrschen, benützen neben dem wirklichen Saugen von Anfang an hauptsächlich den Druck ihrer gefalteten Zunge, um den Milchfluß anzuregen, der dann bei vielen Stuten so stark wird, daß sie in den ersten Tagen mit dem Schlucken nicht mehr nachkommen und ein Großteil wieder seitlich aus dem Mäulchen quillt. Der Saugreiz überträgt sich gleichzeitig auf die andere Zitze, so daß auch hier die Milch wegspritzt und die Kleinen zum Wechseln veranlaßt, die dabei meistens ein deutliches Schmatzen hören lassen. Das Wissen, daß neugeborene Fohlen nicht eher Muttermilch aufnehmen, als sie nicht eine richtige, der Länge nach zu einer sich an die Zitze anschmiegenden Rinne „gefaltete" Saugzunge gebildet haben und dabei schmatzende und vor allem deutlich einziehende Sauggeräusche hören lassen, ist für den praktischen Züchter von Vorteil, da er bis dahin jede Hilfestellung, die ein schnelleres Trinken bewirken soll, unterlassen kann.

Auf das Zusammenspiel hormoneller und nervöser Reize und auf eine detaillierte Schilderung der anatomischen und physiologischen Vorgänge bei der Geburt und der Milchsekretion möchte ich hier verzichten und lediglich versuchen, an einem Beispiel die schon erwähnte starke Koppelung der Mutterinstinkte mit dem Einschießen der Milch deutlich zu machen. Eine meiner Warmblutstuten fohlte drei Wochen zu früh, ohne daß ihr Euter darauf vorbereitet gewesen wäre. Sie zeigte gegenüber dem Fohlen, das noch nicht stehen konnte, keinerlei Gefühle, beachtete es kaum und trat ihm sogar mehrmals auf seine ausgestreckten Beine und selbst auf den Körper. Da die in den ersten Tagen nach der Geburt produzierte sogenannte Kolostralmilch, deren Antikörper wie eine Impfung wirken, ganz besonders wichtig

Ehe Fohlen ihre Zunge nicht der Länge nach zu einer Art Rinne eingefaltet haben und deutliche Sauggeräusche hören lassen, sind sie nicht in der Lage, Muttermilch aufzunehmen. „Fjordi" beginnt erst, seine Zunge zu formen, hat aber die für die erste Eutersuche charakteristische Kopf-Hals-Haltung schon eingenommen.

für das Neugeborene ist und möglichst schnell getrunken werden sollte, bemühte ich mich, die Milchbildung durch Massage in ungefähr halbstündigen Intervallen anzuregen, in denen ich auch jeweils das Fohlen aus der Flasche fütterte. Nach ungefähr dreißig Stunden und mindestens fünfzig Eutermassagen begann die Milch einzuschießen, und zwei Stunden später waren die Zitzen prall gefüllt. Von diesem Augenblick an hatte sich die Stute völlig verändert. Sie benahm sich plötzlich wie jede Pferdemutter, wieherte ihr Kind an, beleckte und beknabberte es und vermied sorgfältig, auf seine Beinchen zu treten. Das Fohlen hob zwar noch den Kopf und antwortete, wurde aber trotz der nun eingeflößten Kolostralmilch und obwohl das Darmpech teilweise abgegegangen war, zusehends schwächer und ging schließlich 36 Stunden nach der Geburt ein.

Die Muttergefühle der Stute waren nun, da sie regulär Milch gab, so heftig geworden, daß sie sich wie eine Wahnsinnige gebärdete, sobald man das tote Junge entfernen wollte, weshalb wir es in der Box beließen, bis sie es trotz prall gespannten Euters nicht mehr beachtete und wieder mehrmals auf den Kadaver trat. Sobald ein Fohlen bewegungslos erscheint, wofür die fehlenden Atembewegungen genügen, erlöschen bei Pferden die Mutterinstinkte, auch wenn ihr Euter stark Milch produziert. Sie erkennen nicht ihr totes Kind und auch nicht das Pferd in ihm und treten im Stall darauf, wie auf jeden anderen leblosen Gegenstand. Beim zweiten Versuch fing das Drama von vorne an und zwang uns erneut zu warten, bis wir schließlich auf die Idee kamen, die durch das Herausschleifen erzeugten „künstlichen" Bewegungen des Fohlens mit einer darübergebreiteten Decke auszuschalten, und wirklich zeigte die Stute jetzt keine besonderen Reaktionen mehr. Auch als sie später beim Hinauslassen auf die Weide an ihrem unverhüllt im Stallgang liegenden verendeten Kind vorbei mußte, beroch sie es nur kurz und stieg dann ohne jegliche Gemütsbewegung darüber hinweg. Diese vielleicht manchen sentimentalen Vorstellungen widersprechenden Tatsachen sind keineswegs Einzelbeobachtungen und überdies im Wildleben auch durchaus sinnvoll, da Pferde, die alleine wesentlich größeren Gefahren ausgesetzt wären, ihrem Familienverband unter allen Umständen folgen müssen. Genau besehen ist die Natur, die, vermenschlicht ausgedrückt, der Stute ein so schnelles Vergessen schenkt, gnädiger mit den Tieren als mit uns bewußten Menschen.

Die zweite lebensnotwendige Handlung des Füllens nach dem ersten Trinken besteht im häufig ziemlich mühsamen Auspressen der sich während des intrauterinen Daseins im Fohlendarm ansammelnden Stoffwechselprodukte, des sogenannten Darmpechs. Dieser unangenehm riechende, zähe und stark klebrige Kot füllt den gesamten Enddarm aus, weshalb es zu seiner vollständigen Absonderung meist mehrerer Ansätze bedarf. Obwohl die Kolostralmilch abführend wirkt, müssen die Kleinen dazu oft ausgesprochen angestrengt drücken, und besonders Hengstchen stehen dann häufig längere Zeit mit aufgewölbtem Rücken herum. Das schlechte Abgehen des Darmpechs bei Hengstfohlen liegt an ihren im Vergleich zu Stutfohlen anatomisch beengten Beckenverhältnissen, weswegen wir prinzipiell allen männlichen Neugeborenen nach Möglichkeit, noch ehe sie zum Stehen gekommen sind, ein Klistier geben. In Vollblutgestüten wird diese Praxis auch bei Stutfohlen geübt.

Ein überaus wichtiges Geschehen im Leben eines neugeborenen Fohlens ist seine Prägung auf das Muttertier. Der Begriff der

Prägung wurde bei Verhaltensbeobachtungen an verschiedenen Vögeln geformt, als man die aufsehenserregende Entdeckung machte, daß das Bild der eigenen Art keineswegs angeboren ist, wie schon aus der früher auf jedem Bauernhof zu sehenden Enten- und Gänsekinderschar hervorgeht, die einer artfremden Hühner- oder Truthennenstiefmutter nachwackelte, sondern aus bestimmten, gesicherten Mutter-Kind-Beziehungen in den ersten Lebensstunden erlernt werden muß. Bei einem Gössel, das immer auf das Lebewesen oder sogar auf den beweglichen Gegenstand geprägt wird, den es als erstes nach seinem Schlupf erblickt und der mit ihm lautlichen Kontakt aufnimmt, hat die LORENZschule differenzieren können, daß der Anblick, die Bewegung und die Stimme des „Muttertieres" diesen Vorgang bewirken. Später stellte sich heraus, daß auch Säugetiere geprägt werden müssen, obwohl man die einzelnen Elemente noch längst nicht so genau zu bestimmen vermag. 1944 führte B. GRZIMEK, der damals Veterinär bei der Wehrmacht war, seinen bekannten Kaspar-Hauser-Versuch mit einem Fohlen durch, das er unmittelbar nach der Geburt von der Mutter entfernte, ehe es diese zu Gesicht bekommen hatte, und mit der Flasche aufzog. Auch das Fohlen betrachtete wie Konrad LORENZ'

Die Ursache der Introvertiertheit ist nun offensichtlich: „Fjordi" beim angestrengten Auspressen des gut sichtbaren dunklen Darmpechs.

Graugänseküken den Menschen als seinesgleichen und fürchtete sich später vor den eigenen Artgenossen.

Geprägt werden Vogel- und Säugetierkinder immer in einer ganz bestimmten und erblich festgelegten, auch als sensible oder kritische Phase bezeichneten Zeitspanne, die bei allen Nestflüchtern logischerweise wesentlich kürzer sein muß als bei den sogenannten Nesthockern, die anfänglich normalerweise nur ihre Eltern sehen. Unter diesem Aspekt ist es wieder ein überaus sinnvolles Verhalten, wenn Wildeinhufer- und auch Hauspferdestuten in Freilandhaltung während der ersten Lebenstage ihres Fohlens eine Sonderranghöhe besitzen, die sie sogar über den Hengst stellt, denn sie können dadurch ihre Artgenossen erfolgreich vertreiben und eine Fehlprägung auf ein anderes Familienmitglied weitgehend vermeiden. Während sich das Neugeborene in einer Art vegetativer Zustandsform auf die absolut lebenswichtige Suche nach dem milchspendenden Euter macht, kann es schon eindeutig neben Formen Farben sehen, rauhe oder glatte Oberflächen empfinden und geruchliche und akustische Reize differenzieren. Welche Sinneswahrnehmungen für seine Prägung ausschlaggebend sind, entzieht sich jedoch meiner Kenntnis. Die entscheidende Prägephase fällt meinen Beobachtungen nach aber erst in die Stunden nach dem Saugen, ja ich möchte fast annehmen, daß das erste Milchtrinken eine nicht unwesentliche Rolle im eigentlichen Prägevorgang spielt, da Fohlen, die vorher bei ihren Suchbewegungen stark auf Farbeindrücke und akustische Wahrnehmungen reagiert haben, etwa auf Blue jeans oder auf meine Stimme, diese Eindrücke nach der ersten Sättigung zwar noch erkennen, ihnen jedoch im Vergleich zu vorher kaum mehr Bedeutung beimessen. Verläßt man ein vertrauensseliges Pferdekind nach dem ersten Trinken an der Mutter, dem man bei der Suche nach der Milchquelle so zur Seite gestanden hat, daß es bei jeder erneuten Bemühung erst den Menschen „um Hilfe" anstupste, bevor es sich „in dessen Begleitung" in Richtung Euter begab, und betritt ein bis zwei Stunden später die Box erneut, so ist das Kleine unter Umständen schon auf seine Mutter geprägt, und je nach Temperament und Veranlagung beachtet es einen jetzt kaum mehr oder weicht sogar scheu aus.

Bei einer Fjordpferdegeburt in dem vielgenannten Freilandgehege kann ich die Prägephase genau angeben: Das Fohlen wurde um vier Uhr morgens geboren, um 4 Uhr 20 konnte es bereits stehen und 10 Minuten später seinen ersten Hunger stillen und ausgiebig trinken. Kurz nach 5 ließ sich das schon einmal erwähnte größere Stutfohlen, das sich von Anfang an zu dem Baby hingezogen gefühlt hatte, nicht mehr davon abhalten, dem Neugeborenen seine Freundschaft anzu-

Auch so übertragene Fohlen wie „Fjordi" haben gewöhnlich eine etwas verlängerte sensible Phase. Die weißfalbe Norwegerstute „Diba" bedroht ihren neugierigen Jährling, der wegen der von ihr bisher nicht gewöhnten Unfreundlichkeit erschrocken bremst und leicht in sich zusammenknickt.

tragen, und wurde ab 5 Uhr 20 von der Stute nur noch dann vertrieben, wenn seine Anbiederungsversuche zu plump gerieten und es das Kleine zu zwicken begann. Damit läßt sich die Zeit der Prägung genau als zwischen 4 Uhr 30 und 5 Uhr 20 liegend bestimmen, denn bei dem kurz danach stattfindenden Aufbruch des Familienverbandes vom Schlafplatz zur Tagesweide folgte das Neugeborene ganz eindeutig der Mutter und keineswegs der kleinen Freundin, die sich den beiden auf der Wanderung wie selbstverständlich anschloß. Wenige Stunden später zu Beginn der heißen Tageszeit, als beide Fjordpferdegruppen am schattigen Dösplatz dicht beieinanderstanden, gestattete die Stute auch den anderen erwachsenen und jungen Tieren, ziemlich dicht an ihr Füllen heranzugehen.

Eine schon eineinhalb Stunden nach der Geburt eindeutig gefestigte Prägung ist typisch für Fjordpferdefohlen; denn ganz allgemein brauchen die stämmigen, verhältnismäßig kurzbeinigen und schon etwas wie Erwachsene proportionierten Füllen alter nördlicher unveredelter Ponyrassen wie zum ersten Stehen auch zu ihrer Prägung auf die Mutter gewöhnlich nur ein bis zwei Stunden, dann ist ihre

161

sensible Phase abgeschlossen. Die schlaksigen, hochbeinigen und noch eher unfertig wirkenden Nachkommen von Groß- und Sorraiapferden benötigen dagegen je nach Typ und Großwüchsigkeit meistens zwischen einem halben und zwei, manchmal sogar bis zu drei Tagen. Die erfolgte Prägung ist auf der Weide nicht nur an der größeren Toleranz der Mutter gegenüber den Familienmitgliedern oder anderen Gefährten zu erkennen, sondern vor allem an der unbedingten Nachfolge des Fohlens neben oder hinter der Hinterhand der Stute. Ist die sensible Phase noch nicht abgeschlossen, ist die

Mutter gezwungen, ihrem die Welt erkundenden Nachwuchs nachzurennen, so daß das Fohlen vor oder in Halshöhe der Stute zu laufen kommt, die es dann mit Kopf und Vorderbrust in die gewünschte Richtung dirigieren muß.

Woran sich Mutter und Kind erkennen, ist ebenfalls nicht eindeutig geklärt. KLINGEL nimmt an, daß sich Zebrafohlen an der Art des mütterlichen Streifenmusters orientieren, das ja trotz aller Ähnlichkeit der Tiere untereinander individuell geringgradig variiert. Bei Pferdekindern spielt die Farbe eine wichtige Rolle, weshalb eines meiner Fohlen mit einer besonders metallglänzenden hellbraunen Mama laut wiehernd einer neu zugekauften Stute entgegenrannte, deren Fell den gleichen Goldton trug, wenn sie auch im Körperbau sehr von der Mutter abwich. Erst an der unfreundlichen Reaktion der Fremden schien es seinen Irrtum zu bemerken, wonach es völlig konsterniert mehrmals zwischen den unter lauter Braunen einzigen wirklich gleichfarbigen Tieren hin- und herlief, bis es den Unterschied in den Konturen der beiden auszumachen vermochte. Optische Merkmale sind zwar für das Erkennen der Art ausschlaggebend, da Pferde sogar stark vereinfachte Attrappen als ihresgleichen empfinden, doch dürfte beim Erkennen des Individuums der Nahgeruch nicht unwesentlich mitbeteiligt sein. Selbst die bekanntlich Tieren gegenüber nicht gerade zimperlichen Spanier nehmen darauf Rücksicht, wenn sie nach dem Brennen und Scheren ihrer das ganze Jahr über wild im Kantabrischen Gebirge lebenden Kleinpferde Mutter und Kind wieder zusammen in die Freiheit entlassen wollen. Mehrere Mann zerren und schieben Stute und Fohlen mit Gewalt aufeinander zu und halten sie so lange fest, bis sich die beiden erschreckten Tiere, einen Augenblick ihre Angst überwindend, an der Nase beriechen und sich deutlich sichtbar erkennen; erst dann werden sie losgelassen und können davongaloppieren.

Das auf die Mutter geprägte Fohlen wird in den ersten Lebenstagen vom Schlafen und vom Trinken beherrscht, denen gegenüber das Üben der Gliedmaßen und das Kennenlernen der Umwelt von untergeordneter Wichtigkeit sind. Wenn sie nicht gerade ruhen, saugen sie vier- bis fünfmal in der Stunde, und die Häufigkeit

Ungeprägte Fohlen müssen von der Stute mit Kopf oder Brust in die von ihr gewünschte Richtung dirigiert oder bugsiert werden.
Das fünf Stunden alte Haflingerstutfohlen hat seine sensible Phase noch nicht abgeschlossen, weswegen Mutter „Heidi" den ständigen Körperkontakt zu ihrem Kind aufrechterhält.

Die unbedingte Nachfolge hinter der Mutter ist dagegen das eindeutige Kriterium dafür, daß ein Fohlen geprägt ist.

nimmt noch weiter zu, so daß sie außerhalb der über Tag und Nacht ziemlich gleichmäßig verteilten, gewöhnlich eine halbe bis eine Stunde dauernden Schlafperioden alle 5 bis 10 Minuten zur mütterlichen Nahrungsquelle streben. Die Dauer des Saugaktes hängt von der Milchmenge und vom Milchfluß ab und kann jedesmal mehrere Minuten betragen, in denen kräftige Fohlen stets beide Euterhälften leeren. Die Aufzuchtqualität der Zuchtstute läßt sich am Aussehen ihres Kindes leicht ablesen, das innerhalb weniger Wochen ausgesprochen fett werden muß. Wenn es die typische Form des sogenannten Kümmerers mit großem Kopf und schmächtigem Körper bei aufgetriebenem Leib annimmt, leidet die Mutter an Milchmangel. Daß fohlenführende Stuten mager sein müßten, entspricht keineswegs den natürlichen Verhältnissen, sondern ist, wie so oft, lediglich die Ansicht geiziger Pferdebesitzer, denen an sich bekannt sein sollte, daß nicht nur die Kuh durch das Maul melkt, wie ein altes Bauernsprichwort besagt, sondern selbstverständlich auch das Pferd.

Während der Säugeperiode können Stuten mit normaler Milchleistungsveranlagung gar nicht zuviel Futter aufnehmen, da sie den überwiegenden Teil den Fohlen wieder zugute kommen lassen. Andererseits ist das häufige Saugen zur Anregung ihrer Milchproduktion unumgänglich, die meistens verhältnismäßig schnell zurückgeht, wenn man die Stute vom Fohlen trennt und damit der ständige Sekretionsreiz entfällt. Für das Pferdekind ist wie für alle anderen Haussäugetiere die mehrmalige Aufnahme nicht allzu großer Nahrungsmengen ausgesprochen günstig, die seinen kleinen Magen niemals überlasten und keine Verdauungsstörungen hervorrufen können. Sein mit dem Beginn und während der Dauer der Fohlenrosse anhaltender Durchfall rührt in erster Linie von einem Befall mit Zwergfadenwürmern her, die jetzt aus den mit dem Kot der Mutter aufgenommenen Eiern ausschlüpfen. Fohlen sollten deshalb in den ersten Lebenstagen mit einem entsprechenden Wurmmittel behandelt werden.

Das alles ist in dem Augenblick von besonderer praktischer Bedeutung, wenn ein Muttertier verendet und das Kleine künstlich ernährt werden muß. Obwohl man die ihrer Antikörper wegen immens wichtige Kolostralmilch nicht völlig ersetzen kann, läßt sich mit der im Handel befindlichen künstlichen Stutenmilch heutzutage ein Fohlen durchaus zu einem brauchbaren, seinen natürlich großgewordenen Kameraden gleichenden Pferde aufziehen, solange man die Tränkintervalle nicht aus Bequemlichkeit zu lang werden läßt. Das Großziehen mutterloser Pferdekinder mit einer Amme erfordert dagegen großes Einfühlungsvermögen von seiten des Menschen und ist nur mit ausgesprochen gutmütigen, mütterlichen Stuten möglich.

Vielfach mißlingt ihr Aneinandergewöhnen der Widersetzlichkeit der Amme wegen, während sich die kleinen Waisenkinder – die schon in der Natur an allen Pferden einmal zu saugen versuchen, ein Unternehmen, das nicht nur beim Hengst, sondern auch bei den Stuten, selbst wenn sie ihr eigenes Füllen verloren haben, von wenigen Ausnahmen abgesehen fehlschlägt – leichter für eine neue Milchquelle interessieren lassen. Beim Verlust der Mutter suchen auch noch größere Fohlen nach Ersatz und finden gelegentlich eine Möglichkeit, sich, auch ohne daß ihnen das Saugen gestattet wird, einem fremden Tier anzuschließen, das einen manchmal sehr engen Kontakt duldet und eine Art Tantenstellung übernimmt. Daß der Verlust der Mutter nicht mit deren Tod identisch sein muß, sei nur nebenbei erwähnt. Das radikale frühzeitige Absetzen eines Fohlens oder sein Verkauf haben natürlich dieselbe Wirkung.

Im Laufe der ersten Lebensmonate verringern sich die Saufakte kontinuierlich und proportional zur Aufnahme von Grünfutter auf der Weide bzw. von Rauhfutter im Stall. Mit sechs Wochen trinken Fohlen deshalb im Schnitt noch zweimal pro Stunde, mit fünf Monaten noch einmal und mit zehn Monaten kurz vor dem natürlichen Absetzen bei erneut tragender Mutter alle zwei Stunden einmal.

Das baldige Gras- und Heufressen in großen Mengen gilt gewöhnlich als Indikator dafür, daß die Stute wenig Milch gibt, obwohl die Futteraufnahme der Füllen auch noch individuell, möglicherweise sogar typmäßig verschieden ist, da manche trotz ausgezeichneten milchabhängigen Ernährungszustandes äußerst frühzeitig mit zuerst nur spielerischem Kauen an Halmen beginnen und in Kürze zum richtigen Fressen in kleinen Mengen übergehen. Das in der Hauspferdehaltung übliche gewaltsame Absetzen der Fohlen, das sie je nach Rasse des Pferdes und Ansichten des Besitzers im Alter von vier bis sechs Monaten von der Stute trennt, der man der gewöhnlich bestehenden neuen Trächtigkeit wegen mehr Ruhe und Erholung gönnen möchte, bringt die normalerweise noch fast zur Hälfte von der Milch lebenden Pferdekinder in eine ausgesprochene körperliche Streß-Situation, die sich noch durch die tiefgreifende psychische Wirkung des Eingriffs verschärft. Auch in der Natur hängt der Zeitpunkt des Absetzens weitgehend von der Trächtigkeitsdauer der Mutter ab, doch beantworten die Stuten eine körperliche Überbelastung mit einer nur allmählichen Verringerung der Milchmenge, so daß die Fohlen erst mit ungefähr zehn Monaten abgeschlagen werden. Nach meinen Beobachtungen an verschiedensten Rassen und in unterschiedlichsten Gegenden und Klimaten bleibt die enge, mit dem Saugakt gekoppelte Mutter-Kind-Beziehung bei Nichtträchtigkeit über einen noch längeren

Zeitraum hinweg bestehen und kann wie bei güsten Steppenzebras bis zu eineinhalb Jahre dauern.

Das langsame und späte natürliche Absetzen ist für die Arterhaltung von nicht zu unterschätzender Bedeutung.

Die Säugezeit beträgt bei natürlicher Haltungsweise mehr als zehn Monate und kann bei fehlender erneuter Trächtigkeit um mehr als die Hälfte verlängert werden. Hochtragende Fjordpferdestuten mit etwa zehn Monate alten Fohlen.

Nur mit dieser zusätzlichen hochwertigen Eiweißmenge der Muttermilch überstehen freilebende Fohlen in unseren nördlichen Breiten ohne Zufutter überhaupt den ersten Winter ihres Lebens, und auch in Freilandhaltungen mit Beifütterung weisen die Jährlinge zu Beginn des Frühjahrs meist einen besseren Allgemeinzustand auf als ihre erstmals ohne mütterliche Hilfe gebliebenen zweijährigen Geschwister. In extrem unwirtlichen südlichen Zonen, also in besonders trockenen Gebieten, scheinen sich die Einhuferstuten durch Fruchtresorption beziehungsweise durch einen Abort vor Überbelastungen zu schützen und häufig nur alle zwei Jahre zur erneuten Fortpflanzung zu kommen, wodurch ihre Fohlen besonders lange saugen können. In extensiv wirtschaftenden spanischen und portugiesischen Betrieben waren früher Hungeraborte derart häufig, daß man in gutgeleiteten Gestüten dazu übergegangen ist, die Stuten zur Schonung nur alle zwei Jahre dem Hengst zuzuführen.

Fohlen sind der Prototyp eines sogenannten Nestflüchters, der im allgemeinen schon kurz nach der Geburt der Mutter und dem Familienverband über verhältnismäßig große Strecken zu folgen vermag. Nach ihrer Sättigung und dem Ausruhen ist deshalb das Üben der Gliedmaßen und die Kräftigung ihrer Muskeln wie überhaupt das Finden des Gleichgewichts und die Koordination der langen Wackelbeine das Vordringlichste für sie. Je nach Lebenskraft und Vitalität und dem damit zusammenhängenden Zeitpunkt des ersten Milchtrinkens entfalten die Kleinen oft schon sehr bald eine erstaunliche Bewegungsaktivität, die nicht nur darin besteht, daß sie die Stute im Schritt umkreisen, sondern, noch ehe sie in der Lage sind, „richtig" aufzustehen, auch in tapsigen Sprüngen um sie herumgaloppieren und dieses Spiel durch gewagte Bocksprünge und Sprünge mit Drehungen um die eigene Achse aufzulockern pflegen. Gesunde Pferdekinder erproben sofort sämtliche Bewegungsarten und üben sich darin, wobei die einzelnen Gangarten häufig noch nicht rein im reiterlichen Sinne ausgeprägt sind, da paß-, tölt- und schrittartige Mo-

Der wenige Stunden alte „Peppoli" beim „Angaloppieren". Man beachte das die Absicht verratende Schweifchen.

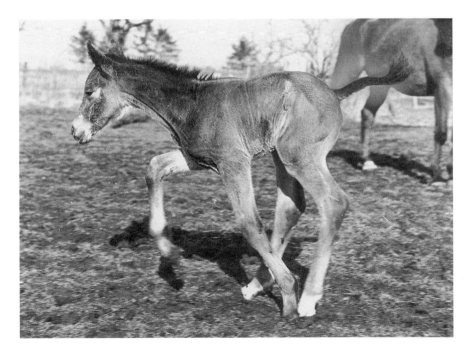

mente miteinander vermengt werden und im Galopp der spätere Dreischlag manchmal mit einem Vierschlaggalopp abwechselt. Sie springen in diesem Alter wesentlich beherzter als später über die verschiedensten Arten von Hindernissen, bloß weil sie den bequemeren Umweg scheuen oder nicht rechtzeitig entdeckt haben. Sie versuchen es mit dem Kratzen hinter den Ohren, wenn sie dabei auch gelegentlich noch umkippen, und das artgemäße Aufstehen fällt ihnen

Das Warmblutfohlen „Grille" hat es schwer, mit dem Mäulchen auf den Boden zu gelangen.

ebenfalls nicht leicht, weil es besonders schwierig ist, die häufig durch Zufall überkreuz gelegten Vorderbeinchen zu sortieren und parallel nebeneinander zu postieren. Je mehr sich die Neugeborenen kräftigen, desto längerdauernd und schneller werden ihre Laufspiele und immer größer die um die Mutter gezogenen Kreise. Wie bei kleinen Kindern ist ihre unerschöpfliche Neugier und nie erlahmender Nachahmungstrieb die Hauptquelle allen Lernens, wenn sie auf den größeren Exkursionen die unmöglichsten Gegenstände belecken, beknabbern, ja sogar mit den Vorderhufen „betasten" und zum erstenmal ihre weidende Mutter imitieren. Da ihr Hals noch recht kurz ist, müssen sie die tollsten giraffenartigen Grätschstellungen und andere Verrenkungen der Vorderbeine ausführen, um mit dem Schnäuzchen einen

Grashalm zu erwischen, der dann gewöhnlich mit einem heftigen, viel zu starken Ruck nach oben mitsamt den Wurzeln ausgerupft wird.

Die Fürsorge einer Stute gegenüber ihrem Fohlen kann bei Stallpferden so weit gehen, daß sie ihre Artgenossen und den Menschen gefährlich bedrohen oder aktiv mit Zähnen, Vorderhand und vor allem Schlägen der Hinterhand anzugreifen versuchen. Bei derart aggressiven Muttertieren hilft das sonst empfehlenswerte ruhige Zureden meist wenig, und man muß sie durch Anbinden, ja sogar energisches Einschreiten von Beginn an daran hindern, das Gefühl der Überlegenheit beizubehalten, soll der Umgang mit ihnen nicht längere Zeit hindurch ausgesprochen problematisch werden. Diese bei der Hauspferdehaltung untragbare „Untugend" liegt, wie wir wissen, in der Verschiebung der Rangordnung begründet, die selbst sehr niederen Tieren während der Prägephase des Fohlens gestattet, alle übrigen Herdenmitglieder zu vertreiben. Wie im Freileben die Mutter nach der Prägung nur noch Artfremde an der Kontaktaufnahme mit ihrem Neugeborenen hindert, macht sich charakteristischerweise in meiner eigenen Zucht zwischen dem Verhalten der selbstgezogenen und dem der erwachsen zugekauften Stuten mir gegenüber ein deutlicher Unterschied bemerkbar, da mich letztere gewöhnlich wesentlich aggressiver und längere Zeit über bedrohen und sich normalerweise darin nicht mehr wesentlich umziehen lassen. Manche Pferde sind nach der Geburt nicht nur duldsam gegenüber Artgenossen und dem Menschen, sie scheinen sich auch wesentlich weniger intensiv um ihr Junges zu kümmern; inwieweit hier individuelle psychische, möglicherweise hormonell begründete Störungen, ja sogar Neurosen vorliegen, ist nicht immer zu klären.

Der innige Kontakt zwischen Mutter und Kind kann im Wildleben bei manchen Einhuferarten aus äußeren Notwendigkeiten zeitweise unterbrochen werden. So legen Grevyzebras ihre Neugeborenen, die ihnen auf dem weiten Marsch zur Tränke noch nicht folgen können, manchmal gemeinsam in sogenannten Kindergärten ab, in denen sie sich wie Rehkitze ins Gras drücken und warten, daß ihre Mütter sie wieder aufsuchen. Auch Onagerstuten sollen ihre ganz jungen Füllen ablegen und für Stunden verlassen. Ebhardt hat das schon vor Jahren bei den Vorfahren arabischer Pferde vermutet, was tatsächlich denkbar wäre, da Araber- und auch sehr edle Vollblutfohlen noch heute in den ersten Lebenstagen oft so weich gefesselt sind, daß sie vielfach bis auf die Fesselköpfe durchtreten und sich bei längerdauernden Märschen leicht Verletzungen zuziehen. Meinen Beobachtungen nach sehen sie bei der Geburt auch weniger fertig aus als derbere Warmblutfohlen oder vor allem Füllen der sogenannten

Robustrassen, die ausgesprochen kurz gefesselt sind und in den ganzen Proportionen wesentlich erwachsener wirken als die extrem zartgliedrigen orientalisch beeinflußten Pferdekinder. Da sich gerade die auf schnellen Lauf spezialisierten Onager ebenfalls zeitlebens durch besonders lange und weiche Fesselung auszeichnen, wäre eine Analogie der ähnlich gebauten Südpferde auch in diesem speziellen Nachfolgeverhalten der Neugeborenen durchaus denkbar. Der Körperbau der Ponyfohlen entspricht im grundsätzlichen eher dem der meisten Steppenzebraarten, von denen ein Ablegen der Fohlen folglich bislang auch nicht bekanntgeworden ist.

JUGENDENTWICKLUNG UND SPIELVERHALTEN

Wie bei Menschenkindern sind auch bei kleinen Fohlen der Spieltrieb und die Neugier, verbunden mit einer größeren Lernfähigkeit, als sie im ganzen späteren Leben vorhanden ist, neben der Befriedigung der elementaren Bedürfnisse entscheidend wichtig für ihr harmonisches körperliches und geistiges Wachstum und für die Entwicklung zum vollwertigen Pferd.

Die Eingliederung in den Sozialverband

Nach der Prägephase auf die Mutter kommt das Fohlen normalerweise mit den übrigen Gruppenmitgliedern in Kontakt und lernt allmählich sein angeborenes Sozialverhaltensrepertoire richtig anzuwenden. Obwohl die Stuten anfänglich meist äußerst besorgt um ihre Kinder sind und sie gegenüber der Familie, fremden Artgenossen sowie gegen Andersartige in Schutz zu nehmen pflegen, werden ihnen keineswegs die von unseren Soziologen so gern genannten Frustrationen im Laufe ihrer Kindheit erspart. Zwar sind Pferde selbst in den üblicherweise vorkommenden hengstlosen Herden verhältnismäßig verträglich und nicht darauf aus, die körperlich unterlegenen Kleinen zu drangsalieren

**Neugeborene rufen die Aufmerksamkeit
aller Herdenmitglieder hervor.**
**Ein etwa dreiwöchiges Sandkasten-Liebes-
paar, das Hengstchen wie immer vorneweg,
beäugt fasziniert den noch nicht geprägten
„Fjordi", was „Diba" gar nicht sehr beglückt.**

oder gar zu beschädigen – die Rangordnung, die stets das Saugfohlen mit in die
Stellung der Mutter einschließt, unterbin-
det das zu einem gewissen Teil –, doch
gehen Stuten mit den Kindern anderer
Mütter nicht allzu schonend und zartfüh-
lend um, und trotz überdeutlich angezeigtem Kindchengehabe werden sie sehr wohl weggedroht, weggebissen, ja sogar weggeschlagen, wenn sie ihnen im Wege stehen. Wenn das auch gewöhnlich in
nicht allzu krasser Form geschieht, die offensichtliche Unterlegenheits-
haltung verhindert Auswüchse vielleicht, sind doch viele ranghohe
Altstuten und manche über ihre Stellung eifersüchtig wachende
betagte Tiere, deren Lebenskurve sich bereits auf dem absteigenden
Ast befindet, oft besonders wenig zimperlich. Exzesse dieser Art, die
ich schon beobachten konnte und bei denen Stuten fremde Fohlen
geradezu verfolgten, halte ich für eine ausgesprochene, vermutlich
durch unnatürliche Haltungsform bedingte Fehlreaktion, da ich sie
charakteristischerweise nie in Herden gesehen habe, bei denen der
Hengst mitlief.

Lauf-, Fang- und Kampfspiele

Eine für alle Jungtiere typische Verhaltensweise ist das Spielen. Nachdem die Fohlen in den ersten Tagen die Mutter alleine in wildem Galopp umkreist und ihre Gliedmaßen geübt haben, suchen sie etwa ab der dritten Lebenswoche die Gesellschaft Gleichaltriger auf. Wie nicht anders zu erwarten, besteht der Zeitvertreib junger Pferde hauptsächlich in manchmal etliche Minuten andauernden Laufspielen, bei denen sie gewöhnlich hintereinander hertollen, so daß sich geradezu ein Fangspiel daraus zu entwickeln vermag. Bei diesem Fangspiel zu zweit, seltener zu mehreren, lassen sich noch durchaus Anklänge an das Verhalten weit zurückliegender gemeinsamer Vorfahren von Pflanzenfressern und Raubtieren feststellen, da sich die Füllen dabei häufig den Weg abzuschneiden versuchen, was mit Hakenschlagen und vor allem Zulegen an Tempo des auf dem äußeren Kreis laufenden Spielgefährten beantwortet wird. Zwar kann man bei solchen Lauf- und Verfolgungsspielen auf den Gedanken an ein im Wildleben wohl notwendiges Üben der Jungtiere kommen, die sich auf diese Weise für einen jederzeit möglichen Ernstfall vorbereiten, doch sollte ein bewußtes Training, das ja sowieso nicht gegeben ist, und selbst ein unbewußtes nicht zu hoch bewertet werden, da der Spieltrieb keineswegs nur derart zweckgebunden, sondern wohl bei Mensch und Tier der Anfang jeglicher geistiger Interessen zu sein scheint; daß er bei Pferden auf einer mit unserer frühkindlichen Phase vergleichbaren Stufe stehenbleibt, ist eine andere Sache.

Die Absicht, in fröhlichen Lauf auszubrechen, allein oder in der Hoffnung auf Mitspielen anderer, wird durch ein möglichst hohes Heben der Schweifrübe angezeigt, die beim Fohlen noch kurz behaart ist, und dann wie die nach oben stehende, kupierte Rute eines Foxterriers aussieht. Dieses optische Signal, mit dem auch erwachsene Tiere, ja sogar hochtragende Stuten ihre vergleichsweise geringe Lust zum Galoppieren immer vorher andeuten, wirkt auf jedes in der Umgebung befindliche laufwillige Pferd, selbst wenn es der bei manchen vorhandenen üppigen Behaarung wegen sozusagen verwischt wird oder je nach Rassetypus vom Hochheben zur Waagrechten bis zum Ringeln über den Rücken reicht. Für den Besucher einer Weide, der sich vor einem Schreck bewahren will, wenn die Herde plötzlich geschlossen losdonnert, kann die Kenntnis dieses Anzeigens der Laufbereitschaft neben den ganz typischen Prustetönen, die ein Warnsignal gegenüber etwas Fremdem darstellen, recht nützlich sein. Bei gewissen Temperatureinflüssen, beispielsweise sonnigem, trockenem Winterwetter oder starkem Wind in den wärmeren

Jahreszeiten, und genügend Hafer im Bauch sind auch ältere Pferde beiderlei Geschlechts häufig noch kurzzeitig zu Laufspielen aufgelegt, die meist in einem wenige Minuten dauernden wilden Rasen mit Auskeilen, Buckeln und Bocksprüngen bestehen und bei einigen Tieren mit Steigen und Kapriolen beginnen, wobei lustige Quiekslaute zu hören sind. So herzerfrischend das für den Beschauer einer freilaufenden Gruppe ist, so peinlich kann es für den schlechten Reiter sein, wenn diese Spiele, vor allem nach dem unphysiologischen Stehtag vieler Reitpferde, ausgetobt werden. Eine starke und ausgesprochen lustbetonte Bewegungsaktivität steckt alle anderen an, so daß selbst

Zehn Stunden altes Warmblutfohlen „Aischa" umkreist im Galopp die Mutter.

alte Pferdeomas ihre müden Knochen in Bewegung setzen und versuchen, mit der wilden Jagd mitzuhalten, die nichts mit einer später geschilderten, panikartigen Flucht zu tun hat.

Schon sehr früh macht sich ein großer Unterschied im Spielverhalten der Hengste und der Stuten bemerkbar. Bei Stutfohlen sind alle Aktivitäten mit Ausnahme des Laufens wesentlich gemäßigter vorhanden als bei den Hengstfohlen, die ziemlich bald die Nähe gleichaltriger männlicher Gefährten aufsuchen, die sie, zumindest was ihre Spiele anlangt, ihren Altersgenossinnen jederzeit vorziehen. Beschränken sich Kontaktspiele, bei denen sich die Fohlen gegenseitig berühren, bei Stuten in der Hauptsache auf leichtes Beknabbern, das häufig in intensive gegenseitige Fellpflege übergeht, so fangen die Hengstchen

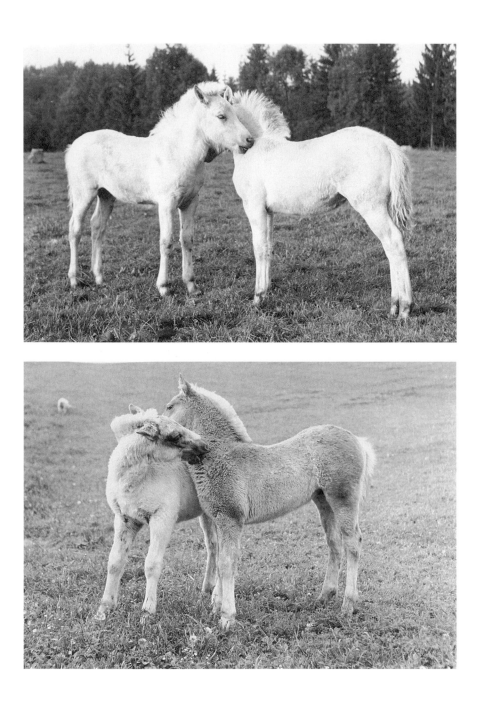

im allgemeinen bereits ab der vierten Lebenswoche mit ausgesprochenen Bubenspielen an, die in Zwicken, Anrempeln und ähnlichen Kabbeleien bestehen und schnell die erste Vorstufe zukünftiger Kampfspiele erkennen lassen. Im Gegensatz zum Fellkraulen, bei dem Fohlen wie Erwachsene schräg von vorne aufeinander zugehen und mit deutlichem Beknabbergesicht ihre Absicht anzeigen, werden die Balgereien der Hengstfüllen gewöhnlich mit einer nebeneinander genommenen Kopf-zu-Kopf-Aufstellung eingeleitet, einer kindlichen Art von Breitseitdrohen, das im gesamten Tierreich weit verbreitet ist und bei dem jeder versucht, möglichst groß und stark zu erscheinen. Einem kurzen gegenseitigen in den Hals Kneifen folgt anfänglich ein zuerst recht ungeschicktes und später weitaus schnelleres und geübteres Steigen oder eine parallel neben- oder verschoben hintereinander vollführte Hetze, bei der der hintere meist den Gejagten in den Hals oder die Seite zu zwicken versucht. Das freundliche, spielerische, keineswegs kämpferische Vorhaben wird durch das Spielgesicht mit seinem „frechen" Ausdruck und nach vorne gerichteten Ohren zur Schau gestellt. Auch die eigentlichen Kampfspiele, deren Aufbau wir beim Kampfverhalten schildern wollen, da sie mit diesem weitgehend identisch sind, beginnen, da sie eben Spiele und keine Kämpfe sind, stets mit gegenseitiger Kontaktaufnahme an der Nase und deutlicher Spielmimik mit zugewandten Ohren, da selbst mit Vehemenz sich balgenden und durchaus robust tobenden Fohlen immer bewußt

Mädchen- und Bubenspiele
Vier Monate alte Fjordpferdemädchen beim sanften Fellkraulspiel in der friedlichen Aufstellung.

Zum Anzetteln einer Balgerei stellen sich die gleichaltrigen Haflingerbuben parallel zueinander auf.

bleibt, daß es sich bei dem Vorgang um ein Spiel handelt, das sofort abzubrechen ist, wenn einer der Partner die Flucht ergreift und durch Ausschlagen mit beiden Hinterbeinen zu erkennen gibt, daß er keine Lust mehr dazu hat.

Sind keine gleichaltrigen Spielgefährten vorhanden, was hauptsächlich bei Hengsten eine schlechtere physische und psychische Entwicklung nach sich zieht, so wird vor allem die Mutter zum Spielen aufgefordert. Das Fohlen rempelt sie mit der Brust und mit dem Hals bei hochgehobenem Kopfe an, stört sie beim Grasen durch Herumhüpfen vor ihrem Gesicht und sucht überhaupt jeden geeignet erscheinenden Anlaß auszunützen. Über die stets vollführten Hüpfer und die offensichtliche Gaudi, wie man in Bayern sagen würde, die Fohlen beim Wälzen ihrer Mutter empfinden, wurde schon berichtet. Bleibt die Stute länger am Boden liegen, dann steigen die Pferdekinder oft auf ihren Hals oder Rücken. Hengstfohlen können häufig dabei beobachtet werden, wie sie spielerisch ihre Mutter von hinten bespringen. Daß es sich dabei um ein Training für spätere Zeiten als Beschäler handeln soll, halte ich für eine allzu zweckmäßig gedachte Auslegung. Obwohl viele Stuten in ausgesprochen gutmütiger Weise auf die Spiele ihrer männlichen Fohlen eingehen und ihnen zuliebe manch kleinen Lauf einlegen, bleiben diese im großen und ganzen doch stark benachteiligt, wenn sie sich überwiegend mit sanften „Mädchenspielen" zufriedengeben müssen. Sie suchen deshalb häufig Ersatz bei anderen Tieren und versuchen sich mit Hunden, Ziegen, Schafen etwa oder auch mit dem Menschen zu vergnügen. Bei freier Wahl wird ein möglichst ähnlicher Spielpartner bevorzugt, ein Pferdefohlen wählt also lieber ein Eselsfüllen als einen Menschen, Wiederkäuer oder Hund.

Spiele mit andersartigen Tieren und dem Menschen

Beim Spielen der Pferdefohlen mit andersartigen Tieren kommt einem deutlich zu Bewußtsein, daß die beiden ihre Sprachen nicht richtig verstehen und Mimik und Signale sehr häufig falsch auslegen. So besaßen wir eine große, recht kräftige Leonbergerhündin von ausgesprochen liebenswürdigem Wesen, die nicht bloß Kinder, sondern auch kleine Pferde über alles liebte. In Ermangelung anderer Hundespielgefährten konnte sie sich nichts Schöneres vorstellen, als mit den Fohlen auf der Weide herumzutoben, wenn diese ihre Galopprunden absolvierten, doch war sie deren Spielen gewöhnlich nur kurze Zeit gewachsen. Die gegenseitige Begrüßung an Kopf, Flanke und in der Analgegend hat bei Pferd und Hund noch gemeinsame Verhaltensmuster, funktioniert daher meistens einigermaßen und geht oft von seiten des Fohlens in ein Fellkraulen über. Das freundliche Belecken des Pferdemauls wird vom Fohlen so gut wie immer mißverstanden, das eine Aufforderung zum Beißspielen darin erblickt und deshalb manchmal sogar die Ohren feindlich zurücklegt, was wiederum der Hund nicht begreift, der dann tief gekränkt ist, wenn der andere zu heftig zubeißt oder ihn etwa mit den Vorderhufen angeht. Wie wichtig der überlegene Umgang des Menschen mit seinen Pferden ist, geht daraus hervor, daß besonders die Hengstchen, aber selbst die Stutfüllen von dem Augenblick an, in dem der zu grob gebissene oder geschlagene Hund einmal einen Schmerzensschrei ausgestoßen und die Flucht ergriffen hat, den Respekt verlieren und den Unterlegenen bisweilen über weite Strecken verfolgen. Würde sich der Hund erneut zum Kampf stellen und siegen, könnte er ihr Überlegenheitsgefühl wieder verschwinden lassen, was ihm jedoch genausowenig wie vielen unerfahrenen Pferdefreunden möglich ist.

Tritt in Ermangelung arteigener Spielkameraden der Mensch an ihre Stelle, vermag er selbst bei Fohlen kleiner Rassen bald mit den

In Ermangelung gleichaltriger Fohlen wird
auch mit andersartigen Spielgefährten
vorliebgenommen.
Leonbergerhündin „Orlette" mit Traberhengstchen „Intrigant" beim beiderseitigen
Nasenkontakt. Die Hündin legt freundlich,
das Fohlen deswegen leicht aggressiv, die
Ohren zurück: Beide verstehen die Zeichen-
sprache des anderen nicht.

gar nicht bös gemeinten, doch gelegentlich schmerzhaften Püffen und Kniffen
nicht mehr so richtig mitzuhalten und
zeigt dann häufig Angst, wodurch Tiere
mit von Natur aus etwas schwierigerem
oder aggressivem Temperament im Charakter zeitlebens verdorben werden können. Eine allzu heftige, aus der Furcht
geborene Reaktion von seiten des Zwei-
beiners wird aber vom Fohlen als ungerecht empfunden und nicht
verstanden, was das harmonische Verhältnis zwischen Pferd und
Mensch aufs neue trübt. Prinzipiell sollte man kein Individuum zum
Spielzeug degradieren, weder spätere Hochleistungspferde noch zukünftige Freizeitgefährten, und seien es die putzigsten Shettyfüllen, da
sich sonst der Umgang mit ihnen regelrecht problematisch gestaltet.
Und es gibt nichts Peinlicheres als einen Pferdebesitzer, der darauf
bedacht sein muß, seine Unsicherheit vor den eigenen Tieren, die ja
angeblich immer überaus brav sind, vor Besuchern in mehr oder
minder unauffälliger Weise zu verbergen. Mit Pferden spielerisch
umzugehen erfordert unser besonderes Einfühlungsvermögen, da
wir, wie eingangs dieses Buchs erwähnt, ihrer Sprache weitgehend

mächtig sein müssen, soll das gemeinsame Spiel ein Vergnügen für beide Teile
bleiben. Bei aller Vertraulichkeit und dem
absolut notwendigen Vertrauen des Pferdes in den Menschen haben
wir in jeder Situation der Ranghöhere zu sein, was sich in erster Linie in
innerer Ruhe, in Bewegungen und Stimme äußert, die auch einen
Hengst davon abhalten, vom lustigen Steigen etwa zum Kampfspiel
oder sogar zum Kampf überzugehen. Die Wahrung des richtigen
Abstands, der Distanz, die Flucht oder Angriff auslöst, beruht auf
großer Erfahrung und wird von manchen Zirkusdresseuren meisterlich
beherrscht.

Die Erziehung vom Wildling zum Hauspferd

Da die Lernfähigeit junger Fohlen wesentlich größer als die älterer
Jungtiere oder gar erwachsener Pferde ist, gilt es als vorteilhaft, mit der
Erziehung schon recht frühzeitig anzufangen. Ich persönlich bin nicht
unbedingt dieser Meinung, da ich finde, daß ein Pferdekind erst in der
Umgebung der Mutter und anderer Pferde sein normales Verhalten
entwickeln sollte, ehe es durch den Menschen mit allerlei an sich

unnatürlichen Dingen konfrontiert wird. Bei meinen Fohlen achte ich deshalb lediglich darauf, daß sie uns, bevor sie abgesetzt werden und auch wir mit einem gezielteren und intensiveren Abrichten beginnen, das gleiche Vertrauen wie den übrigen Herdengenossen entgegenbringen, und vermeide vor allem Situationen, die ihre Aggression hervorrufen und bei der wir unter Umständen die Unterlegenen sein könnten.

Gleich in den ersten Lebensstunden machen sich überaus deutliche individuelle Unterschiede bemerkbar. Neben ausgesprochen zurückhaltenden Füllen, die Berührungen ängstlich ausweichen, gibt es wesentlich kontaktfreudigere und mutigere, ja selbst aggressive Neugeborene kommen vor, die, ehe sie richtig trocken sind, bereits einen Großteil des Droh- und Abwehrverhaltens ausprobieren. Wenn man unter Zähmen oder Zahmsein den völligen Abbau der angeborenen, verschieden großen Inividualdistanz versteht – ein zahmes Tier soll sich schließlich vom Menschen berühren und anfassen lassen –, so muß trotz der langen Generationenfolge der Pferde im Haustierstand jedes Fohlen eigentlich frisch wie ein kleiner Wildling gezähmt werden. Zwar hat sich ihre Reaktionslage durch die Domestikation, jenen wundertätigen Begriff, dem im allgemeinen viel zuviel zugeschrieben wird, gegenüber echten Wildeinhufern durchaus verändert, doch ist die angeborene Tendenz zur Flucht immer noch mehr oder weniger stark vorhanden. Einen nicht zu unterschätzenden Einfluß auf den Vorgang des Zahmwerdens übt dabei das Verhalten der Mutter aus, die absolut beispielgebend wirkt, weshalb man besonders scheue oder angriffslustige Stuten besser anbindet, beschäftigt man sich mit ihrem Kind. Da sich bekanntlich der Charakter fast hartnäckiger als Exterieurmerkmale vererbt, wurden Pferde im Haustierstand natürlich schon seit jeher auch auf gewisse Temperamentseigenschaften selektioniert, die man sehr wohl im Laufe von mehreren Generationen in Richtung Aggressivität bzw. auf Duldsamkeit hin beeinflussen kann, doch erschweren manche Leistungspoints, die leider nicht allzu selten mit einem schwierigeren Wesen gekoppelt sind, die Zuchtwahl häufig.

Ohne hier näher auf den von der LORENZschen Schule postulierten angeborenen Aggressionstrieb und seine stürmische Ablehnung von seiten zahlreicher Soziologen eingehen zu wollen, möchte ich doch ganz klar und eindeutig feststellen, daß es durchaus Pferde gibt, die von Geburt an eine gewisse Aggressionsbereitschaft mitbringen, die sie auf unliebsame Reize prompt und heftig reagieren läßt. Die allgemein hauptsächlich bei wirklichen Tierfreunden vorhandene Meinung, daß Pferde von Haus aus gut seien und lediglich durch falsche Behandlung verdorben und im Extremfall zu Verbrechern gemacht

würden, ist deshalb bloß insofern richtig, als man nicht mit vermenschlichenden Begriffen im übelsten Sinne manipulieren und im Wildleben absolut arterhaltend wirkende Verhaltensweisen verteufeln sollte, nur weil sie für den Menschen ungünstige oder bedrohliche Folgen zeitigen können. Pferde verschiedener Rasse und vor allem verschiedenen Typs haben nachweislich auch eine verschieden weite Individualdistanz, deren Unterschreitung Aggression auszulösen vermag. Eine große Individualdistanz, die den Umgang mit dem Tier logischerweise schwieriger gestaltet, ist jedoch nicht immer mit größerer Angriffslust gekoppelt, denn nur ausgesprochen couragierte Pferde gehen sofort zum Angriff über, wird sie unterschritten, während sich andere solange wie möglich durch Flucht entziehen, die erst bei der sogenannten kritischen Distanz in Angriffsverhalten umschlägt, das dann besonders gefährlich ist, da es quasi aus dem Mut der Verzweiflung entwickelt wird. Ich bin der Meinung, daß sich fast jedes Pferd mit der jeweils individuell angepaßten Umgangsform zu einem für den Menschen brauchbaren Tier erziehen läßt.

Männlichen Fohlen ist nicht nur ein wesentlich stärkerer Spieltrieb als Stuten eigen, der bis fast zum Erwachsenenalter andauert – Parallelen aus den menschlichen Bereichen bieten sich hier wiederum an –, sie können auch eine ausgesprochen frühkindliche Sexualität demonstrieren. In ausgeprägter Form habe ich das einmal an Haflingern beobachtet, bei denen der Familienhengst mit

Vier Monate altes Haflingerhengstfohlen flehmt und schachtet nach Art erwachsener Hengste aus, nachdem es eine Stute in der Vorrosse berochen hat. Der Hengst im Hintergrund toleriert den ungefährlichen „Rivalen".

Nachdem es versucht hat, ihren Kothaufen zu markieren, bekommt es doch ein „schlechtes Gewissen" und zeigt das Unterlegenheitsgesicht, als Vater nach dem Rechten sieht. „Medicus" schiebt seinen Sprößling, ohne ihn zu bedrohen, nur mit dem Kopf beiseite.

auf der gleichen Weide lief. Die beiden damals drei bis vier Monate alten Hengstchen zeigten ein erstaunlich komplettes Repertoire an sexuellen Verhaltensweisen, das vom Untersuchen und Markieren der Kothaufen einer rossigen Stute, dem Beriechen ihrer Genitalregion und anschließendem Flehmen bis zum Ausschachten und zu Aufreitversuchen reichte und bis auf eine richtige Erektion völlig dem Benehmen des erwachsenen Hengstes glich, der in der Beobachtungszeit mehrmals die Paarung vollzog. Ob es sich dabei um ein eventuelles frühzeitiges Auslösen der vorhandenen Anlagen durch das Vorbild des Beschälers, also um einen Lernvorgang handelte oder um eine bei den als frühreif geltenden Haflingern normale Reaktion, die auch ohne das beispielgebende Vatertier abgelaufen wäre, entzieht sich bislang meiner Kenntnis.

KAMPFVERHALTEN UND FLUCHT

Je älter die männlichen Fohlen werden und je stärker sich der zukünftige Hengstcharakter im Jungtier manifestiert, desto deutlicher kommen die Kampfelemente ihrer Spiele zum Vorschein, bis sie schließlich alle Verhaltensweisen und sämtliche Taktiken enthalten, die im Ernstfall zur Anwendung gelangen, nur daß Angriff und Reaktion noch im Vergleich dazu fast in Zeitlupe ablaufen und erst mit der individuellen Entwicklung an Schnelligkeit gewinnen.

Die Kampfspiele

Im Unterschied zum Ernstkampf mit seiner unmißverständlichen Drohmimik in Ausdruck und Körperhaltung tragen die Junghengste beim Kampfspiel ein freundliches Spielgesicht zur Schau. Ehe ein wirklicher Streit beginnt, imponieren sie meistens mehr oder weniger ausgeprägt, wobei sie mit aufgewölbtem Hals quasi versammelt aufeinander zutraben und in unmittelbarer Nähe voneinander

Kampfspiel zweier zweijähriger Junghengste.
Der Araberhengst „Neshar" versucht den Haflingerhengst „Freiherr" alias „Motzl" (75% Haflinger-, 25% Araberblut) zu beißen.

„Neshar" weicht dem Gegenangriff „Motzls" geschickt aus.

oftmals passageähnliche, kadenzierte Tritte zeigen. Das folgende Umeinanderkreiseln, sich gegenseitige Beriechen und mit der Vorderhand Auf-den-Boden-Stampfen schlägt dann urplötzlich unter lautem Kriegsgeschrei in eine Kampfhandlung um, die, was vor allem für die Vermeidung größerer Schäden wichtig ist, im Normalfall immer nur von zwei Gegnern bestritten und in ihren einzelnen Phasen stets in gleicher Weise ausgetragen wird. Eröffnet der eine Hengst die Schlacht mit dem Versuch, seinen Kontrahenten mit dem Hals niederzudrücken und auf die „Vorderknie" zu zwingen, so reagiert jener ebenfalls mit Halskampf, indem er sich dagegenstemmt oder schnell zur Seite auszuweichen probiert, um nun seinerseits den Feind zu Boden zu pressen. Auch wenn sie sich gegenüberstehen und nach anfänglichen Beißintentionen gegen das Maul den anderen in die Vorderbeine, Schulter und Rippengegend beißen wollen, kämpfen beide Hengste wiederum gleichermaßen, und jeder verteidigt sich durch Wegziehen des angegriffenen Beines oder durch Niederlassen auf die Vorderfuß-

wurzelgelenke, woraufhin der Angreifer ebenfalls niederkniet. Diese Art Kampf wird häufig durch kurzes Kreiseln der Kopf zu Schweif stehenden Gegner unterbrochen, die bloß darauf warten, sich blitzschnell gegenseitig in die Hinterhand zu schnappen bzw. sich durch seitliches Ausweichen, weniger durch Auskeilen, den gegnerischen Bissen zu entziehen.

Der Hengstkampf

Das Umeinanderkreisen und gegenseitige Angreifen mit den Zähnen kann bei Steppenzebras im Ernstkampf so intensiv betrieben werden, daß die Kontrahenten selbst im Sitzen in einer Art hundesitziger Stellung noch aufeinander einbeißen und mit der Hinterhand auf dem Boden umeinander herumrutschend weiterkämpfen. Dieser Sitzbeißkampf ist jedoch ein nur von Steppenzebras angewandtes Aggressionsverhalten, das bei anderen Wildeinhuferarten und beim Hauspferd bisher niemals beobachtet wurde. Fast alle Equiden kämpfen im Ernstfall ohne langes Vorgeplänkel im Beiß-, Schlag- und Steigkampf, bei dem sie sich vielfach unter Schlachtgebrüll – Wiehern kann man die zornig ausgestoßenen, heftigen Laute nicht mehr nennen – sofort beim

Vor allem, wenn Stuten in der Nähe grasen, kann man Hengste ab dem vierten Lebensjahr nicht mehr zusammen auf der Weide halten, da aus dem Kampfspiel nur allzu oft blutiger Ernst wird.
Beiß-Schlag-Steigkampf zweier Sorraiahengste. Der gelbfalbe „Taréco" versucht gerade, den grauen „Esbelto" in die Kehle zu beißen, dessen schweißnasses langes Februarfell sich deutlich sichtbar zu den Rippen parallellaufenden Rinnen zusammenklebt.

Aufeinandertreffen auf der Hinterhand aufrichten und sich bemühen, den Gegner mit den Vorderhufen zu treffen oder mit blitzschnellen Bissen am Hals oder Mähnenkamm zu fassen zu bekommen; auch bei dieser wohl wütendsten Form der Auseinandersetzung kämpfen die beiden Rivalen in stets gleicher Manier. Da Steigen selbst für kräftige und gutbemuskelte Hengste anstrengend ist, gehen die Gegner immer wieder auf alle viere nieder, legen einen reinen Beißkampf und kurzes Umkreisen ein, um sich unmittelbar danach erneut zu dem besonders wirkungsvollen Schlag-Beiß-Kampf zu erheben. Unterliegt einer der beiden, so ergreift er gewöhnlich die Flucht, wobei er sich gegen die Attacken des ihm ein kurzes Stück folgenden Siegers durch Ausschlagen mit der Hinterhand schützt. EBHARDT will an Islandponys beobachtet haben, daß der Besiegte seine endgültige Niederlage durch ein tiefes, nur dem Überlegenen vernehmbares Röcheln zu erkennen gibt, worauf er von ihm ablassen und ihm zu fliehen gestatten soll.

Solch ein im allgemeinen bloß kurze Zeit andauernder, erbittert geführter Hengstkampf hat etwas ungeheuer Dramatisches an sich, nicht zuletzt der akustischen Untermalung wegen, die das faszinierende optische Bild noch unterstreicht, weshalb er in Pferderomanen und -filmen als beliebtes Stilmittel häufig verwendet wird und viele Buch- und Filmautoren und sogar manche Forscher zu ausgeschmückten Darstellungen und phantasievollen Berichten reizt. Ernstzunehmenden Verhaltensstudien zufolge kommen wirkliche Kämpfe in freier Wildbahn jedoch sehr selten und lediglich zwischen erwachsenen Hengsten vor, wenn eine rossige Stute aus dem Familienverband geraubt werden soll. Nach KLINGEL geschieht auch das Heraussprengen einer Jungstute aus der Gruppe meist ohne eigentlichen Kampf nur „durch Verjagen ohne näheren Kontakt der Gegner". Dem widersprechen zahlreiche Angaben über andere Wildequiden, vor allem über die Przewalskipferde und Halbesel Asiens. Bei ernsthafter Überprüfung dieser Literatur steigen gewisse Zweifel auf, ob es sich bei den zum Großteil an Tiergartenexemplaren bzw. an stark verfolgten Restpopulationen gewonnenen Ergebnissen um ein ungestörtes und tatsächlich aussagekräftiges Verhalten der beobachteten Einhufer handelt: Nach russischen Berichterstattern sollen die Przewalskipferde und die verschiedenen Halbeselarten ein wesentlich aggressiveres Benehmen als diese an den Tag legen und derart heftige Kämpfe führen, daß es sehr wohl zu Verletzungen der Tiere, ja selbst zum Tode des Besiegten kommt.

Rivalenkampf zwischen Gegnern unterschiedlicher Artzugehörigkeit, deren Körpersprache und Mimik jedoch weitgehend gleich sind.

Zwergesel „Peppino", der lüstern auf die gerade rossige Lieblingsstute des friedlich grasenden Sorraiahengstes „Esbelto" ist, fordert ihn durch einen kräftigen Biß in den Hals zum Zweikampf heraus.

„Esbelto" steigt, stößt einen ärgerlichen, saxophonähnlich quietschenden Kampfton aus und verzieht dabei drohend die Mundwinkel.

Der Kampf ist in vollem Gange. Beide Gegner versuchen sich gegenseitig in die Vorderbeine zu beißen, was wegen des Größenunterschiedes nicht ganz einfach ist. Um eine ernsthafte Beschädigung des tolldreisten kleinen Herausforderers zu vermeiden, mußte er nach kurzer Zeit gegen seinen ausdrücklichen Willen unter Zwang aus der Arena abgeführt werden.

KLINGEL spricht generell bei allen Einhufergefechten von echten Beschädigungskämpfen, die kaum ritualisiert seien. Ein gewisser Komment scheint hier aber doch insofern vorhanden zu sein, als die Kontrahenten, zumindest wenn es sich um dieselbe Art bzw. Rasse handelt, normalerweise sozusagen mit den gleichen Waffen, das heißt, auf dieselbe Art kämpfen. Daß es dabei Blutergüsse und manchmal

offene Haut- und Fleischwunden gibt, spricht nicht unbedingt dagegen. Ein Fechter kann auch seine Schmisse bekommen und ein Boxer die Nase brechen und unter Umständen den Tod finden, obwohl es sich jeweils um Duelle nach festen Regeln handelt. Um bloße Imponierkämpfe, ein lediglich Zur-Schau-Stellen der eigenen Kraft und Herrlichkeit oder der Schönheit des Gesanges, wie sie bei manchen Vögeln vorkommen, geht es bei Hengstauseinandersetzungen natürlich nicht.

Mir selbst erscheint ein Rivalenkampf bis zur Vernichtung eines Gegners unwahrscheinlich, da er bei anderen höheren Wirbeltieren in freier Natur so gut wie nicht existiert und auch absolut nicht im Sinne der Arterhaltung läge. Sein vielzitierter Selektionswert – nur das kräftigste Männchen soll zur Fortpflanzung gelangen und seine Eigenschaften weitervererben – tritt schließlich genauso ein, wenn der Unterlegene vertrieben und somit in biologischer Reserve gehalten wird. Die meisten der beschriebenen, überaus heftigen Auseinandersetzungen fanden in vom Menschen begrenzten Arealen statt, die möglicherweise für Einhufer mit großer Individualdistanz zu klein waren, als daß der Sieger den Verlierer weit genug hätte vertreiben können, wodurch es zu einer Fortführung des Kampfes mit Verletzungen bzw. Tötung kommen mochte.

Beim Hauspferd bestehen sowohl in der Aggressivität im allgemeinen als auch in der Intensität und in der Schnelligkeit des Hengstkampfes rasse- und typmäßige Unterschiede. Eine besondere Vehemenz und Wendigkeit scheinen mir deutlich orientalisch beeinflußte Pferde zu besitzen, was Berichte über ihre kämpferische Überlegenheit wesentlich größeren Gegnern gegenüber als durchaus glaubwürdig erscheinen läßt. Die auffallende Beißaktivität, die nicht nur ich bei ihnen festgestellt zu haben meine, bringt hauptsächlich aufgrund eines starken Kaltblutanteils etwas langsamer reagierende Partner dazu, gerne vom Kampf abzulassen. Solange sich Hauspferdehengste in ihrer psychischen Reaktion, weniger in der absoluten Körperstärke ähneln, kommen bei wirklich natürlicher Haltungsform folgenschwere Beschädigungen der Kontrahenten ebenfalls nicht vor, denn wie alle anderen Verhaltensbereiche ist auch der Kampfkomment in artlich festgesetzter Weise geregelt. Meiner Meinung nach fügen sich zwei Hengste nur dann ernsthafte Verletzungen zu, wenn man einmal von ausgesprochenen Unfällen absieht, wenn sie im Exterieur und Interieur so verschieden sind, daß die Regeln ihres Streites nicht mehr zueinander passen und somit gewöhnlich der Schnellere von beiden den Langsameren verwirrt und überrumpelt.

Nur ganz kurz sei an dieser Stelle erwähnt, daß die Zirkusdressur wie die klassische Hohe Schule auf diesen Hengstkampfelementen aufbaut. So sind etwa die Passage und die Piaffe dem Imponiergehabe entlehnt, während das im Zirkus gezeigte Steigen und die als sogenannte Schule über der Erde vorgeführte Levade, Croupade und Kapriole dem Steigschlagkampf der Hengste entstammen. Da es sich bei fast allen Figuren sowohl bei der Zirkusschulreiterei und den Freiheitsdressuren als auch bei der klassischen Hohen Schule und dem gehobenen Dressurreiten überhaupt um zahlreiche Bewegungsabläufe handelt, die zum typischen Hengstverhalten gehören, ist es meiner Meinung nach, wie zuvor schon einmal erwähnt, in gewissem Sinne eine Stillosigkeit, sich solcherart auf Stuten zu produzieren, wie das heute gang und gäbe ist.

Der Stutenkampf

Nur manchmal dreschen Hengste mit der Nachhand aufeinander ein, da das Ausschlagen mit den Hinterbeinen als typisches Element der Stutenstreitigkeiten bei ihnen in erster Linie eine verteidigende Abwehr und weniger ein angreifendes Kampfmoment darstellt. Zwar gehen Stuten andersartige Feinde, etwa Raubtiere, die ihre Fohlen behelligen, ebenfalls nach Art der männlichen Tiere mit Schlagen aus der Vorderhand und Bissen an, ihre Rangordnungskämpfe, um die es sich bei ihnen in der Hauptsache handelt, werden jedoch meist durch Auskeilen entschieden. Auch hier kommt es relativ selten zu Verletzungen, wenn eine der Gegnerinnen nicht schnell genug das Feld räumen kann oder sich zwei fremde, besonders ranghohe Stuten treffen und nun einen ungewöhnlich harten und langandauernden Kampf ausfechten. Vielfach genügt bei diesen Auseinandersetzungen das Drohen einer sehr starken Persönlichkeit, um die anderen zum Nachgeben zu bewegen. Werden nicht rossige oder noch nicht rossende Stuten vom Hengst allzu aufdringlich bedrängt, so pflegen sie, wie schon geschildert, mit beiden Hinterhufen heftig nach ihm auszukeilen, oft unter Verspritzen von Harn. Das gleichzeitige Wasserlassen und Ausschlagen mag dazu dienen, dem Feind den Urin mit den Hufen ins Gesicht zu schleudern, was dem Abwehrspritzen mancher anderer Säugetiere entspräche, man denke zum Beispiel an das bekannte Stinktier.

Zahlreichen Schilderungen zufolge sollen Stuten ihre Fohlen gegenüber Raubtieren verteidigen, indem sie mit nach außen gerichteter, schlagbereiter Hinterhand einen Kreis um die in die Mitte genom-

Das gegenseitige beidseitige Aufeinandertreffen mit der Hinterhand ist ein typisches
Element des Stutenkampfes.
Die ranghohe Haflingerstute „Ossi" hat die
ihr unterlegene „Bella" in die Ecke gedrängt,
so daß sie sich zum Schlagabtausch stellen
muß.

menen Jungtiere bilden. Von den Wild-
hengsten wird ebenfalls berichtet, daß
sie ihr Wächteramt durchaus ernst nehmen und aktiv auf Raubzeug losgehen
und es mit Schlägen aus der Vorderhand
zu vertreiben oder zu töten versuchen.
Aus verständlichen Gründen kann bei
uns solch Angriffs- oder Verteidigungsverhalten nur relativ reduziert
etwa am Benehmen fohlenführender Stuten gegenüber Hunden beobachtet werden, die wohl wie früher die Wölfe von besonders
wehrhaften Muttertieren und von Hengsten mit Vorderhufen und
Zähnen angegangen und manchmal über eine gewisse Strecke hin
verfolgt und aus der Koppel gejagt werden. Wenn streunende Hunde,
und seien sie noch so groß, auf unsere Weiden kommen, brauchen wir
um kleine Sorraiafohlen etwa keine Angst zu haben. Ist ein Hengst
dieser Rasse auf demselben Areal, besteht lediglich Gefahr für den
Eindringling, der sofort wütend verfolgt wird. Die Sorraiastuten dulden
ebenfalls keine „Hauswölfe" in ihrer Nähe und umzingeln selbst unsere
eigenen, ihnen gut bekannten Hunde, um gemeinsam gegen sie
vorzugehen und sie mit Zähnen und Vorderhand anzugreifen. Alleine
ihrer drohenden Übermacht wegen hat bis jetzt noch jeder Hund die
Flucht ergriffen.

Das Schlagen mit den Vorderbeinen stellt übrigens entwicklungsgeschichtlich eine ältere Art zu kämpfen dar als das Auskeilen mit der Hinterhand, das phylogenetisch viel jüngeren Datums und eine Spezialität der verschiedenen Einhuferarten ist. Wir Menschen kämpfen von Natur aus noch in der ursprünglichen, altertümlichen Weise wie zwei Hengste im Steigkampf, da auch wir, wenn wir uns nicht in ausgefallenen Techniken geschult haben, bei körperlichen Auseinandersetzungen stets mit den Fäusten arbeiten. Das Treten nach dem Gegner mit den Füßen gilt deshalb hierzulande als außerordentlich unfair, und die neuerdings gelehrten ostasiatischen Kampfmethoden mit ihren raffinierten Schlägen und vor allem auch Tritten sind dem Normaleuropäer mehr als unheimlich. Ob es sich bei diesen Kampfarten, angefangen vom thailändischen Boxen bis hin zum chinesischen Karate, um eine phylogenetische Weiterentwicklung des menschlichen Kampfverhaltens handelt, das auf uns Westeuropäer dann ähnlich verwirrend wirkt wie etwa die blitzschnellen Beißangriffe eines Arabers auf einen Kaltblüter, mag dahingestellt sein.

Die kritische Distanz

Neben innerartlichen Auseinandersetzungen ist für uns Menschen die zwischenartliche Aggressivität unserer Hauspferde besonders bedeutungsvoll, da sie uns oftmals persönlich betrifft. Gewöhnlich lösen wir sie selbst durch ein Unterschreiten der sogenannten kritischen Distanz, zum Teil sicher erst durch unsachgemäßen Umgang aus, so daß es sich vielfach nicht mehr um wirkliche Aggressionen handelt, sondern um eine Verteidigung gegenüber dem vermeintlichen Feind Mensch. Auch hier kämpfen die Pferde mit den zur Verfügung stehenden Angriffs- und Verteidigungswaffen, also hauptsächlich mit Vorderhufen, Zähnen und Hinterhufen in der für sie typischen Weise, die sie bei einem gleichartigen Gegner ebenfalls angewendet hätten. Daß der Zweibeiner dabei an sich weit unterlegen ist und lediglich dank psychischer Tricks und einer Art Hypnose über die körperlich wesentlich kräftigeren Tiere zu dominieren vermag, sei nur am Rande nochmals erwähnt.

Wir haben eben den Ausdruck „kritische Distanz" benützt, der von dem Schweizer Zoologen HEDIGER postuliert wurde und besagt, daß sich ein Tier beim Unterschreiten eines ganz bestimmten Abstandes nicht oder nicht mehr länger zur Flucht wendet, sondern zum Angriff übergeht. Dabei handelt es sich um eine aus der Defensive entstandene Aggression, die sich in einer für jede Tierart typischen Manier äußert und bei Pferden beiderlei Geschlechts immer in einem

Auskeilen mit der Hinterhand besteht. Ein in die Enge getriebener Hund beißt aus Angst, nie jedoch ein Pferd, das in derselben Lage stets zum Angstschläger wird. Im Gegensatz zu kämpferischen Aggressivitätshandlungen, die auch mit den Vorderhufen und mit Bissen ausgetragen werden, drehen sich ängstliche oder in Angst versetzte Hengste und Stuten mit der Kehrseite der Gefahrenquelle zu, da die Hinterhufe ihre stärksten Waffen sind, mit denen sie die kräftigsten Schläge austeilen können. Ein Rind dagegen, selbst wenn es hornlos geboren oder enthornt sein mag, geht sofort mit dem Schädel voran in Abwehrstellung, bringt man es in eine entsprechende Situation.

Der Quadrupedentest

Manche Autoren bezeichnen die Einhufer als hochspezialisierte Fluchttiere, womit nicht nur ihre am weitesten gehende Spezialisation zum schnellen Lauf unter allen Huftieren erfaßt, sondern mit einem gutklingenden Ausdruck auch die ständig vorhandene Fluchtbereitschaft der Equiden wiedergegeben werden soll. Pferde aber als ausgesprochene Fluchttiere zu bezeichnen, halte ich für falsch, da ihre Bereitschaft zu fliehen zum einen bei weitem nicht so groß wie die mancher anderer Pflanzenfresser ist, denen sie vielfach überlegen sind, und sich Wildequiden darüber hinaus sehr wohl gegen oft recht ansehnliche Raubtiere zur Wehr setzen. Nicht umsonst heißt es schon im Nibelungenlied von Siegfried, „er schlug der Ure viere und den grimmen Schelch", den durchaus wehrhaften Wildhengst; das Wort Schelch finden wir heut noch in dem für Deckhengste verwendeten Ausdruck Beschäler wieder. Hauspferde dominieren etwa über Rinder, die sie nach Belieben durch Bisse und Schläge herumzutreiben vermögen und die deshalb normalerweise einen respektvollen Abstand wahren. Beim Stierkampf zu Pferd, bei dem der Bulle das Pferd auf die Hörner zu nehmen versucht, herrscht, abgesehen von dem gesteigerten Aggressionstrieb der Kampfstiere, auf den hin bewußt bis zu einem ganz bestimmten Grad in der Zucht selektiert wird, eine Ausnahmesituation insofern, als der Stier durch den Transport und das vorherige Einsperren in ein dunkles Verlies so stark gereizt ist, daß er nicht mehr in der üblichen Weise reagiert. Auf dem Campo greift er berittene Hirten im Gegensatz zu den Fußgängern nur höchst selten an.

    Eine besonders von Nichtfachleuten ihres tierlieben Inhalts wegen häufig vertretene Meinung behauptet, daß auch Pferderennen nichts anderes als eine organisierte Flucht seien, bei der gewöhnlich das ängstlichste Tier, das sich am meisten vor der Peitsche fürchtet und deshalb am schnellsten läuft, gewinnt. Trotz der Einprägsamkeit dieser mit suggestiver Stimme hautnah ins traute Heim ausgestrahlten These wird sie von allen Fachleuten zu Recht abgelehnt, da gutgefütterte, temperamentvolle Pferde, die sonst wenig Bewegung haben, ja ausgesprochen gerne rennen und sogar auf der Weide durchaus wettkampfähnliche Laufspiele veranstalten, bei denen jedes die Spitze zu erreichen versucht.

Fohlenführende Stuten sollen sich, wie wir berichtet haben, zu einem Kreis mit nach außen gekehrter Hinterhand zusammenschließen, um ihre Nachkommen gegen vierbeinige Räuber zu verteidigen, was genausowenig für ein ausschließliches Fluchttier spricht wie die Beobachtung, daß Zebramütter und -hengste mit den Vorderhufen auf Hyänen losgehen, die keineswegs so feig sind, wie ihnen nachgesagt wird, und darüber hinaus ein mörderisches Gebiß besitzen. Das manchmal spielerische, vielfach dagegen durchaus feindselige Verfolgen eines Hundes mag als weiteres Gegenargument dienen. Für das Pferd ist er im Grunde genommen immer noch der alte Erbfeind Isegrim, vor dem es im ersten Schrecken einen gewissen Sicherheitsabstand gewinnen wollte, den es jedoch bald ziemlich verringerte, bis es bei einzelnen sogar zu einem Angriff kommen konnte. Da im ehemaligen Verbreitungsgebiet der Wildpferde der Wolf neben dem jagenden Steinzeitmenschen am gefährlichsten war und wesentlich mehr Opfer in strengen Wintern forderte als alle übrigen Raubtiere zusammengenommen, ist auch den Hauspferden das Wissen um diesen Erzfeind bis heute erhalten geblieben.

Der bekannte Verhaltensforscher ZEEB konnte mit seinem sogenannten Quadrupeden- oder Vierfüßertest die Signalwirkung eines wolfartigen Individuums sehr schön nachweisen. Er ließ sich dazu auf alle viere nach Art eines Hundes nieder und bewegte sich im Gesichtsfeld der verschiedensten Pferdeansammlungen vorwärts. Sein Auftauchen hatte stets eine Achtungstellung der Tiere zufolge, die dieses merkwürdige Wesen schon aus ziemlicher Entfernung mit gespannten Sinnen beobachteten und unter Warnschnauben die Flucht ergriffen, sobald es weiter auf sie zulief. Verhielt sich der Quadrupede bewegungslos, kamen die Pferde wieder langsam mit hocherhobenen Köpfen, gespitzten Ohren und langgestreckten Hälsen näher, er löste also ein deutliches Erkundungsverhalten aus. Kaum rührte er sich, erfolgte derselbe Handlungsablauf wie oben beschrieben, und unter Prusten stob die Herde davon, bis sie eine größere Strecke als die Fluchtdistanz zwischen ihn und sich gebracht hatte. Der Quadrupede wird erst als Mensch wiedererkannt, wenn er sich auf seine zwei Beine

Quadrupedentest. Die Leutstettener Ungarnpferde ergreifen vor meinem auf allen Vieren gehenden langjährigen Freund und bekannten Hundeforscher E. TRUMLER die Flucht.

aufrichtet, denn dann ändern die Tiere ihr Verhalten sofort und verringern je nach Vertrautheit den Abstand bzw. heben ihn ganz auf. In der geschilderten Weise reagieren alle Pferde unterschiedlichsten Zähmungsgrades mit Ausnahme der Shetlandponys, bei denen es sich möglicherweise um eine ererbte Disposition handelt, die im Laufe der Jahrtausende durch den Mangel an dem Urfeind Wolf auf den Shetlandinseln entstanden sein kann, da sie sich weder in Freilandhaltung noch in menschenüberfüllten Tierparks auch nur im mindesten durch den Quadrupeden beeindrucken lassen.

Manche Pferde, besonders häufig rein arabische oder stark orientalisch beeinflußte Tiere, tragen außer dem Feindbild Wolf noch das Gefühl für eine Gefahr in sich, die offensichtlich von oben her drohte, einen Gegner, der von einem Baum oder Felsen aus herabspringend die Beute schlug, denn sie zeigen sich überaus ängstlich, ja verfallen direkt in Panik, wenn über ihren Köpfen ein Schatten vorbeihuscht. Das kann unter Umständen beim Ausreiten im Wald einmal der Fall sein, häufiger wohl beim Abkehren der Stalldecke, wenn der Besen, den sie an sich dabei nicht fürchten, mit dem vom Fenster oder einer Lampe ausgestrahlten Licht plötzlich einen langen, kurzdauernden Schatten wirft. Diese Furcht ist offensichtlich eine ererbte Urangst dieses Pferdetyps vor seinem zweiten gefährlichen Freßfeind, dem

Leoparden. Bis der Mensch ihn vielerorts völlig oder weitgehend ausrottete, kam diese schöne Großkatze in zahlreichen Unterarten nicht nur in Afrika, sondern auch in weiten Teilen Asiens, von Vorder- und Kleinasien im Westen bis China, dem Amurgebiet und der Mandschurei im Osten vor. Dabei war sie nicht wählerisch in der Auswahl ihrer Territorien und besiedelte jedes Gebiet vom Dschungel bis zur waldlosen, trockenheißen Steppe und bis ins Gebirge. Zwar fressen Leoparden alle möglichen kleinen Säuger, doch fürchten sie sich keineswegs vor so großen und wehrhaften Tieren wie etwa Büffeln, von denen sie überwiegend Kälber und Jungtiere erbeuten. Wie man vor kurzem in einer von Rußland vom deutschen und österreichischen Fernsehen übernommenen Serie über die Tierwelt der heutigen GUS sehen konnte, stimmt meine schon in der Erstauflage dieses Buches vor fast zwanzig Jahren vermutete Ursache der seltsamen Angst vor einem plötzlichen Schatten durchaus. Leoparden schlagen in den Herden der verschiedenen Nomadenvölker der asiatischen Republiken dieses Staatenbundes tatsächlich nicht nur Fohlen, sondern teilweise sogar Erwachsene der meistens recht edel und „arabisiert" wirkenden, nicht sehr großen Pferde. Da ich der Überzeugung bin, daß die Vorfahren unserer heutigen Araber vor allem aus hügeligen, vielleicht sogar bergigen, nicht allzu trockenen Gegenden dieses Leoparden-Verbreitungsgebietes stammen, wäre wieder ein Beweis für den Konservatismus des Verhaltens erbracht. Woher sollte ein in Deutschland seit Generationen gezüchteter Araber, dem nie im Leben ein Leid geschah, sonst wohl die Furcht vor diesem in Kopfhöhe vorbeihuschenden Schatten haben?

Die Fluchtdistanz

Als Fluchtdistanz bezeichnet man die Entfernung von einer tatsächlichen oder vermeintlichen Gefahr, die nicht unterschritten werden darf, soll ein Tier nicht flüchten. Sie ist vermutlich gegenüber jedem Angreifer, dessen Bild das Pferd von Natur aus in sich trägt oder dessen Aussehen es sich durch das ängstliche Verhalten seiner Herdengenossen eingeprägt hat, verschieden groß. Durch Gewöhnung an einen friedlichen Feind wie den Menschen oder einen Hund kann sie völlig reduziert werden, wobei sich noch raumabhängige Unterschiede bemerkbar machen: Pferde, die keine Ausweichmöglichkeit haben und zahm im positiven oder gezähmt etwa im Sinne des Einbrechens durch einen Cowboy oder Gaucho sind, unterdrücken ihre Intention zu fliehen vielfach vollständig, das heißt, sie lassen sich anfassen, zäumen, satteln und so weiter.

Dem eine Flucht unmöglich machenden Stall entspricht bei den Rinderhirten das Überwerfen eines Lassos oder eines Zügels, der, obwohl er das Pferd oft keineswegs wirklich zu halten vermag, wie eine Art Autosuggestion das Gefühl des totalen Gefesseltseins zu vermitteln scheint. Auf einer Koppel oder in absoluter Freiheit ersetzen

viele Pferde, die kein ausgesprochen freundschaftliches Verhältnis zum Menschen haben, diese Fluchtdistanz durch einen Ausweichabstand, der individuell und je nach Vertrautheit variierend, meist nur wenige Meter beträgt. Das gewöhnlich im Schritt erfolgende Ausweichen, **Die bis zum Beginn ihres vierten Lebensjahres auf einem mehrere hundert Hektar großen Gelände völlig frei und nur selten kontrolliert lebenden Sorraiahengste fliehen anfänglich im Trab, dann im Galopp, nähert man sich ihnen zu Fuß auf weniger als hundert Meter.**

bei dem das Tier immer die gleiche Entfernung beibehält, jedoch nicht eigentlich davonläuft, stellt die gemäßigtste Form der Flucht dar, wie sie auch von Wildequiden gegenüber Raubtieren, die sich nicht eindeutig auf der Jagd befinden, vollzogen wird.

Flucht und Panik

Alle Einhufer haben eine außergewöhnlich gute Beobachtungsgabe für ihre gesamte natürliche Umwelt, in der sie vieles wesentlich aufmerksamer registrieren, als man gemeinhin annimmt. So stellen

Zebras sehr wohl fest, ob ein Löwenrudel gesättigt ist, da sie dann ihre Fluchtdistanz bis zu einem Ausweichabstand verringern, oder ob es sich auf Beutesuche befindet, was die Entfernung sofort vergrößert und bei wirklicher Gefahr ein sofortiges Flüchten im Galopptempo auslöst. Solange der Rückzug noch geordnet verläuft, fliehen die Tiere in der üblichen Marschordnung, die sie auch auf ihren Wanderungen einhalten, die ranghöchste Stute mit ihrem Saugfohlen und dahinter dem Jährling geht also an der Spitze, gefolgt von den übrigen Stuten in gleicher Formation, während der Hengst den Schluß bildet. Erst bei panikartiger Flucht rasen sie ohne Rücksicht auf Familien- oder Individualabstand in einer machmal riesenhaft angeschwollenen Herde wild davon. Sobald die Panik nachläßt, löst sich diese Vereinigung jedoch wieder in die kleinen, nur lose miteinander in Verbindung stehenden Verbände auf.

Panik entsteht bei den verschiedenen Equidenarten nicht gleich häufig und nicht aus demselben Anlaß. So neigt der Esel als ausgesprochenes Gebirgstier nicht zu solch kopfloser Flucht, die für ihn leicht einen unliebsamen Ausgang nehmen könnte, während steppenbewohnende Einhufer um so schneller in Panik verfallen, je offener ihr Heimatgelände und damit erfolgversprechender im Sinne der Arterhaltung das rasende Davonstürmen aus der Gefahrenzone ist. Das uns als kopflos erscheinende Scheuen vieler sogenannter edler Pferde, also ihr Erschrecken vor oft völlig harmlosen, jedoch ungewohnt und beängstigend wirkenden Gegenständen, und das anschließende stürmische Wegrasen ohne Beachten der sich in den Weg stellenden Hindernisse war für diesen Pferdetyp, der wohl tatsächlich aus den von manchen für alle Wildpferde als Heimat angenommenen Steppengebieten stammt, ursprünglich noch durchaus sinnvoll. Erst die vom Menschen gestalteten beengten Umweltverhältnisse lassen daraus eine Gefahr werden, denn Pferde in Panik rennen nicht allein Menschen und Gegenstände zu Boden, sie rasen manchmal blindlings in einen Abgrund oder in eine Häuserwand und bringen sich dabei unter Umständen selber um. Bei einem derart irren Davonpreschen ist man wirklich geneigt, von einem hochspezialisierten Fluchttier zu reden, doch dürfen wir nicht vergessen, daß das keineswegs die übliche Reaktion eines Pferdes darstellt und selbst bei den extremen Lauftieren unter ihnen nur gelegentlich vorkommt. Panik entsteht schließlich bei Tier und Mensch lediglich aus Angst vor einer unerklärlichen oder unberechenbaren Gefahrenquelle, die deshalb überdimensionale Bedeutung erlangt und dann irrationale Reaktionen hervorruft. Bei der geordneten Flucht sind dem fliehenden Einhufer dagegen gewöhnlich das Ausmaß der Gefahr und die Verhaltensweise des

Das ganze Jahr über ungebunden im Kantabrischen Gebirge in Nordspanien lebende Ponys beim einmal jährlichen Zusammentreiben in einen Korall. Die vorher im Galopp vor zahlreichen Treibern flüchtenden Tiere geraten in der drangvollen Enge in leichte Panik, die Augen sind ängstlich aufgerissen, die Nüstern der verstärkten Atmung wegen geweitet.

Feindes verhältnismäßig geläufig, weshalb er so lange und so weit und in der ihm jeweils eigenen, typischen Manier flieht, bis er sich aus der unmittelbar gefährlichen Zone gebracht hat. Einem übermäßigen Kräfteverschleiß, wie er bei panischem Fliehen eintritt, wird in der Natur dadurch vorgebeugt.

Durch ungewohnte akustische Reize können Pferde zwar erschrecken, doch ergreifen sie gewöhnlich erst dann die Flucht, wenn sie die Lärmquelle erblickt haben und deren Anblick ebenfalls beängstigend wirkt. Der sichtbare Eindruck ist demnach wesentlich ausschlaggebender als der hörbare, weshalb sie sich gewöhnlich durch das größte Gepolter und Getöse oder dröhnende Lautsprechermusik kaum aus dem Seelengleichgewicht bringen lassen, solange die Lärmursache nicht furchteinflößend ist, während sie zum Beispiel dieselbe Musik in gleicher Lautstärke, doch von einer sichtbaren Musikkapelle gespielt, in anfangs Fluchtbereitschaft auslösende Angst versetzt. Pferde scheinen jedoch wie kleine Kinder Freude am Lärm zu haben, da sie im Stall vielfach diejenigen Spiele als Ersatzhandlungen für ihren unausgelebten Bewegungsdrang bevorzugen, die möglichst starken Krach machen. Aber nicht nur der von ihnen selbst erzeugte Lärm, auch der anderer Ursachen scheint sie wenig zu stören. So zuckten zum Beispiel zwei zur Geburt anstehende Sorraiastuten, die wir mit Monitoren vom Wohnzimmer aus überwachten – wie ich genau beobachten konnte –, mit keinem Ohr, als ca. 400 Meter hinter dem Stallgebäude das erste Flugzeug auf dem 1992 eingeweihten Münchener Großflughafen unter orkanartigem Getöse startete. Der Schall wurde dabei kaum gebremst, da alle Fenster weit geöffnet waren.

Pferde sind imstande, alle natürlichen Geräusche, die sie selber produzieren könnten, wie heftiges Husten, Schnauben oder wesentlich unfeinere Töne, die ein Mensch im Stall von sich zu geben vermag, als gefahrlos zu erkennen, während sie besonders durch leise, ihnen selbst nicht eigene und beim erstenmal noch unbekannte Laute gern erschrecken. Die bei Laien oft zu bemerkende Rücksichtnahme auf die lieben Tiere, die sich in Flüstern und Zehenspitzengang durch die Stallgasse äußert, flößt dösenden oder durch Fressen abgelenkten, unaufmerksamen Pferden vielfach Furcht ein. Auch das notwendige deutliche Ansprechen, wenn man die Box oder den Stand betreten will, hat den Sinn, sie so weit aufmerken zu lassen, daß sie uns als mögliche Ursache für ein Erschrecken mit etwaigen Abwehrreaktionen ausschalten.

Da die optische Reizschwelle, die eine Flucht auslöst, ungleich niedriger als die akustische zu liegen scheint, besteht auch das Heranbilden verkehrssicherer Pferde in erster Linie mehr in ihrer Gewöhnung an den Anblick der zahlreichen entgegenkommenden Autos als an den Lärm und den anfänglich ungewohnten Benzingestank. Auf Geruchsreize, auch wenn sie noch so unangenehm sind, reagieren sie höchstens mit angewidertem Schnauben und Habtachtstellung oder flehmen häufig. Zur Auslösung einer Flucht gehört jedoch meist ebenfalls ein furchteinflößendes optisches Signal. Das ist auch der Grund, warum Pferde vor dem Geruch von Tierblut meinen sehr zahlreichen Beobachtungen am Münchner Schlachthof nach überhaupt nicht scheuen, wie oft von gefühlvollen Tierfreunden behauptet wird, die niemals bei der Tötung eines Pferdes anwesend waren. Angst zeigen sie lediglich vor der neuen Umgebung mit den fremdartigen und ungewohnten Gegenständen, was sich in ihrer besonders engen Kontaktsuche zu einer mit ihnen gehenden, vertrauten Person ausdrückt, die sie gewöhnlich gerade bei sentimentalen und wehleidigen Besitzern entbehren müssen.

Bei durchgehenden Pferden, also mit anderen Worten Tieren in panischer Flucht, denkt man unwillkürlich an edle, geschwinde Warm- und Vollblüter, die tatsächlich eine etwas größere Fluchtbereitschaft als die selten gewordenen behäbigen Kaltblutpferde haben. Doch auch sie konnten sehr wohl scheuen und dann in einen alles niederwalzenden, wuchtigen Ausbruch verfallen, der sich zwar nicht in einem gleich schnellen und gleich langandauernden Davonrasen wie bei leichteren Warmblütern manifestierte, bei dem jedoch ein durchaus vergleichbares Angsterlebnis vorhanden gewesen sein mußte. Das sich ebenfalls wohl wieder aus dem Ursprungsgebiet dieser Schrittpferde erklärende und für sie typische Fluchtverhalten besteht eher in einem vorsichtigen, im Schritt erfolgenden Ausweichen vor einer Gefahr als im sofortigen Lospreschen. Die schweren Kaltblüter und die massigen Gewichtsträger unter den Warmblütern zeichnen sich deshalb aber keineswegs durch eine geringere Sensibilität als ihre als edel bezeichneten, fein-knochigeren Artgenossen aus, sie reagieren vielfach nur langsamer. Trotz ihrer höheren Reizschwelle zeigen sie wider Erwarten häufig bei besserer Kenntnis ein fast ängstlicheres und scheueres Wesen. Daß man bei ihnen die Angst vielfach nicht so leicht wie bei manchen hysterischen Edelpferden erkennt, liegt an der oberflächlichen Beobachtungsweise der meisten Menschen.

DIE AUSDRUCKSFORMEN DES PFERDES

DIE STIMMÄUSSERUNGEN

Ehe wir auf die Mimik und Gebärdensprache des Pferdes eingehen, auf die einzelnen „Gesichter" und die unterschiedlichen Körperhaltungen, mit denen von Tier zu Tier Gefühle und Absichten signalisiert werden, wollen wir uns mit den Stimmäußerungen des Pferdes beschäftigen, mit seiner eigentlichen „Sprache", die der unsrigen zwar weit unterlegen ist und wie bei allen Tieren nur in einer Skala verschiedener Lautgebungen besteht, prinzipiell jedoch, wenn auch von stark untergeordneter Wichtigkeit in der sozialen Kontaktaufnahme, dieselben Wurzeln wie die menschliche Sprache hat. Die Ausformung einer wirklichen Sprache, die bekanntlich nur beim Menschen vollzogen wurde, bedingt eine hochentwickelte Intelligenz, die selbst wesentlich klügeren Tieren als dem Pferde nicht eigen ist. Man denke etwa an die Menschenaffen, denn sie haben es bei der gegenseitigen Verständigung ebenfalls nur zu zahlreichen differenzierten Lauten gebracht.

Anlässe zur Lautgebung

Bei uns Menschen ist die eigentliche Sprache, ja selbst ihre den Tieren vergleichbare Vorstufe, wie wir sie im Lallen unserer Kleinstkinder oder in den unartikulierten Lauten mancher Schwachsinniger vorfinden, das wichtigste Mittel jeglicher Daseinsäußerungen und aller sozialen Bezugnahmen, angefangen vom Mutter-Kind-Verhalten auf einer fast vegetativen Stufe bis zu wissenschaftlichen oder philosophischen Streitgesprächen. Bei den Pferden werden die Stimmäußerungen den

sichtbaren Ausdrucksformen ziemlich untergeordnet und dienen nur dann als Verständigungsmöglichkeit, wenn optische Signale zu undeutlich sind, etwa wegen zu großer gegenseitiger Entfernung, wenn sie durch irgendwelche Hindernisse verdeckt, noch nicht verstanden beziehungsweise besonders verstärkt werden sollen. Die Häufigkeit des Wieherns bei den Hauspferden hängt deshalb in hohem Grade von der Übersichtlichkeit ihrer Umgebung ab, die entweder keine Lautgebung erforderlich macht oder ein sogenanntes Kontaktrufen nötig werden läßt, mit dem die einzelnen Familienmitglieder untereinander Fühlung halten, wenn sie sich aus dem Gesichtsfeld verloren haben.

Auch die Artzugehörigkeit der Einhufer spielt eine Rolle, da man in der Literatur von geradezu „redseligen" Spezies spricht, zu denen vor allem der Esel rechnet, und andererseits verhältnismäßig schweigsame Arten beschreibt, zu denen in erster Linie verschiedene Halbesel gehören. Die häufigen Kontaktrufe der Hausesel entsprechen in jeder Hinsicht den meist gebirgigen Ursprungsländern ihrer wilden Vorfahren mit ihrem teilweise unübersichtlichen felsigen Terrain. Parallelen hierzu lassen sich sogar bei uns Menschen finden, bei denen sich zum Beispiel manche europäischen Gebirgsbewohner ebenfalls durch absolut gleichsinnige, gut hörbare Laute ihre Anwesenheit oder ihr Näherkommen anzeigen. Man denke nur an die Jodelrufe und noch mehr das Zujuchzen von Alm zu Alm in vielen Alpenländern oder an die Pfeifsprache der Guanchen auf den Kanarischen Inseln. Andererseits passen die überwiegend großräumigen, eine weite Sicht gewährenden halbwüstenartigen Herkunftsländer der meisten Halbeselarten wiederum zu deren vielfach zurückhaltender Stimmäußerung. Diese Lautfreudigkeit bzw. Schweigsamkeit muß jedoch gleich etwas eingeschränkt werden, da sowohl bei den Eseln als auch bei den Halbeseln große Unterschiede zwischen den Geschlechtern bestehen. Bei beiden Arten schreien die männlichen Tiere unverhältnismäßig häufiger als die weiblichen. Der Grund dafür ist, daß es bei diesen Arten im Gegensatz zu den familiär organisierten Pferden territoriale Hengste gibt, die möglichst oft lautstark wie Singvogelmännchen verkünden müssen, daß sie das Revier beanspruchen. Selbst wenn nur ein einziger Esel- oder Kulanhengst mit seinen Frauen und weit und breit kein Konkurrent zu sehen ist, so tut das ihrer Sangeslust keinen Abbruch, denn es könnte ja vielleicht irgendein Nebenbuhler irgendwann einmal doch auftauchen.

Bei Hauspferden konnte ich merkwürdigerweise neben den bekannten individuellen auch eine rassemäßige Verschiedenheit in der Lautfreudigkeit feststellen. So wiehern eigentlich alle Araber, die ich kenne, deutlich öfter als die meisten Warmblüter, wogegen unsere Sorraias auffallend lautärmer sind als sämtliche mir bekannten Pferde. Mit ziemlicher Sicherheit liegt diese unterschiedliche Häufigkeit der Lautgebung beider exotischer Rassen, wie ich in einer früheren Veröffentlichung bereits vermutet habe, an den verschiedenen Ursprungsgebieten ihrer noch ungezähmten Ahnen, die entsprechend der anatomischen Eigenart der zwei Typen bei den orientalischen Pferden ursprünglich aus Hügel- und Bergländern stammen müßten, während die Heimat der Ramsköpfe wahrscheinlich in weiten Trockensteppen gelegen hat.

Pferde aller Rassen wiehern gewöhnlich, wenn sie einen fremden Artgenossen hören oder erblicken. Besonders auffällig ist das bei Tieren, die immer in derselben Gruppe oder Familie leben und selten ein ihnen unbekanntes Pferd zu Gesicht bekommen. Aber sogar in Händlerstallungen etwa, bei denen ein ständiger Wechsel an Verkaufstieren stattfindet, werden Neuankömmlinge von vielen der bereits Anwesenden mit Wiehern zur Kenntnis genommen. Ganz lustig ist es, wenn man im Frühjahr mit einem Anhänger in den Hof einer Deckstation einfährt. Meistens empfängt einen schon ein vielstimmiger Hengstechor, noch ehe einer der Beschäler die rossige Stute auch nur von

weitem gesehen oder gerochen hat. Offensichtlich haben die Minne-
sänger bereits nach kurzer Zeit zu assoziieren gelernt, daß leicht
rumpelnde Transporter gewöhnlich Liebesfreuden für einen von ihnen
versprechen. Nach wenigen Wochen begrüßen sie dann lauthals jedes
in Hörweite kommende nichtlandwirtschaftliche Fahrzeug, bis die
Wonnemonate allmählich abklingen und sie immer häufiger enttäuscht
werden. Dasselbe freudige Empfangswiehern, das gewohnten Menschen im Stall zu Beginn der manchmal heißersehnten Fütterungszeit
entgegenschallt, ist sicher jedem Pferdefreund, der sich länger in
irgendwelchen Ställen aufgehalten hat, hinlänglich bekannt.

Stimmlicher Kontakt zwischen Mutter und Kind

Neugeborene, die, noch ehe sie stehen können, mit einer merkwürdig
tiefen, ganz eigenartig klingenden, leisen Stimme rufen, verfügen nach
einigen Stunden bereits über eine ganze Skala von Lautäußerungen,
da die akustische Kontaktaufnahme bei ihnen eine viel wichtigere Rolle
als bei älteren Fohlen oder Erwachsenen spielt. Inwieweit für ihre
Prägung Lautsignale ausschlaggebend sind, die die Mutter gibt, wenn
sie auf die suchende Säuglingsstimme mit leisem, fast möchte man
sagen zärtlichem Wiehern antwortet, das aus sehr dunklen Tönen mit
deutlich hörbaren Obertönen besteht, ist nicht gesichert. Verlieren
Pferdekinder ihre Mama, dann lassen sie ihre Stimme derart laut und
durchdringend erschallen, daß ihr hilfesuchendes Wiehern geradezu in
einen Angstschrei übergeht. Dieses helle, markerschütternde SOS nach
der Stute finden wir im Angstgeschrei heranwachsender Fohlen, ja
selbst in dem volljähriger Pferde wieder, der sich bei ihnen ebenfalls
bei wesentlich größerer Stärke vor allem durch seine noch absolut der
Kinderstimme entsprechende Tonlage eindeutig von ihrer üblichen
Stimme unterscheidet. So ist das herrische Rufen wild steigender
Hengste, wie wir es oft in Pferdespielfilmen zu hören bekommen, zum
großen Teil nichts anderes als ein nachträglich eingeblendetes
Angstwiehern oder sogar manchmal ein wirklicher Angstschrei und
keineswegs der stolze, herausfordernde Befehl eines Herdenhengstes,
als der er oftmals ausgegeben wird. Ich weiß zwar nicht, wie das die
versierten amerikanischen Regisseure aufnehmen, vermute jedoch,
daß sie im allgemeinen schon der leichten Auslösbarkeit wegen ein
Pferd von der Herde trennen, da sich abgesonderte Tiere beinahe
immer mehr oder weniger ausdrucksvoll zu äußern pflegen.
Eine stimmliche Kontaktaufnahme findet also in erster Linie

zwischen Mutter und Kleinkind statt, wenn sich das Füllen verlassen fühlt. Stuten, die schon öfter Fohlen geführt haben, sind nach ein paar Wochen bei der Beantwortung des Kindergeschreis nicht mehr allzu pflichtbewußt und rühren sich häufig nur sehr spät oder überhaupt nicht. Dieses Verhalten wirkt ausgesprochen erzieherisch im menschlichen Sinne und zwingt die Jungtiere im Laufe ihres Heranwachsens dazu, selbständiger zu werden. Die Antwort der Stuten mit älterem Nachwuchs unterscheidet sich auffällig von ihrer in den ersten Lebensstunden des Fohlens geäußerten und entspricht bereits ganz dem üblichen Kontaktwiehern, das die einzelnen Familienmitglieder auch unter Halbwüchsigen oder Erwachsenen von sich geben.

Die Skala der Stimmäußerungen

Pferde aller Altersstufen erkennen sich von weitem nicht nur am optischen Bild, sondern ebenfalls eindeutig an der individuellen Stimmlage, der Tonstärke, der Anzahl der Obertöne und der Länge der ganzen Tonreihe ihrer Lautäußerungen, die selbst ein aufmerksamer menschlicher Zuhörer binnen kurzem sehr wohl zu unterscheiden vermag. Das Wiehern erwachsener Tiere entwickelt sich erst allmählich, ja man könnte auch beim Pferd fast von einem Stimmbruch während der Reifezeit sprechen, da die Kinderstimme, die Jährlinge im allgemeinen noch hören lassen, vom Beginn des nächsten Lebensjahres an immer öfter in die dunkleren Töne der Erwachsenen umzuschlagen pflegt, bis sie beim Zwei- oder Dreijährigen gewöhnlich ihre endgültige Tiefe erreicht hat. Gleichzeitig prägt sich ein stimmlicher Geschlechtsdimorphismus, also eine bei Hengsten und Stuten verschieden klingende Stimme, aus.

Die Stimmlage eines erwachsenen Pferdes ist nicht nur individuell, sondern auch rassemäßig etwas verschieden. Araber wiehern gewöhnlich absolut und im Verhältnis zu ihrer Körpergröße und -masse zum Teil unerwartet tief, und zwar tiefer als die meisten auch schwerkalibrigen Warm- und Kaltblüter, die keineswegs immer solche volltönenden Bässe erklingen lassen, wie man aufgrund ihres Aussehens erwarten würde; bei Menschen macht man bekanntlich häufig dieselbe Beobachtung. Soweit ich bisher feststellen konnte, haben lediglich sehr kleine Exmoors oder verzwergte Rassen, Shetlandponys etwa, wie Zwergesel eine höhere Stimme als ihre großen Artgenossen. Auffallend anders als unsere übrigen Pferde klingen alle Sorraias, deren meist unangenehmes, wenig moduliertes seltenes Wiehern trotz ihrer den edelsten Arabern nicht nachstehenden Grazie und Zierlichkeit im krassen Gegensatz zu den angenehmen Rufen der letzteren steht. Wie vielfach auch bei Menschen wird die Höhe und Färbung der Stimme bei Pferden oft so verblüffend getreu vererbt, daß man bei seinen Tieren allein an ihnen erkennt, von welcher Mutter eine Stute oder von welchem Vater ein Hengst abstammt.

Auffallend ist das herrische Wiehern der Hengste, das sich durch eine besonders klare und druchdringende, metallisch klingende Tonfolge deutlich von dem weiblicher Tiere unterscheidet. Neben diesem hellen Hengstschrei, der vor allem dann ausposaunt wird, wenn sich die Gefährtinnen der Sicht entziehen bzw. ihr Anblick erst zu erwarten ist, haben männliche Pferde eine Reihe aus der Tiefe zu kommen scheinender Kollerlaute, die in eine Art Schnorcheln oder Grunzen übergehen, sobald sie sich einer Stute in Imponierhaltung nähern. Rossige Stuten quieken leise abwehrend beim Liebesspiel, wenn sie der Beschäler allzu stürmisch kneift. Bei noch nicht voll paarungsbereiten Tieren schwillt es zu einem wesentlich lauteren und länger andauernden Quietschen an und vermag sich zum ausgesprochenen Kampfgeschrei zu entwickeln. Miteinander streitende Stuten pflegen wütend trompetende Kriegstöne von sich zu geben, währenddessen sich die Kontrahentinnen gegenseitig mit der Hinterhand befeuern. Auch Hengste haben ähnliche Kampfschreie mit manchmal eher röhrenden Untertönen zur Verfügung und äußern im Ernstfall teilweise zornige Schmerzlaute, wenn einer der beiden einen Biß anbringen konnte, oder Angstlaute, wenn sich der Unterlegene zur Flucht anschickt. Das bei üblicheren Anlässen erschallende Wiehern, das man häufig als Unlustlaut verstehen kann, etwa wenn alleingesperrte Pferde rufend am Koppelzaun auf- und abrennen, oder das wie eine ungeduldige Stimmäußerung zu Beginn der Futterzeit wirkt, reicht vom schon geschilderten angenehmen „freudigen" Erwartungswiehern bis zum verhältnismäßig langgezogenen, unangenehm klingenden, fordernden Brüllwiehern.

Die Lautäußerungen der Equiden sind in Worten sehr schlecht wiederzugeben, wie jeder, der viel mit Pferden zu tun hat, selbst ermessen kann. Zwar lassen sich ihre verschiedenen Tonreihen mit grafisch eindrucksvollen Oszillogrammen wissenschaftlich exakt und meßbar darstellen, doch erscheinen sie mir für den normalen Pferdefreund noch abstrakter als die verbale Schilderung, da eine „Sprache" eigentlich immer erst mit akustischen Aufnahmeorganen voll erfaßbar wird. Neben dem verschiedenen Wiehern und den einzelnen Schreien ist den Einhufern darüber hinaus ein typisches Warnschnauben eigen, das in Wahrheit wohl eher ein erschrecktes Prusten sein mag, das ihnen beim Auftauchen einer vermeintlichen oder realen Gefahr entfährt und dann auf die in der Nähe befindlichen Artgenossen wie ein alarmierender Warnlaut wirkt. Auf das Stöhnen und Ächzen bei großer Anstrengung, bei entwickelter hoher Schnelligkeit, beim Deckakt und vor allem bei den schmerzhaften Wehen in der Austreibungsphase brauchen wir nicht näher einzugehen, denn diese nicht artgebundenen Töne decken sich lautlich bei Tier und Mensch, wie sich auch das Niesen und Husten und das Ablassen von Darmgasen lediglich quantitativ, weniger qualitiv von denselben Vorgängen bei den übrigen höheren Säugetieren unterscheidet. Nur das menschliche Lachen macht eine Ausnahme, auf das die meisten Pferde mit unlustig zurückgelegten Ohren und drohendem Kopfschütteln reagieren. Als ich jedoch eine für meine kleine Nichte erstandene Puppe, deren Clou ein absolut echt klingendes, langandauerndes und lautes Kinderlachen war, im Stall ausprobierte, rief das zu unserer Erheiterung ein vielstimmiges, freundliches und jederzeit wiederholbares Antwortwiehern sämtlicher Stallmitglieder hervor.

Zwischenartliche akustische Verständigung

Bekannt ist, daß Einhufer nicht allein die Rufe ihrer Artgenossen, sondern auch die ihnen nahestehender Spezies zu beantworten pflegen, daß also etwa ein Pferd auf das Schreien eines Esels oder Zebras reagiert. Bei Lautattrappen-Experimenten, die im Berliner Tierpark mit Hilfe von Tonbandaufnahmen durchgeführt wurden, stellte sich heraus, daß die prompteste und stärkste Reaktion auf die eigene Stimme, die nächstintensivste Lautäußerung auf die derselben Art erfolgt und daß die Erwiderungen um so seltener werden, je entfernter verwandt die den vorgespielten Rufzeichen zugehörigen Equiden mit den Versuchstieren sind. Das Wiehern fernstehender Arten ruft schließlich gerade noch die Aufmerksamkeit der Pferde mit Aufwerfen und Ohrenspitzen in Richtung des Tones hervor, während sie sich durch das Muhen von Kühen normalerweise überhaupt nicht mehr angesprochen fühlen. Nur ein ständiger, enger Kontakt nichtverwandter Arten untereinander läßt ein allmähliches gegenseitiges Teilverstehen zustande kommen, worauf sich ja der Umgang zwischen Tier und Mensch weitgehend stützt. Über die Einseitigkeit dieses überwiegend dem Pferde abverlangten Verstehenlernens haben wir uns schon vorher einmal ausgelassen, das, wie wir alle wissen, bald außer der Stimme seines Reiters oder Pflegers an der Länge der Vokale und an der Klangschärfe der Konsonanten auch die Bedeutung einzelner Ausdrücke zu erkennen vermag. Auf die beruhigende Ausstrahlung tief und gelassen gesprochener Worte und die anfeuernde bzw. einschüchternde Wirkung kurzer, scharf ausgestoßener Befehle brauchen wir hier wohl nicht ausführlicher hinzuweisen.

Das optische Bild bei der Stimmäußerung

Bei allen leiseren Tönen öffnen die Pferde die Maulspalte kaum, und erst mit Steigerung und Andauer einer Stimmäußerung ziehen sie die Lippen im Bereich des Oberkieferdiastemas, des zahnlosen Zwischenraums zwischen Schneide- und Backenzähnen, verschiedenartig hoch, um beim intensiven, kräftigen Wiehern schließlich das Maul weit aufzumachen, so daß sich die Mundwinkel halbkreisförmig runden. Die Zunge bleibt dabei leicht aufgewölbt auf dem Zungengrund liegen, und die Oberkieferschneidezähne bleiben, solange es sich um ein aggressionsloses Kontaktwiehern handelt, meistens durch die lange, bewegliche Oberlippe bedeckt, während die unteren Zähne freigegeben werden. Beim Imponierwiehern bleibt das Schneidezahngebiß von den Lippen bedeckt, doch auf Ähnlichkeit und Unterschiede des „Wiehergesichts" zum „Begrüßungsgesicht"

„Nasir" beim lauthals Kontaktrufen; nur die unteren Schneidezähne sind entblößt.

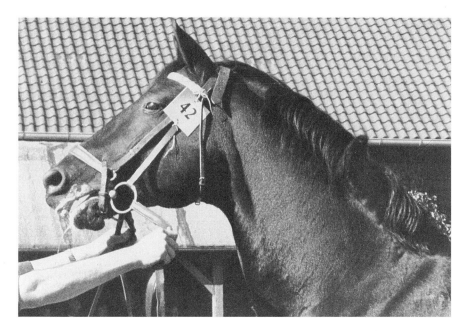

**Trakehnerhengst „Komet" beim Hengstwie-
hern mit leicht aggressivem Unterton; die
Oberkieferschneidezähne werden entblößt.**

wollen wir später eingehen. Die Lautgebung geschieht immer in Richtung des
gesuchten, angesprochenen Objektes –
ganz gleich, ob es sich um einen Artgenossen oder um eine gefüllte
Haferschüssel dreht – mit stets gespitzten Ohren, geweiteten Nüstern
und gewöhnlich aufgerichtetem Hals und mit zunehmender Tonstärke
immer waagrechter getragenem Schädel, was rein mechanisch einen
besseren Klangaustritt aus der Kehle gestattet, weshalb auch wir
Menschen beim Singen niemals das Kinn anziehen, sondern den Kopf
eher in den Nacken legen, wenn hohe und laute Töne produziert
werden sollen.

GESICHTSMIMIK UND KÖRPERHALTUNG

Die einzelnen Ausdruckselemente

Einhufer verfügen, wie wir gesehen haben, über eine ganze Reihe von
Stimmäußerungen, doch erlangt diese Lautgebung lange nicht die
Wichtigkeit ihrer reichhaltigen „optischen Sprache", die von relativ

groben, weithin sichtbaren Signalen bis zu sehr feinen, vom Menschen nur teilweise wahrgenommenen Gesichtsveränderungen abgestuft ist. Wenn ihnen auch das Stirnrunzeln als ein wesentliches, unsere eigene Mimik und die vieler anderer Tiere mitbestimmendes Ausdrucksmoment fehlt, so daß die Fläche vom Nasenrücken bis zwischen die Augen und den Ohransatz völlig unbeweglich bleibt, sind die mimischen Möglichkeiten der Ohren und der Maul-Nüstern-Partie und in geringerem Grade die verschieden starke Anspannung der einzelnen unter der Gesichtshaut liegenden Muskeln im Nahverkehr aussagekräftig genug und können zum Anzeigen massiver Absichten oder zur Verständigung über größere Entfernungen durch ausdrucksvolle Körperhaltungen unterstrichen bzw. ersetzt werden.

Das Ohrenspiel

Unterschiedliche Stimmungen erkennt man am leichtesten an den Pferdeohren, denen eine sehr markante optische Signalfunktion im innerartlichen Sprachgebrauch von Tier zu Tier zukommt. Obwohl sie bei den einzelnen Equidenarten und selbst unter den Hauspferdetypen verschieden geformt sind und von den kleinen Mauseöhrchen vieler Ponyrassen bis zu den riesigen, spitz zulaufenden Ohren mancher Esel oder Wildesel oder den löffelförmigen, breiten Lauschern der Grevyzebras reichen, werden die von ihnen signalisierten Ansichten und Gefühle von allen Einhufern gleichermaßen verstanden. So wirkt etwa ihr drohendes Anlegen bei Pferden auf Zebras oder Esel ebenfalls als Warnzeichen, und sogar wir können uns, wenn wir die Hände an die Schläfen legen und drei Finger über den Kopf hinausragen lassen, in einer Art Ohrensprache verständlich machen, auf die sie sofort mit gespannter Aufmerksamkeit reagieren und ihre eigene Mimik wenigstens kurzzeitig diesem durch Vor- oder Zurücklegen unserer künstlichen Pferdeohren vorgetäuschten Stimmungssignal parallelschalten. Nicht nur das fehlende Ohrenspiel des Menschen, der ihnen möglicherweise wie in einer Daueraggression verharrend vorkommt, auch das andersartige von Hunden beispielsweise wird oft falsch interpretiert und ihr liebenswürdiges Heruntersinkenlassen in Verbindung mit einem breitstirnigen, freundlichen Hundelächeln mit entblößten Zähnen von Pferden nicht als freudige Begrüßung oder Aufforderung zum Spiel ausgelegt, sondern häufig als recht massive Drohung empfunden.

Die Ohren, die eine ganze Reihe von Gemütslagen anzeigen oder unterstreichen, können von der stirnwärts gespitzten Haltung bei

Wachsamkeit oder Neugier immer weiter in Richtung Hals zurückgelegt werden, bis sie schließlich bei massiven Aggressionsgefühlen neben dem Mähnenkamm liegend quasi nicht mehr sichtbar sind. Außer diesen sich auf einem Halbkreis wie die pendelnde Nadel eines Barometers bewegenden, nach vorne steigenden oder nach hinten fallenden unterschiedlichen Ohrstellungen lassen sich besondere Gemütsverfassungen wie Unterlegenheit, Müdigkeit oder nicht auf akustische Reize ausgerichtete Konzentration durch ein verschieden starkes Seitwärtssinkenlassen der Ohren von ihrer in der Mitte des Kopfes befindlichen Senkrechthaltung bis zum absoluten Waagrechtkippen ausdrücken. Zu den Kombinationsmöglichkeiten aus diesen beiden Richtungsveränderungen kommt noch als verfeinerndes Moment der gegenseitigen Verständigung die durch Drehung des Ohres am Ohrmuschelgrund variierbare Richtung der Ohrmuschelöffnung hinzu, die sich zum Objekt hin- oder von ihm abwenden und bei bestimmten, durch Außenreize hervorgerufenen oder durch im Inneren des Pferdekörpers vorsichgehenden Prozessen nach seitlich bzw. direkt zu Boden weisen kann.

Die Mimik der Nüstern- und Maulpartie

Gleichrangig neben dem deutlich wahrnehmbaren Spiel der Ohren rangiert die Mimik der Nüstern- und Maulpartie, deren Ausdruckskraft zwar für uns Menschen anfänglich weniger signifikant ist, deren feinnuancierte Unterschiede von den Pferden jedoch sehr wohl gesehen und gedeutet werden. Das verschiedengradige Öffnen und Blähen der Nüstern, das Zurückziehen oder Vorwölben der äußeren Nasenwinkel, das Vorstrecken oder Einziehen der Lippen, was passiv oder als eigenes Element eine aktive Veränderung der Maulspaltenlinie bewirkt, die unterschiedlichen Formen und Richtungen der Mundwinkel und das mehr oder weniger weite Aufsperren des Maules mit eventuellem Vorweisen der Ober- und/oder der Unterkieferschneidezähne machen einen Großteil der innerartlichen lautlosen Pferdesprache beim Nahumgang der Einhufer untereinander aus.

Der Signalwert der Augen

Das Auge hat demgegenüber eine höchst untergeordnete Bedeutung, da sein fernwirkender Signalwert gleich Null ist – es vermag die Kopfkonturen weder im Profil noch von vorne zu verändern –, und abgesehen von dem passiv als Reaktion auf Außenreize erfolgenden Blinzeln und Schließen oder vom verschieden weiten Öffnen der Lidspalten und vom mehr oder minder tiefen Einsinken der Augäpfel in ihre Höhlen kann als einzige zielgerichtete mimische Möglichkeit das Augenrollen als Nahverständigungsmittel dienen. Bleibt der nur sehr vage und gewöhnlich recht emotionell von sanft und mütterlich bis zu bösartig und gemein eingestufte jeweilige Ausdruck des Auges, der zumindest uns Menschen in gewissem Grade etwas über den Charakter, das Temperament und die Stimmung der Tiere verraten mag und vor allem über ihr körperliches Befinden Aussagekraft besitzt. Für die Verständigung untereinander werden die Augen jedoch überhaupt nicht gebraucht, da die Körperhaltungen und die schon erwähnten anderen mimischen Ausdrucksmöglichkeiten sowohl den Pferden als auch dem einigermaßen in ihrer Sprache geschulten Menschen vollauf genügen. Der Leser kann das leicht nachprüfen, indem er bei jedem beliebigen in diesem Buche abgebildeten Gesicht das Pferdeauge mit dem Finger verdeckt.

Trotzdem wird über kein Organ der Einhufer so viel Blödsinn verbreitet wie über dieses. Manche Pferdefreunde sind einfach nicht in der Lage, sich von irgendwelchen, meist in ihrer Jugend entwickelten Vorstellungen freizumachen, und billigen gewöhnlich nur dem dunklen, weitgeöffneten, auf den Menschen freundlich und sanft wirkenden Auge die Spiegelung innerer Werte zu. Es dürfte selbstverständlich sein, daß wir am wirklichen Verhalten Interessierten und um Objektivität Bemühten die vorhin zitierten positiven und negativen Attribute des Pferdeauges als unzumutbare Vermenschlichungen ablehnen und uns auch darüber klar sind, daß man jedes Tier, nicht bloß das Pferd, als harmonisches Ganzes sehen und deshalb schon genauer hinschauen muß, um den Ausdruck eines großen oder kleinen, eines runden oder elliptischen Einhuferauges tatsächlich deuten zu können.

Hierzulande bisher allgemein gefürchtet und abgelehnt wurden zum Beispiel Pferde, bei denen man „das Weiße", also die die Pupille und Iris umgebende sogenannte Sklera des Auges sieht. Sie galten und gelten vielfach noch heute als aggressiv und bösartig. Bei manchen Warm- und Kaltblütern mag ja diese aus der Erfahrung von Generationen deutscher Pferdezüchter herkommende Ansicht durchaus stimmen, denn augenrollende, drohend schielende Pferde führen gewöhnlich wirklich nichts Gutes im Schilde. Was aber macht der so leicht alles in einen Topf werfende „Pferdekenner" mit den Tigerschecken verschiedener Rasse, bei denen zum Teil, wie bei den auch bei uns immer beliebter werdenden Appaloosas etwa, ein sichtbarer Ring um die dunkle Iris sogar als rassetypisches Merkmal vorhanden sein muß?

Über kein Organ des Pferdes wird so viel Blödsinn verbreitet wie über das Auge.
Der zweieinhalbjährige Kärntner Norikerhengst „Pipp-Elmar" zeigt außer dem archaischen Begrüßungsgesicht beim Imponierwiehern als charakteristisches Tigerscheckmerkmal auch das sonst verpönte Weiß im Auge.

Wären alle Angehörigen dieser ursprünglich von den Nez-Percé-Indianern gezüchteten Rasse tatsächlich schwierig oder bösartig, hätten sie in den USA wohl kaum zu der zweithäufigsten nach den Quarter Horses aufsteigen können.

Veränderungen der Körperhaltung und Silhouette als Ausdruckselement und Stimmungssignal

Pferde reagieren, wie wir schon an dem Beispiel des laufbewirkenden Signals Schweifheben oder an der die Paarungsbereitschaft anzeigenden Sägebockstellung der Stuten erwähnt haben, sehr genau auf alle Veränderungen der üblichen Silhouette ihrer Gefährten. Hierzu gehören neben dem verschiedenen Heben, Lüften oder Einklemmen des Schweifes vor allem das unterschiedlich hohe Tragen des Halses, dessen jeweiliges Aufwölben, Strecken oder Senken aggressive und defensive Stimmungen ausdrücken kann, während die dabei eingenommene Kopfhaltung, die sich am Stirn-Nasen-Profil jederzeit markant gegen den Hintergrund abhebt, für das Erkennen der Orientierungsrichtung oder nuancierter Stimmungen über weite Entfernungen

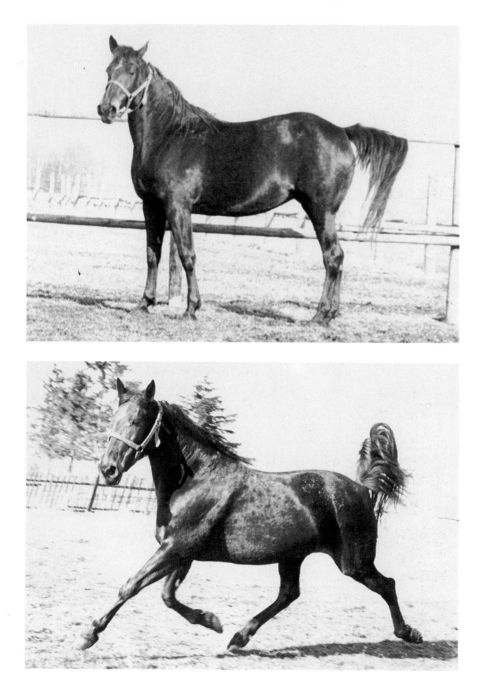

Das Hochheben des Schweifes im Stand signalisiert die Absicht, in schnellen Lauf auszubrechen. Der Gesichtsausdruck der Traberstute „Onda" zeigt die noch bestehende Unsicherheit an.

Jetzt stimmen Mimik und Schweifsignal „Ondas" überein.

Sorge trägt. Inwieweit die Umrisse allein genügen oder eine die Konturen verschiebende Bewegung zur Auslösung der Reaktion anderer dazukommen muß, hängt von der jeweiligen Situation ab. Pferde müssen überdies stets an das Bild eines Reiters gewöhnt werden, da sie anfangs dieses fremdartige Gebilde nicht in Artgenossen und Mensch zu trennen vermögen.

Orientierungsgesichter

Eine Fülle verschiedener Ausdrucksformen kennzeichnet den großen Komplex des Orientierungsverhaltens. Einhufer wollen sich nicht nur bei der Nahrungsaufnahme über freß- und trinkbare Dinge informieren, sie versuchen auch ihre Neugier mit sämtlichen Sinnen zu befriedigen und müssen sich gleichzeitig vor allem Unbekannten soweit wie möglich absichern. Bei der Fernorientierung, die sich gewöhnlich nach beweglichen Objekten ausrichtet, ist hauptsächlich der optische Eindruck ausschlaggebend, der vom Gehörsinn in dem Ausmaße ergänzt wird, wie sich das interesseheischende Geschehen nähert. Waren Geruchsempfindungen bisher noch wenig maßgeblich, stehen sie bei der sich übergangslos anschließenden Nahorientierung gleichrangig als dritte Informationsquelle neben dem Sehen und Hören, während dem Geschmack- und dem Tastsinn eine untergeordnete Bedeutung zukommen.

Das Warmblutfohlen „Gobi" nähert sich vorsichtig dem in der Hocke sitzenden Menschen. Der hochgetragene Schweif zeigt die Bereitschaft zur sofortigen Flucht an.

Akustisch und optisch orientierte Haltungen und Gesichter

Bei den meisten Orientierungsarten, seien sie auf einen naheliegenden oder einen etwas weiter entfernten Gegenstand gerichtet, spielt das Gehör eine bedeutende Rolle, und das aufmerksame Spiel der Ohren ist auch für den ungeübten Beobachter ein markantes und vielfach richtungweisendes Zeichen. Für die Ortung sehr vertrauter Geräusche genügt gewöhnlich ein Drehen der Ohrmuscheln zur Lärmursache hin, ohne daß dazu der Gesichts- und Geruchssinn miteinbezogen werden müßten. Recht eindrucksvoll demonstrieren das Pferde auf der Weide, die die Schritte ihres herannahenden Pflegers ganz genau verfolgen, obwohl sie sich – wie es scheint – nicht im geringsten in ihrer Tätigkeit stören lassen, noch ihre gräserrupfende Haltung im mindesten verändern.

Je nach Interesse und Beunruhigung bzw. nach dem Abstand, den das beobachtete Objekt noch hat, ändert sich dieses Verhalten, und die Pferde brechen plötzlich ihre gerade ausgeführte Tätigkeit ab, heben Hals und Kopf ruckartig an, spitzen die Ohren und blicken direkt auf den erregenden Vorgang. Zu dieser typischen Habtachtbewegung,

Beim Nahen einer echten oder vermeintlichen Gefahr werfen Pferde auf.
Halbwilde Sorraiaherde in Habtachtstellung,
in der Mitte der Stuten Herdenhengst
„Vinagre".

die die Jägersprache so treffend Aufwerfen nennt, werden die Nüstern mittelgradig geöffnet, um eine Witterung möglichst gut eindringen zu lassen, und der
Kopf wird verschieden weit herange-
nommen, woraus sowohl der geschulte menschliche Beobachter wie
ihre Artgenossen ziemlich genau entnehmen können, wo der vermutli-
che Feind gesichtet wurde. Die charakteristische Habtachthaltung stellt
dann nicht nur ein deutliches Signal für ein die Aufmerksamkeit aller
erforderndes Geschehen dar, sie läßt auch eine von weither auffallende, richtung- und entfernungsweisende Körpersilhoutte entstehen, bei
der der fixierte Punkt immer etwas höher liegt, als die Nasenspitze
anzudeuten scheint. Je weiter der Blick in die Ferne schweift, desto
aufrechter wird der Kopf getragen, je näher die Störungsquelle auf-
taucht, um so mehr ist er angewinkelt. Inwieweit die Schädelform und
die Lage der Augen und Nüstern bei den einzelnen Einhuferarten
mitbestimmend für das unterschiedlich starke Aufwerfen des Kopfes
bei Betrachtung desselben Gegenstandes sind, bliebe noch zu unter-

suchen. Ein höherliegendes Auge bei
größerem Gesichtsschädel, wie wir ihn
beim Kaltblüter und bei manchen Wildequiden finden, erlaubt ein Tiefertragen
des Kopfes, während das kleine Gesicht
des Arabers mit seinem verhältnismäßig
großen Hirnteil genauso wie die Schädelproportion der Fohlen, bei
denen sich das Stirnprofil ebenfalls höher über den Augen wölbt,
einen erhobeneren und waagrechter gehaltenen Kopf zufolge haben.

Auch im Pferdegesicht drückt sich ein verschieden großes
Interesse an der Umwelt in unterschiedlich starkem Angespanntsein
aus. Bei harmlosen Ereignissen bleibt es recht unbewegt, die Anteil-
nahme zeigt sich hauptsächlich in der zu vorher veränderten Kopf- und
Halshaltung und in der Ohrenstellung, während bei wirklichen oder
vermeintlichen Gefahren die Lidspalten stärker geöffnet und die
Nüstern mehr gebläht werden und überhaupt Ausdruck und Körperhaltung einen aufmerksameren Eindruck hervorrufen. Dieses „wache
Gesicht", wie ich es nennen möchte, das ein allseits beliebtes Postkar-
ten- und Kalenderbildmotiv abgibt und vor allem bei großen Augen
und Nüstern ausgesprochen feurig wirkt, kann dagegen bei einem
anderen Equidentyp auch verhältnismäßig langweilig dreinschauen.
Aus solch einer anatomisch bedingten unterschiedlichen Wirkung
derselben Mimik auf uns Menschen nun aber, wie das vielfach üblich

ist, Rückschlüsse auf den Intelligenzgrad des Tieres zu ziehen, halte ich nur sehr bedingt für richtig. Wird dieser wache Gesichtsausdruck noch durch markant hervortretende Muskeln zwischen Mundwinkeln und Backen und die eigentlichen Backenmuskeln unterstrichen, entsteht das „gespannte Gesicht", das man bei Pferden bisweilen beim Anblick gefahrloser, sie jedoch äußerst stark interessierender Dinge bemerken kann.

Ist die Herkunft einer Störungsursache, eines fremden Geräusches, Anblicks, Geschmacks oder Geruchs, nicht eindeutig zu klären, zeigen Pferde ein ausgesprochen „verwirrtes Gesicht", dessen auffallendstes Merkmal die desorientierten Ohren sind, die sich nervös nach allen Seiten bewegen, um dann in verschiedenen Richtungen stehenzubleiben. Auch das Spiel der Nüstern und der unruhige Blick spiegeln den starken inneren Zwiespalt wider, in dem sich das sich irritiert und unentschlossen fühlende oder zwischen Aggression und Furcht schwankende Pferd befindet. Sehr junge Fohlen tragen diese Mimik

Mutter und Kind zeigen fast dasselbe „verwirrte Gesicht" mit desorientiertem Ohrenspiel. Die Andalusierstute ist außerdem noch etwas ängstlich und wäre ohne ihr Fohlen, das den Fotografen irgendwie interessant findet, sofort zum Ausweichen und Fliehen bereit.

besonders häufig zur Schau, da sie auf ihren Exkursionen schließlich ungeheuer viele neue und unbekannte Sinneseindrücke verarbeiten müssen.

Geruchsorientierte Haltungen und Gesichter

Pferde haben ihrer verhältnismäßig weit außen am Kopf stehenden Augen wegen ein größeres Gesichtsfeld als Menschen, doch direkt vor der Nasenspitze einen kleinen Bezirk, in dem sie nichts sehen können. Wollen sie sehr naheliegende Gegenstände intensiv unter die Lupe nehmen, müssen sie sich für die optische oder für die geruchliche Untersuchung entscheiden, da beim speziellen Beriechen die Blickrichtung, die immer leicht schräg oberhalb der Profillinie verläuft, ein Stück vor dem beschnupperten Objekt zu Boden fällt, und umgekehrt. Je nachdem, ob es sich um bekannte oder unbekannte Dinge handelt, gehen die Tiere zielsicher oder eher zögernd mit gesenktem Kopf, geweiteten Nüstern, mit gespitzten Ohren und wachsam geöffneten Augen darauf zu. Hengste, die besonders viel Zeit mit dem Untersuchen der Kot- und Harnstellen ihrer Artgenossen verbringen, halten die Nasenlöcher dann möglichst mit ihrer ganzen Öffnung so direkt über die aufsteigenden Düfte, daß das Stirn-Nasen-Profil während der Geruchsaufnahme deutlich hinter die Senkrechte gerät, wobei sie die Ohrmuschelöffnungen meist nach der Seite drehen, um während dieser Zeit der Konzentration auf den stark aktivierten Geruchssinn nicht ohne eine gewisse Sicherung gegen außerhalb ihres Gesichtskreises herannahende etwaige Gefahren zu bleiben. Die gegenüber der beim Weiden angenommenen Silhoutte recht ausgeprägt veränderten Körperkonturen, zu denen noch als Bewegungssignal statt des beim Grasen üblichen Kopfruckens ein beim dazwischenliegenden Flehmen weit nach oben erfolgendes, typisches Kopf-Hals-Strecken dazukommt, scheinen mir der Hauptauslöser für das Interesse der sobald wie möglich ebenfalls heraneilenden übrigen männlichen Herdenmitglieder zu sein.

Eine geruchliche Fernorientierung ist beim Pferde dagegen verhältnismäßig selten zu sehen. Wittern Einhufer von weither getragene Düfte gegen den Wind, werfen sie stark auf und heben den Gesichtsschädel waagrecht in Richtung der Reizquelle, um die vom Luftzug mitgeführten Gerüche möglichst ungehindert in die Nasenräume einströmen zu lassen. Diese gegen den Wind gehaltene Nase gibt zu erkennen, daß olfaktorische Sinneswahrnehmungen gegenüber akustischen und optischen Eindrücken überwiegen.

220

Geruchliche Nahorientierung
Der Holsteinerhengst „Landgraf II" prüft
intensiv eine Stutenausscheidung.

Geruchliche Fernorientierung
Der Hispanoaraberhengst „Yesquero" wirft
auf und wittert von weit hergetragene
Düfte gegen den Wind.

Eine der einprägsamsten Verhaltensweisen der Einhufer jeder Altersstufe und beiderlei Geschlechts ist das sogenannte Flehmen. Beim Flehmen stülpen Pferde nach dem Beriechen interessant oder fremdartig duftender Stoffe ihre Oberlippe so weit nach oben, daß sie die Nüstern völlig zusammendrückt und dadurch die Nasenräume total von der Außenluft abschließt. Wenn auch die Unterlippe etwas hängengelassen wird, sind die zusammengebissenen Schneidezähne in voller Pracht sichtbar. Dazu heben sie Kopf und Hals meist über die Horizontale und manchmal sogar beinahe vertikal nach oben an, bewegen das Haupt nach links und rechts und schließen oder verdrehen die Augen „genüßlich", während die Ohren nach jeder beliebigen Richtung weisen können. Der Zweck dieses augenfälligen, merkwürdigen Gebarens, bei dem die Luft angehalten und die Nase blockiert wird, ist die geruchliche Orientierung mit dem Jacobsonschen Organ, einem gut bleistiftstarken, mit Riechschleimhaut ausgekleideten und seröser Flüssigkeit angefüllten Knorpelrohr am Boden der Nasenhöhle. Welcher Art die Duftstoffe sein müssen, die eine derart intensive zusätzliche geruchliche Prüfung erforderlich machen, daß alle anderen durch die Nüstern hereinströmenden Duftreize dabei ausgeschlossen werden sollen, ist meines Wissens noch nicht bekannt. Hengste flehmen regelmäßig nach der normalen Untersuchung von Kot- und Harnstellen ihrer Artgenossen, besonders rossiger Stuten, und vor

Schon in den ersten Lebensstunden können Pferde flehmen, wie dieses dreißig Minuten alte Fjordpferdefohlen beweist.

Das Flehmen ist eine der einprägsamsten Verhaltensweisen der Einhufer jeder Altersstufe und beiderlei Geschlechts. Der hingebungsvoll flehmende, von zwei hochrossigen Stuten flankierte nordspanische Kleinpferdehengst läßt die zusammengebissenen Schneidezähne sehen und verdreht „genüßlich" die Augen.

allem auch nach dem Beriechen der Geschlechtsorgane paarungsbereiter weiblicher Tiere; Stuten dagegen wesentlich seltener und meist nicht so stark.

Geschmacks- und tastorientierte Haltungen und Gesichter

Einhufer suchen sich prinzipiell stets mit allen Sinnen zu informieren, ist ihre Aufmerksamkeit geweckt. Besonders Fohlen, die bei ihrem ausgeprägten Neugierverhalten jeden erblickten und gleich interessant erscheinenden Gegenstand binnen kurzem auch beriechen und belekken wollen, nehmen vor der Inspektion mit Zähnen und Zunge eine häufig einige Sekunden dauernde Fühlungnahme mit dem Maul, die die langen, kräftigen, einzeln stehenden Tasthaare um Nasenspitze, Nüstern und Kinnpartie, an deren Ende jeweils eine eigene Nervenzelle sitzt, an der Untersuchung teilhaben läßt. Viele Füllen und sogar

223

manche erwachsenen Tiere unternehmen gelegentlich den Versuch, ihnen unbekannte Gegenstände zu „begreifen", indem sie mit einer Vorderhand daraufschlagen oder Scharrbewegungen ausführen. Ob es sich dabei um ein vielen höheren Säugetieren eigenes und bei Pferden ihrer hufumkleideten Einzehigkeit wegen nur noch als kümmerliches Relikt anzusehendes, wirkliches Einsetzen des Tastsinnes handelt, ist noch unbekannt. Vielleicht dient es nur der Auflockerung des Objektes zur eventuellen Erzeugung stärkerer Düfte oder ist als eine Art Übersprungshandlung zu deuten, da sich die Sache nicht richtig erklären läßt.

Manchmal kann man beobachten, wie Pferde irgendwelche fremdartig oder schlecht schmeckenden Gräser oder andere Dinge mit mahlenden Kaubewegungen bei geöffneter Mundspalte entweder längere Zeit geschmacklich prüfen oder mit Hilfe der Zunge aussortieren und wieder aus der Maulhöhle entfernen. Je nach der Intensität des Geschmacks- und Gefühlsreizes bei etwaigen harten Gegenständen ist dabei ein mehr oder weniger konzentrierter, „verinnerlichter" Gesichtsausdruck zu bemerken.

Wie kleine Kinder belutschen und beknabbern Fohlen alle interessanten Dinge. Warmblutfohlen „Rasgo" mit der Frau des Autors.

Große Langeweile und Müdigkeit pflegen auch Pferde mit Gähnen anzuzeigen.

Gähnender Bosniakenhengst „Miško XII".

Müdigkeitsgesichter

Große Langeweile oder Müdigkeit pflegen auch Pferde mit Gähnen anzuzeigen, dessen Mimik sich bei verschiedenen Säugetierarten lediglich aufgrund ihrer unterschiedlichen Anatomie unterscheidet. Wie wir gähnen sie in zwei aufeinanderfolgenden Intensitätsgraden, wobei sich beim ersten die Maulspalte öffnet und die Schneidezähne des Ober- und Unterkiefers freigibt, bis beim sich anschließenden zweiten, höheren das Maul maximal aufgerissen und die Oberlippe weit über das Zahnfleisch zurückgezogen wird. Dazu schließen sie meist die Augen, während sich der Unterkiefer häufig ein- bis zweimal seitlich verschiebt, um dann unter Ausatmen durch die vorher zusammengedrückten Nüstern den Mund wieder zuzumachen. Der Vorgang ist ein bei Mensch und Tier überaus weitverbreitetes, wegen seiner Ähnlichkeit untereinander zwischenartlich durchaus verständliches

Dösgesichter mit der charakteristischen entspannten Ohrenstellung, den verengten **Nüstern und der herunterhängenden Unterlippe, wie sie sonst nur bei alten Tieren zu sehen ist.**

und derart ansteckendes Ausdrucksverhalten, daß sich Pferde sogar durch exzessives menschliches Gähnen vielfach sofort zur Nachahmung veranlaßt fühlen.

Beim Dösen in der schon beschriebenen charakteristischen Haltung mit leicht gesenkter Kruppe und geschildertem Hinterbein wirkt das Pferdegesicht entspannt und seine Muskeln verschiedenartig erschlafft, so daß sogar junge, kräftige Tiere nach Art alter Mähren die Unterlippe wie eine Tasche herunterhängen lassen. Die Nüstern werden der flachen Atmung wegen verengt, die Augen weitgehend von den Lidern bedeckt, und die Ohren, deren Öffnungen bei wirklicher Entspannung stets nach der Seite und etwas nach unten zeigen, bleiben in der Mitte des Kopfes stehen. Je nachdem, ob sich der Zustand mehr dem Schlafen oder dem Wachen nähert, variieren der Schluß der Lidspalten und Nüstern und die Richtung der Ohren. Sowohl während des Schlummerns in Bauchlage mit untergeschlagenen Beinen und freigetragenem oder auf das Maul aufgestütztem

Fjordpferdfohlen im Tiefschlaf

Kopf als auch beim Tiefschlaf mit einer meist angewinkelten Vorderhand und ausgestreckten Hinterbeinen unterscheidet sich die Mimik nur durch die ganz geschlossenen Augen vom „Dösgesicht".

Begrüßungsgesichter

Das Begrüßungszeremoniell

Begegnen sich zwei fremde Pferde, begrüßen sie sich nach einem festgesetzten Ritus, dessen ganzer Ablauf jedoch äußerst selten zu sehen ist. Beim sich vollständig abspielenden Zeremoniell gehen sie mit gespitzten Ohren aufeinander zu, und dieser optische Eindruck löst in vielem dem Neugier- und Orientierungsverhalten gleichende Reaktionen aus. Zeigen beide weiterhin freundliche Absichten und vermei-

Begrüßung zweier Fremdlinge über den Zaun. Die Reitpferdestute droht mit stark zurückgelegten Ohren, doch verrät ihre neutrale Maul-Nüstern-Mimik die teilweise Überlagerung der Aggression durch Neugier. Der Haflingerhengst ist höchst interessiert und zeigt das „angespannte Gesicht".

den jegliche Aggressionsmimik und Drohgesten, werden nach ausgiebigem nasonasalem Kontakt die Schultergegend, der Bereich der Flanken und mit der Schwanzwurzel die jeweiligen Sexualorgane berochen. In dieser zweiten Phase tritt der Geruchssinn an die erste Stelle, obgleich die Tiere auf die nur mit dem Auge erkennbaren Signale eines eventuellen plötzlichen Stimmungswandels des anderen noch sehr wohl achten. Eine bis hierher gediehene Begrüßung setzt sich häufig, angezeigt durch das Beknabbergesicht, im Fellkraulen fort, womit die immer bloß ein einziges Mal stattfindende Handlung des gegenseitigen Kennenlernens abgeschlossen wäre. Bei der Ankunft eines Neulings in einem Herdenverband eröffnet stets der Familienhengst bzw. die Leitstute das Zeremoniell, denen sich alle übrigen ihrer Ranghöhe entsprechend der Reihe nach in gleicher Weise anschließen.

Die Begrüßung wird jedoch in der Regel schon sehr frühzeitig abgebrochen, da sich meist eines der beiden Tiere bereits in den ersten Sekunden mit zur Schau gestellter Imponierhaltung und mehr oder minder ausgeprägter Drohmimik sofort zum Ranghöheren aufzuwerfen versucht und das andere zu deutlichen Unterlegenheitsgesten veranlaßt. Interessanterweise läuft die Begrüßung aber in allen Teilen ab, wenn der eine Partner lediglich aus einer Attrappe besteht. Wie GRZIMEK in grundlegenden Versuchen an Hauspferden und an Zebras in der Serengeti nachgewiesen hat, die TRUMLER später ebenfalls an Zebras bestätigen konnte, begrüßen Equiden stark vereinfachte, nur zweidimensionale, flache Bilder wie richtige Artgenossen, womit die Bedeutung des Silhouettensehens bei Pferden überhaupt entdeckt wurde. Naturgemäß erlischt das Interesse des lebenden Begrüßungsteilnehmers ziemlich rasch, wenn das künstliche Gebilde ohne artgemäßen Geruch nicht in der erwarteten Weise reagiert.

Bei ausgewachsenen echten Pferden ist weder eine eigene Körperhaltung noch eine gesonderte wirkliche Begrüßungsmimik ausgebildet, wie wir sie von vielen Equiden her kennen. Ihre Gemütsverfassung drückt sich wie in anderen Verhaltensbereichen durch viele dem Imponiergehabe, den Aggressions- bzw. Unterwürfigkeitsgesten und dem Orientierungsverhalten entstammende Einzelelemente aus und wechselt bei beiden Begrüßungspartnern oft in Sekundenschnelle, weshalb in der Literatur die verschiedenen Beobachter zu manchmal beinahe gegensätzlichen Auffassungen kommen konnten.

Das archaische Begrüßungsgesicht beim Imponierwiehern

Wird kontaktfreudigen Pferden die Nähe ihrer Artgenossen verwehrt, dann wiehern sie häufig. Bei diesem „Kontaktwiehern", das logischerweise keinerlei Gegnerschaft beinhaltet und deshalb jegliche, vom gerufenen Partner möglicherweise als Drohung aufzufassende Mimik oder Haltung so gut wie völlig ausschaltet, öffnet sich die Maulspalte, indem sich die Oberlippe in ihrer ganzen Länge sanft bogenförmig geschwungen nach oben wölbt und bei stärkerer Stimmäußerung die Mundwinkel eine gleichmäßige Rundung erfahren. Wie erwähnt, werden auch beim lauten Wiehern ohne mitschwingende Aggression die oberen Schneidezähne nicht entblößt.

Manchmal zeigen aber vor allem Hengste, bevor sie mit dem typisch männlichen Imponiergehabe und ihrem Schnorcheln beginnen, und in gewissen Momenten auch manche Stuten darüber hinaus eine nur auf den ersten Blick dem Kontaktwiehern gleichende Mimik, die ich als „archaisches Begrüßungsgesicht" bezeichnen möchte, da sie eindeutig eine jener bis in unsere Tage erhalten gebliebenen, urtümlichen Verhaltensweisen ist, die des veränderten Körperbaus der heutigen Einhufer wegen keine wirkliche, funktionelle Bedeutung mehr hat. Dazu verlängern die Pferde die Maulspalte nach rückwärts und ziehen den hinteren Teil der Oberlippe so nach oben, daß eine nasenrücken-

Archaisches Gesicht beim
Imponierwiehern
Der französische Traber-
hengst „Quel Espoir C" entblößt seinen starken unteren Eckzahn.

Wegen des langen Diaste-
mas wird der Eckzahn des
polnischen Araberhengstes
„Wisznu ox" nicht sichtbar.

wärts gerichtete, deutliche Ausbuchtung mit scharfem, spitzem Mundwinkel entsteht und die Nüstern je nach dem Grad der Anspannung
dabei abgeflacht werden. Dieser spezielle Ausdruck soll den bei den
Vorläufern der Equiden einst als Waffe dienenden Eckzahn symbolisch
entblößen, um mit der eigenen Wehrhaftigkeit die begegnenden
Artgenossen zu beeindrucken. Auch wir Menschen verfügen über ein
ähnlich urtümliches Verhalten, denn unser Lächeln, das wir als höfliche
Zeitgenossen zur Begrüßung unseres Nächsten zeigen, ist vielfach
ebenfalls nichts anderes als ein Zähneblecken. Beim obligaten amerikanischen Keep-smiling, bei dem der Mund zwar lächelt, die Augen
jedoch völlig unbeteiligt bleiben – als ob man stumm „cheese" sagte –,
fühlt man sich bisweilen tatsächlich an ein drohend entblößtes Raubtiergebiß erinnert.

Die Eckzähne, die das Raubtiergebiß dolchförmig an Höhe
überragen und auch bei manchen Allesfressern hauerartige, gefährliche Waffen darstellen, sind bei den Pferdehengsten und einigen Stuten
zwar noch vorhanden, haben jedoch ihre Funktion ganz und gar
eingebüßt, da im Kampf ausschließlich mit den Schneidezähnen
zugebissen wird. Der kegelförmige, manchmal recht kräftige Hengstzahn der heutigen Einhufer scheint früher aber keineswegs bedeu-
tungslos gewesen zu sein, denn es sind Schädelreste gewisser dreize-

higer vermutlicher Pferdevorläufer ausgegraben worden, die Eckzähne besitzen, die jedem Raubtier zur Ehre gereicht hätten. Typischerweise findet man die wichtigsten Ausdruckselemente des geschilderten archaischen Begrüßungsgesichtes mit Imponiergehalt daher beim sehr urtümlich gebliebenen Tapir gerade in dessen Aggressionsmimik wieder: Beim Drohen mit völlig entblößten, gefletschten Zähnen zieht er die Oberlippe zu genau der gleichen Maulspaltenform mit ebenfalls spitzen Mundwinkeln hoch, nur daß bei diesen nächsten Verwandten der Pferdeartigen das Eckzahnentblößen als blanke Drohgeste erhalten geblieben ist, während es die echten Pferde zu einer leicht aggressiven Begrüßung abgemildert haben, was aus ihren im Gegensatz zu den Tapiren stets nach vorne gerichteten Ohren hervorgeht.

Wenn man den unteren Hengstzahn auch nur bei Pferden mit kurzem Diastema wirklich sieht, während er beim Araber, der sich durch ein besonders langes auszeichnet, trotz seiner ungemein ausdrucksvollen Mimik gewöhnlich nicht freigelegt wird, ist das symbolische Vorzeigen der ursprünglichen Wehrhaftigkeit im Nahverkehr jedoch keineswegs zu übersehen. Über weitere Distanzen dagegen bleibt der Imponiergehalt dieses Gesichtes durch die dazugehörige Körperhaltung gewahrt, da im Gegensatz zum Kontaktwiehern mit stets ziemlich waagrecht getragenem Kopf die verlängerte Schädel-

achse beim „Imponierwiehern", wie ich die Lautäußerungen mit sichtbar oder angedeutet entblößtem Eckzahn nennen möchte, den Boden
in spitzem Winkel trifft. Die stimmungsträchtige Kopf-Hals-Winkelung
halten die Hengste so peinlich ein, daß man sie auf Bildern bei ganz
verschiedenartig wirkenden Individuen unterschiedlichster Rassen immer nahezu zur Deckung bringen kann. Selbst Pferde an der Hand, die
durch Wedeln mit dem Führzügel zu einer eindrucksvolleren, fotoge-
neren Haltung veranlaßt werden sollen, nehmen bei stärkerem Heben
des Halses sofort das Stirn-Nasen-Profil entsprechend weiter heran,
um den Aggressionsausdruck des Imponierwieherns bzw. sein Fehlen
beim Kontaktwiehern nicht einzubüßen.

Von Zebras wird ein analoges Begrüßungsgesicht geschildert,
das in der höchsten Intensitätsstufe noch durch eine wesentlich weiter
geöffnete Maulspalte gekennzeichnet ist. TRUMLER, der es beschrieben
hat, hielt es für identisch mit der Drohgeste, von der es sich lediglich
durch die freundlich gespitzten und nicht aggressiv zurückgelegten
Ohren unterscheidet. Die von ihm angenommene gleichartige Mimik
bei echten Pferden kann ich mit Ausnahme des eben geschilderten,
verhältnismäßig selten zu beobachtenden urtümlichen Ausdrucks der
Hauspferdehengste nur für ein bei jugendlichen Tieren gezeigtes, ähnliches Begrüßungsgesicht bestätigen, auf das wir noch zurückkommen
werden.

**Zum Imponieren wölben
alle Pferde den Kragen auf,
um größer und mächtiger
zu erscheinen.
Das Imponiergesicht des
unvergessenen asilen Origi-
nalaraberhengstes „Ghazal
ox".**

**Einhufer imponieren aus-
schließlich im Trab.
Vierjähriger Sorraiahengst
„Vaqueiro" versucht die
Warmblutstuten auf der
Nachbarkoppel zu beein-
drucken.**

Das Imponiergehabe

Beim schon mehrfach erwähnten Imponieren wölben alle Pferde stets den Kragen auf, um größer und mächtiger zu erscheinen, und nehmen den Kopf mehr oder weniger stark an den Hals heran, zäumen also auch ohne Zügel bei, wie man in der Reitersprache sagt. Die Ohren sind auf das Objekt, das beeindruckt werden soll, gerichtet, die Nüstern mittelgradig geöffnet, und der Schweif wird getragen.

Einhufer imponieren ausschließlich im Trab, ja, ich habe sogar den Eindruck gewonnen, daß er natürlicherweise allein zum Imponieren entwickelt wurde. Mit Ausnahme der auf diese Eigenschaft seit Generationen selektionierten Traber bewegen sich freilaufende Pferde ohne besondere Dressur fast nur im Schritt und Galopp. Zwar legen die meisten reiterlich nicht ausgebildeten Tiere dazwischen einige Trabschritte ein, um in Schwung zu kommen und die für den Galopp nötige Geschwindigkeit zu erreichen, doch sind diese je nach Körperbau länger oder kürzer andauernden Reprisen ohne Imponierhaltung als bloßer Übergang anzusehen. Der Stolztrab, den übrigens schon ganz junge Fohlen zeigen, die normalerweise aus dem Stand heraus angaloppieren, kann vom Tänzeln an der Hand, womit vor allem Deckhengste stets vor fremden Stuten prahlen, bis zur Piaffe reichen, bei der kadenziert mit hoch angehobenen Füßen auf der Stelle getrabt wird.

Der Holsteinerhengst „Landgraf II" ist bemüht, „schnorchelnd" und schweifschlagend mit tänzelnden kurzen Trabschritten Eindruck auf eine Stute zu machen.

Da Pferde zum Imponieren stets den Trab benötigen, müssen sie piaffieren, solange sie an der Vorwärtsbewegung durch den Menschen, einen Zaun oder dadurch gehindert werden, daß sie den zu beeindruckenden Artgenossen bereits erreicht haben. Auch die Passage ist als optisch eindrucksvolle Trabbewegung eine spezielle Form dieses Benehmens und wird je nach dem Gelände und der Entfernung der Partner schon in ungerittenem Zustand im Freileben ausgeführt. Stuten geben übrigens genauso an wie Hengste, nur scheint mir in ihrem Gehabe das Piaffieren wesentlich seltener zu sein. Daß ihr Verhalten dem an sich männlichen Repertoire entstammt, geht eindeutig daraus hervor, daß in anderen Bereichen ebenfalls „maskulin" reagierende, ranghohe Stuten über das deutlichste und hengstähnlichste Imponieren verfügen.

Ist der Imponiergehalt der Ausdrucksbewegung Trab teilweise zugunsten des Vorwärtsdranges unterdrückt, dann „petten" Pferde, wie man in Norddeutschland zu sagen pflegt, bisweilen auch ohne Reiter. Beim „Petten" verharren die Beine nicht wie in der Passage möglichst hochgehoben einen Moment in der Schwebe, sondern strecken sich weitgehend waagrecht nach vorne, wobei sie je nach der Geschwindigkeit des Vorankommens geradezu in die Luft gestochen werden. Dieser „Stechtrab", bei dem die Nase des vielfach verhältnis-

Die höchste Imponierform der Hengste ist das Piaffieren.
Der Vollblutaraberhengst „Darius ox" in taktmäßiger Piaffe mit vorbildlich untersetzender Hinterhand.

mäßig hohen Tempos wegen nicht mehr so stark wie etwa in der Passage oder Piaffe beigezäumt wird, ist in das Imponierverhalten der Wild- und mancher Halbesel besonders integriert worden. Der Paß und vor allem der Tölt mit ihren zahlreichen Varianten stellen, von Ausnahmen abgesehen, bei allen Rassen, die diese Gangarten beherrschen, eher abgewandelte Arten des Schritts als des Trabes dar. Ganz nebenbei gesagt bedeutet im Spanischen das Wort *paso* keineswegs Paß, sondern Schritt. Die *caballos de paso*, wie zum Beispiel die neuerdings bei uns aus Peru und Kolumbien eingeführten Tölter bezeichnet werden, heißen in ihrer Heimat also an sich Schrittpferde oder sinngemäß Schrittgänger.

Wir haben oben der Einfachheit halber die Trabrennpferde als spezielle menschliche Zuchtprodukte von den über den Trab als Imponierausdruck gemachten Feststellungen ausgenommen. Daß aber auch bei ihnen die vorhandenen Anlagen an sich mit dem Imponiergehabe in Zusammenhang stehen, soll wiederum ein Beispiel aus meinem eigenen Stall veranschaulichen: Eines meiner Traberhengstfohlen, das das erste Jahr über ohne männlichen Spielpartner auskommen mußte, ging fast ausschließlich Schritt und vor allem Galopp, obwohl seine Eltern ausgesprochen „trabsichere", also auch bei forciertem Tempo selten aus dem Trab in Galopp fallende Pferde waren und seine Mutter sogar auf der Koppel höchst selten galoppierte. Als ich, um sein unnatürliches, einzelgängerisches Aufwachsen abzubrechen, einen gleichaltrigen Junghengst erstand und mit ihm auf die Weide verbrachte, hat sich meine Auffassung vom Trab als ursprünglich reiner Imponierausdrucksbewegung erneut in eindeutiger Weise bestätigt. Der selbstgezogene Jährling suchte sofort seinen offensichtlich als Konkurrenten empfundenen Altersgenossen durch einen deutlichen, kadenzierten Imponiertrab mit stark aufgewölbtem Hals und beigezäumter Nase zu beeindrucken. Interessanterweise behielt er die damals erstmalig länger andauernd gezeigte Gangart von diesem Tage an als eine gleichwertig neben Galopp und Schritt rangierende Bewegungsform bei.

Ein ebenfalls beim Imponieren gezeigtes, doch da es ausgesprochenen Unwillen bekundet, schon zum Aggressionsverhalten überleitendes Tun ist das Kopfschlenkern. Anders als bei der schnellen Fliegenabwehr-Schüttelbewegung mit waagrecht gehaltener Nase führen Pferde beim Schlenkern mit dem verschieden stark beigezäumten Schädel nur verhältnismäßig langsame, halbkreis- oder achterförmige Drehungen aus. Dieses nicht unmittelbar mit eindeutigen Angriffshandlungen zusammenfallende Benehmen kann als eine Übersprungsreaktion für nicht abzubauende Aggressionen aufgefaßt werden und ist daher hauptsächlich bei relativ streitsüchtigen männlichen oder weiblichen Tieren zu bemerken, die entweder von ihren sichtbaren Artgenossen räumlich getrennt sind und offensichtlich zu ihnen wollen oder deutlich in der Nähe befindliche Menschen ablehnen, denen sie sich jedoch in Drohhaltung nicht zu nähern wagen.

Aggressions- und Unterwürfigkeitsmimik

Drohgesichter

Nur wenige Ausdrucksformen des Pferdes sind derart deutlich und in ihrer stärkeren Ausprägung selbst vom Menschen so leicht zu erkennen wie das gesamte Aggressionsverhalten. Das meistgebrauchte und nuancenreichste Signal aller Einhufer stellt das verschiedengradige Zurücklegen der Ohren dar, dem jedoch nicht unbedingt eine zielgerichtete Handlung wie etwa eine Beißdrohung folgen muß, sondern das lediglich die vorhandene ablehnende Stimmung zum Ausdruck bringt, die aggressiv oder defensiv sein kann. Beim heftigsten Unwillen tauchen sie derart weit unter, daß sie Kopf und Hals weder im Profil

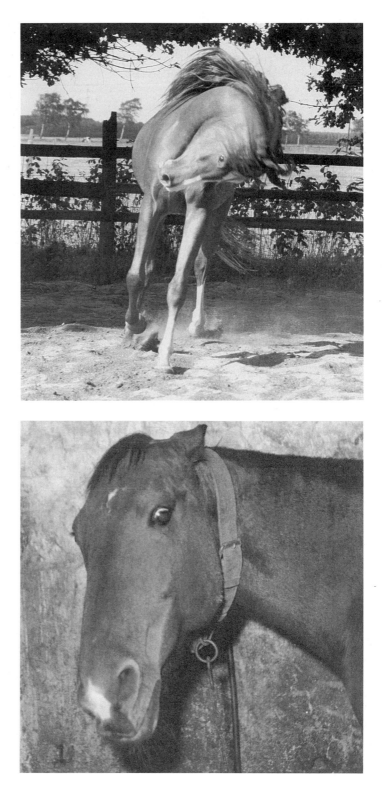

Kopfschlenkern beinhaltet Imponiermomente und Aggressivität, die nicht ausgelebt werden kann. Vollblutaraberhengst „Samun ox".

Das meistgebrauchte Signal für eine vorhandene ablehnende Stimmung stellt das verschiedengradige Zurücklegen der Ohren dar. Bei heftigstem Unwillen tauchen sie bei der Holsteinerstute „Ganda" so weit unter, daß sie von vorne und von der Seite kaum mehr zu sehen sind.

Als äußerst bedrohlich empfinden wir das Ohrenan-
legen vor allem bei grob-
schädeligen Pferden mit langem Gesichtsteil.
Hannoveranerstute „Düne"
droht massiv, läßt ihre
Ohren „verschwinden" und
zeigt wie „Ganda" darüber
hinaus das gefürchtete
Weiß im Auge.

Dieselbe Absicht in gleicher
Intensität wirkt bei dem
adretten Köpfchen der Norwegerstute „Fanta" lange
nicht so beängstigend.

noch von vorne gesehen überragen, optisch also verschwunden sind, eine Geste, die von den auf das Ohrenspiel ihrer Artgenossen besonders aufmerksam achtenden Pferden ausgesprochen selten übersehen wird. Als äußerst bedrohlich empfinden wir das Ohrenanlegen vor allem bei grobschädeligen Pferden mit langem Gesichtsteil, wie ihn manche Warm- und Kaltblüter, aber auch gerade diejenigen Wildequiden besitzen, für die eine verhältnismäßig häufig ausbrechende Ag-

Die Traberstute „Ina" zeigt die eingefaltet verzogenen Nüstern und die böse verkniffene Maulspalte besonders deutlich.

gressivität kennzeichnend ist, während dieselbe Absicht, in gleicher Intensität von Ponys oder Arabern mit ihrem oft konkaven Stirn-Nasen-Profil ausgedrückt, auf uns vielfach längst nicht so beängstigend wirkt. Bei Ponys kommt hinzu, daß der Signalwert kurzer Mauseohren absolut geringer bleibt als etwa der einer extrem langohrigen Wildeseldrohung.

Neben dem auffälligen Zurücklegen der Ohren spielt die stets gleichzeitig oder sogar schon vorher gezeigte Mimik der Nüstern- und Maulpartien der Einhufer eine wichtige Rolle. Bei vorhandener Aggression zieht das Pferd die äußeren Nasenflügel derart bedeutungsvoll nach hinten, was die Nasenöffnung zu einer elliptisch schmalen, manchmal faltenwerfenden Form verlängert, daß die Bewegung allein bereits als massive Drohung wirkt. Dazu wird noch die Maulspalten-linie bei geschlossenen Lippen im Mundwinkelbereich deutlich dro-hend nach unten abgeknickt, eine Unlustgeste, die als Mundwinkel-drohen bezeichnet werden kann. Der bereits jetzt wesentlich markan-tere Gesichtsausdruck verstärkt sich bei der heftigsten Stufe, der Beißdrohung, durch das geöffnete Maul, das bei gerundeten Mund-winkeln und zurückgezogenen Lippen das vollständige Schneidezahn-gebiß freigibt. Werden angriffslustige Stimmungen von anderen über-lagert, können die Ohren neugierig gespitzt bleiben, so daß nur die Nüstern- und Maulpartie dem Kundigen die eigentlichen Absichten des Tieres anzeigt.

Viele Pferde bedrohen uns gerade dann recht heftig, wenn wir ihnen Hafer oder Wasser bringen, also aus unserer Sicht nur etwas Gutes tun wollen. Diese Aggression, in der eine Art vorweggenomme-ner Futterneid zum Vorschein kommt, erinnert wieder einmal überzeu-gend daran, daß sich Einhufer trotz generationenlanger Fütterung durch den Menschen zu jeweils festgesetzten Tageszeiten noch immer nicht vollständig an das so widernatürliche Wegfallen der ganz-

Werden angriffslustige Stimmungen von anderen überlagert, können die Ohren neugierig gespitzt bleiben. Der heftig mundwinkeldrohende Sorraia- **hengst „Esbelto" beim keineswegs freund-lich-nachbarlichen Plausch mit dem eben aufgetauchten Exmoorhengst „Musketeer".**

Die Welsh-B-Roanstute in der Vorrosse mit ihrem siebentägigen Fohlen bedroht einen Hengst im Nebenpaddock. Ihre Gesichtsmimik und Körpersprache vereinigt mit Ohrenanlegen, Mundwinkeldrohen, Vorderhand- und Schweifschlagen gleichzeitig mehrere Elemente des Aggressionsverhaltens.

tägigen Nahrungsaufnahmemöglichkeit gewöhnt haben. Ihr anscheinend undankbares Verhalten beweist erneut, wie stark sie auch unter domestikationsbedingten Haltungsformen ihrer inneren Programmierung gemäß reagieren und wie schwer Tieren mit geringem Intellekt auch bei gegebener Gutmütigkeit jede psychische Umstellung fällt.

Neben der Gesichtsmimik stellt auch die Körperhaltung einen nicht zu übersehenden Bestandteil des Aggressionsausdrucksverhaltens der Equiden dar. Die mimische Drohung, die gewöhnlich im Stand oder im Schritt beginnt, je nachdem, bei welcher Tätigkeit sich ein Pferd belästigt fühlt, wird durch das Anheben einer Vorder- oder Hinterhand und durch den gezielt schlagenden Schweif verstärkt, ehe das Tier seinen beabsichtigten Schlag anbringt oder die meist durch den waagrecht getragenen Kopf und Hals angezeigte Beißdrohung mit ein bis zwei Galoppsprüngen auf den Gegner zu in die Tat umsetzt. Bei Pferden in Stallhaltung kann aufgrund der beengten Raumverhält-

nisse die in der Körperhaltung zum Ausdruck kommende Vorwarnung weitgehend entfallen und daher ein eventueller Biß oder Schlag scheinbar blitzschnell erfolgen, wenn der ahnungslose Mensch wieder einmal die stets vorher die Absicht signalisierende Mimik nicht begriffen hat.

Eine besondere Form des von Hengsten vor allem gegenüber weiblichen Tieren angewandten Drohens ist die Treibhaltung, mit der sie meist im Schritt, in Ausnahmefällen jedoch auch in anderen Gangarten, ihre Frauen zum Richtungswechsel zu veranlassen oder überhaupt zur Raison zu bringen pflegen. Die markante Silhouette eines mit unter die Waagrechte gesenktem Kopf und Hals und stets leicht gelüftetem Schweif treibenden Hengstes, die bisweilen durch schlangenartige Pendelbewegungen seines dicht über dem Boden getragenen, mit stark angelegten Ohren drohenden Kopfes noch an Prägnanz gewinnt, ist unverwechselbar und wird von Stuten, die länger mit demselben Beschäler zusammenleben, sofort entsprechend und gehorsam beantwortet.

Eine besondere Form des nur gegenüber weiblichen Tieren angewandten Drohens ist die Treibhaltung der Hengste.
Sorraiahengst „Vaqueiro" zwingt mit unter der Waagrechten gesenktem Kopf und Hals, drohend angelegten Ohren und verkniffenen Nüstern im Trab seine hier nicht sichtbaren Stuten zu schnellem Richtungswechsel.

Großwüchsige, anfänglich noch etwas schlaksig wirkende Großpferde- und Sorraiafohlen brauchen gewöhnlich länger als stämmige, kurzbeinige Ponyfüllen, bis sie die sensible Phase beendet haben. Haflinger stehen etwas zwischen beiden Gruppen. „Ossi" bedroht, fast wie ein Hengst, in Treibhaltung wild alle Familienmitglieder, die sich ihrem wackeligen, schon sieben Stunden alten, noch ungeprägten Fohlen nähern wollen.

Bei Stuten kann man die Treibhaltung wesentlich seltener und dann meist in nicht sehr ausgeprägter Form beobachten. Lediglich in der Prägephase ihrer Neugeborenen wenden auch einzelne gewöhnlich von Haus aus bereits ranghohe Stuten diese Drohhaltung in derselben extremen Form wie Hengste an, um andere Lebewesen aus der Nähe ihres Kindes zu vertreiben.

Die Treibhaltung als starkes Aggressionsausdrucksmittel ist übrigens entwicklungsgeschichtlich ziemlich alt und im Tierreich bei Wirbeltieren weit verbreitet. Selbst viele Reptilien nehmen bei aggressivem oder defensivem Drohen noch eine ähnliche Haltung mit nach unten durchgedrücktem Hals und waagrecht getragenem Kopf ein. Manche Leser haben sicher schon die Gockel unserer Haushühner in dieser Drohhaltung eine Henne verfolgen sehen oder zwei Hähne dabei beobachten können, wie sie geduckt mit gesträubten Federn einander gegenüber Kampfaufstellung nehmen. Unvergeßlich ist mir auch meine Angst, die ich als kleiner Knirps besonders vor dem Ganter auf dem großelterlichen Bauernhof hatte. Dieses Untier besaß aufgerichtet etwa die gleiche Höhe wie ich und verhinderte mit zischend dicht über dem Boden pendelndem Hals und blitzschnellem Zwicken in meine nackten Beine jeden von mir vor allem auf die Gössel gerichteten frühen Forscherdrang, solange ich ihn nicht mit einer langen Gerte schwer bewaffnet auf Distanz halten konnte.

Unterwürfigkeitsgesichter

Alle Einhufer haben zum Anzeigen ihrer Unterwürfigkeit eine spezielle Mimik und Körperhaltung entwickelt, die bei jugendlichen und bei erwachsenen Pferden verschieden ist.

Fohlen zeigen bis zu einem Alter von je nach psychischem und physischem Reifegrad eineinhalb bis zweieinhalb Jahren das sogenannte Unterlegenheitsgesicht. Dabei führen sie mit den von den Lippen freigegebenen Ober- und Unterkieferschneidezähnen schnelle „Kaubewegungen" aus, die jedoch stets ohne die für das mahlende Fressen typische Seitwärtsverschiebung der Kiefer erfolgen, also eher mit unserem Zähneklappern zu vergleichen sind, obwohl das dazugehörige klappernde Geräusch meist fehlt. Dafür kann man jedesmal ein saugendes Schmatzen hören, wenn die nach oben hin aufgewölbte und immer deutlich sichtbare Zunge vom Gaumen weggezogen wird. Wie bei der massiven Beißdrohung sind die Mundwinkel gerundet, die Ohren zeigen jedoch schräg nach hinten und leicht seitwärts, während sich die Nüstern schreckgeweitet öffnen.

Ein nur leichtes Drohen des Familienoberhauptes „Endo" genügt, um „Asko" in seine Schranken zu verweisen. Der Zweijährige mit deutlich angezeigter Demutshaltung und Unterwürfigkeitsmimik.

Drei Welsh-Jährlingshengste machen Kotau vor dem Hengst, an dem sie lediglich vorbeigehen müssen. Gestreckter Hals, seitwärts-rückwärts gerichtete Ohren und das schnelle Kauen mit sichtbaren Schneidezähnen und gerundeten Mundwinkeln charakterisieren die Unterlegenheitsmimik, das Kleinermachen des ganzen Tieres und das Einziehen der Hinterhand die unterwürfige Körperhaltung.

Zu dieser sehr auffallenden Mimik tritt eine nicht weniger deutliche Körperhaltung hinzu. Werden Fohlen oder jugendliche Pferde angedroht, heben sie immer zuerst ruckartig den Kopf, bevor sie bei recht steif wirkender, unbewegt beibehaltener Kopf-Hals-Haltung mit dem Kauen wie auf einem Gummiball beginnen. Durch diese stets erfolgende Aufwerfbewegung geraten sie manchmal eigentlich erst richtig in den Bereich der drohenden Zähne. Vor Schreck ziehen sie oft die Hinterhand ein, klemmen den Schweif zwischen die Hinterbacken, und gelegentlich knicken ihnen sogar alle vier Beine weg, so daß sie nicht nur ihre Angriffsfläche verringern, sondern sich tatsächlich niedriger und kleiner machen.

Fohlen zeigen ihre Unterlegenheit im Gegensatz zu jugendlichen Tieren gewöhnlich stehenderweise, was mich lange vermuten ließ, daß die eigentliche Funktion dieser von vielen Autoren als eine Art Tabu-Mimik interpretierten Gebärde darin besteht, ein Wegtreiben der Pferdekleinkinder von der Herde zu verhindern. Das funktioniert gewöhnlich auch insoweit, als diese mit Vehemenz zur Schau gestellte Kindlichkeit den Angriff aggressiver Alttiere manchmal geringfügig abzumildern vermag. Vor gelegentlichen, keineswegs zimperlich ausgeteilten Bissen oder Schlägen schützt jedoch selbst das intensivste Schmatzen und Kauen nichts.

Besonders das Beobachten dreier asiler Araberjährlingshengste bestärkte mich in meiner Ansicht, daß das Unterlegenheitskauen nicht nur eine besänftigende Komponente enthält, sondern darüber hinaus auch ein urtümliches Begrüßungselement. Unsere einjährigen arabischen Edelknaben setzten nämlich erstaunlicherweise ihr soge-

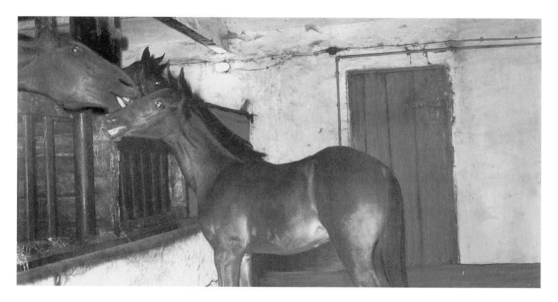

Warmblutstute „Aischa" beißt das ohne Erfolg unterlegenheitskauende Traberfohlen „Intrigant". Deutlich zu sehen dessen aufgewölbte Zunge. Die Ohren zeigen die neugierige Absicht des Fohlens und keine vollständige Unterwürfigkeit an.

nanntes Unterlegenheitsgesicht nicht ausschließlich bei sich ihnen bedrohlich nähernden erwachseneren oder ranghöheren älteren Junghengsten auf, sondern auch bei jedem gleichaltrigen, sobald sie ihm begegneten. Dabei „kaute" sowohl der Schwächere schnell und deutlich und machte sich klein, als auch der Ranghöhere, der die Hinterhand ebenfalls einzog, Hals und Kopf streckte und heftig eine halbe Minute und noch länger zu schmatzen anfing. Danach begannen beide dann ein Kampfspiel oder erneut zu weiden.

Nun zeigen viele Einhufer wie etwa die Zebras, deren Streifenkleid im Vergleich zur meist einfarbigen oder doch nur manchmal

Zwei asile Araberjährlingshengste begrüßen
sich. Der schon etwas ältere, ranghöhere
und größere Fuchs „Mabrouk" kaut mehr als
eine Minute lang mit gespitzten Ohren vor
dem noch kindlichen Schimmel „Shareef",
ehe er ein Kampfspiel mit ihm beginnt.

Begrüßung fremder Pferde:
Die Jährlingsstute begrüßt den fremden
Fjordpferdwallach mit dem „archaischen
Begrüßungsgesicht" und zeigt dabei, heftig
kauend, nur die unteren Schneidezähne. Die
Ohren beider Tiere sind freundlich gespitzt.

rudimentär gestreiften Decke der echten Pferde als primitiver angesehen wird, immer, wenn sie sich begegnen, ein echtes Begrüßungsgesicht. Es ist nahezu identisch mit dem Unterlegenheitskauen jugendlicher echter Pferde, nur daß es eben auch von Erwachsenen benutzt wird. Da allgemein bekannt ist, daß die Kleinkinder sehr vieler Tierarten noch mehr oder wenige altertümliche Körperbau- und Verhaltensmerkmale aufweisen, die erst zum modernen, das heißt adulten, fertig- oder weiterentwickelten physischen Habitus und psychischen Repertoire heranwachsen müssen, handelt es sich meiner heutigen Meinung nach beim Unterlegenheitskauen gleichzeitig wie beim archaischen Begrüßungsgesicht vieler imponierender Hengste um eine Art jugendliches oder urtümliches Begrüßungsgesicht. Im Gegensatz zum aggressiven Unterton beim Hengstwiehern mit Eckzahnentblößen beinhaltet es nur friedliche, beim Saugfohlen häufig noch neugierige, bei größeren Jungpferden besonders erwachsenen Hengsten und ranghohen Altstuten gegenüber auch besänftigende, Demut anzeigende Elemente.

Ob es sich bei gelegentlich unverhältnismäßig heftigen Attacken oder Verfolgungen junger Artgenossen seitens nicht verwandter älterer Pferde um einen ererbten Ausfall einer Verhaltensnorm handelt oder um umweltbedingte psychische Domestikationsschäden, wäre noch zu untersuchen. Löst bei Fohlen jedes ihre Furcht erregende Ereignis ein „Begrüßungskauen" aus – bei einem Isländerneugeborenen genügte dazu einmal meine Fototasche –, so müssen Jugendliche von Ranghöheren regelrecht bedroht werden, um je nach Fremdheit des Erwachsenen bzw. nach der Intensität der Aggression zu einem längerdauernden und deutlichen oder weniger intensiven Unterlegenheitskauen gebracht zu werden. Bei einem halbjährigen Warmblut gelang es mir daher nur ein einziges Mal, durch meinerseits angedeutete Beißdrohung mit „angelegten Ohren" über einen Zaun hinweg mich quasi in der Pferdesprache so weit verständlich zu machen, daß das Jungtier mit starkem Unterlegenheitskauen reagierte.

Das Gefühl der Unterlegenheit gegenüber einem Artgenossen drückt sich dagegen bei erwachsenen Pferden neben dem furchtanzeigenden Einziehen der Hinterhand und Einklemmens des Schweifes zur Hauptsache in der Stellung ihrer Ohren aus, die je nach dem Grad der Unterwerfung mehr oder weniger der Waagrechten genähert werden, wobei ihre Öffnungen nach unten, bei noch vorhandenen Abwehrregungen auch schräg nach hinten-unten weisen. Dieses „devote Gesicht", wie ich das bewußte Waagrechtkippen der Ohren mit zu Boden gerichteter Öffnung im Gegensatz zur Stellung beim entspannten Dösausdruck nennen möchte, sieht man im zwischenartlichen Verkehr von Mensch und Tier bei allen Pferden, die von Natur aus zum rangniederen Tier prädestiniert sind oder deren Eigenwille später so weit zerstört wurde, daß sie an eine Auflehnung wider den Zweibeiner überhaupt nicht mehr denken. Bezeichnenderweise sprechen deshalb die spanischen Vaqueros nicht von rohen oder eingerittenen, sondern stets von nichtgezähmten bzw. gezähmten, die amerikanischen Cowboys und Trabrennfahrer – von letzteren haben die deutschen Fans dieses Sports den Ausdruck übernommen – von nicht bzw. eingebrochenen Pferden.

Das Gesicht des bisher wildlebenden und in die Enge getriebenen Exmoorhengstes „Carabineer" spiegelt die Todesangst wider. (Archiv Schäfer)

Eine dem Aggressionsverhalten ebenfalls konträre Ausdrucksform ist das Gefühl der panischen Angst. Wirkliche Todesangst, die im innerartlichen Verkehr mit seinen verschiedenen, einen Angreifer im allgemeinen bremsenden Unterlegenheitsgesten der jugendlichen und erwachsenen Tieren lediglich in Ausnahmefällen entsteht, bekommen wildlebende Einhufer durch die Einwirkung äußerer Umstände, durch andersartige Feinde, bei denen ihre Abwehrmimik vollkommen versagt, und vor allem, wenn ihre Fluchtdistanz vom Menschen unterschritten und ihr Bewegungsspielraum so eingeengt wird, daß sie keinen Ausweg mehr sehen. Das Einsperren von Wildfängen ist dabei in etwa dem erstmaligen längerandauernden Festbinden nicht an ein Halfter gewöhnter Hauspferde vergleichbar, die dann vielfach in ausgesprochene Panik geraten. Die subjektiv empfundene Angst, deren Ausmaß wir nur vermuten können, spiegelt sich in der Hauptsache im Ausdruck des stets weitgeöffneten Pferdeauges wider. Wegen der mit ihr verbundenen Erregung ist die Atmung stark forciert, die Nüstern sind daher gewöhnlich maximal geweitet. Die Ohrenstellung ähnelt der verwirrter, desorientierter Tiere, die Ohrmuschelöffnung weist nicht speziell auf die Gefahrenquelle hin, sondern nach hinten-seitwärts. Bei Todesangst scheint der Gehörsinn überhaupt keine Rolle mehr zu spielen und nur noch der optische Eindruck ausschlaggebend zu sein.

Unlustbetonte Ausdrucksformen

Das mürrische, gelangweilte Gesicht

Sehr oft sieht man Pferde mit einem ausgesprochen mürrischen, gelangweilten Gesicht, das alle Übergänge und Mischungen von dem beim Dösen zu bemerkenden entspannten und weitgehend abwesenden Ausdruck bis hin zur mittelgradigen Drohung enthält. Der Hauptzweck dieser Mimik ist die deutlich zur Schau gestellte Absicht, im Augenblick in Ruhe gelassen und nicht belästigt zu werden.

Das fliegenabwehrende Kopfschütteln

Eine nicht zielgerichtete Ausdrucksform entsteht beim fliegenverscheuchenden Kopfschütteln, wobei die Tiere richtiggehend drangsaliert wirken und meist mit hängender, schlabbernder Unterlippe und dadurch sichtbaren Unterkieferschneidezähnen und locker gehaltenen Ohren Schüttel- und andere Abwehrbewegungen ausführen.

Das angestrengte und das Erschöpfungsgesicht

Nach großen körperlichen Anstrengungen und starkem psychischen Engagement macht das Gesicht der Pferde einen abgehärmten Eindruck. Die Nasenöffnungen sind je nach der Art des vorangegangenen Kräfteverschleißes geweitet und die eingesunkenen Augen glanzlos.

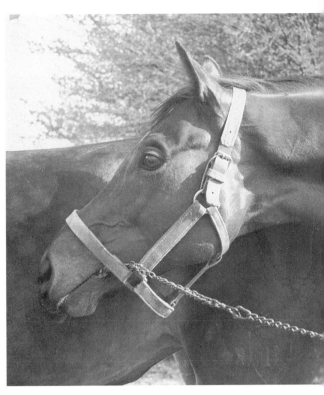

Das „mürrische Gesicht" bei einer Fjordpferd-stute.

Das „angestrengte Gesicht" des Vollblut-hengstes „Markgraf XX" nach dem Deckakt.

„Erschöpftes Gesicht" eines Traberwallachs unmittelbar nach dem Rennen.

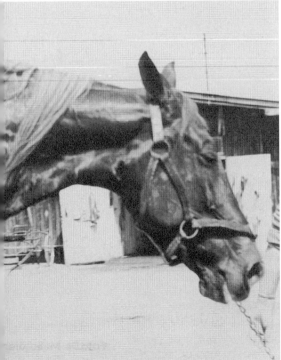

Eine Steigerung erfährt dieser Ausdruck im Erschöpfungsgesicht, das wir vor allem bei Rennpferden unmittelbar nach dem Rennen beobachten können. In solchen K.-o.-Gesichtern liegen die trübe wirken-den Augen noch tiefer in ihren Höhlen, die oberen Lider fallen herunter, die Nü-

Alte, abgetriebene Schlachtpferde nach
langem, oft rüdem Transport machen vielfach einen erschöpften Eindruck.
Süddeutsche Kaltblutstute im Schlachthof
München zeigt ein „resigniertes Gesicht".

Fjordhengst „Findo" mit hochgradiger
Hinterhandlahmheit. Die Augen sind
teilnahmslos, etwas eingesunken, die
Ohrmuschelöffnungen weisen in die
Richtung des Schmerzes.

Warmblutstute „Aischa" mit leichter Kolik.
Der Blick wirkt leicht abwesend und nach
innen gerichtet, die Ohrmuschelöffnungen
zeigen wie bei allen schmerzhaften
Zuständen nach seitlich-rückwärts.

stern sind je nachdem, wieviel Luft das Tier hatte und wie weit sich sein Atem schon beruhigen konnte, gebläht und die Ohren, sofern kein besonderes Ereignis die Aufmerksamkeit anzieht, abwesend nach der Seite oder rückwärts gerichtet; die Pferde lassen den Kopf hängen, und in ihrer ganzen Haltung drückt sich deutlich aus, daß sie das Letzte aus sich herausgeholt haben.

Auch alte, abgetriebene Schlachtpferde machen nach langem und oft rüdem Transport vielfach einen erschöpften Eindruck. Ihr Gesicht wirkt, vielleicht etwas zu vermenschlicht ausgedrückt, völlig resigniert. Auf Zuspruch oder laute Geräusche und Geschrei reagieren sie unter Umständen fast gar nicht, die Augen wirken stumpf und teilnahmslos, die Ohren sind gewöhnlich nach rückwärts gerichtet. Die Atmung der Tiere ist häufig nicht mehr forciert, und die Nüstern sind deswegen nicht auffallend geweitet.

Die Schmerzgesichter

Das erschöpfte Gesicht leitet zur Schmerzmimik über, deren signifikantestes Merkmal der völlige Wegfall des Ohrenspiels ist. Je nach der Stärke und der Dauer der Beschwerden bekommen die Pferde ausgesprochen kleine Augen, die bei chronischen Fällen tief eingesunken sind, und ihr Blick wirkt stumpf und abwesend. Die Nüstern haben sich verschmälert oder werden bei wellenförmig auftretenden Schmerzen entsprechend oft zurückgezogen und wieder geweitet. Darüber hinaus kann sich die gesamte Gesichtsmuskulatur durch die zusammengebissenen Zähne anspannen, wobei der Kaumuskel deutlich streifenförmig hervortritt, und die Unterlippe nach unten verzogen. Die Ohrmuschelöffnungen sind bei allen schmerzhaften Zuständen im Inneren des Körpers von seitlich bis rückwärts gerichtet; die Patienten scheinen nach innen zu blicken und zu horchen und nehmen nur geringen Anteil an ihrer Umwelt. Bei Koliken, bei denen die Tiere zu scharren pflegen und sich bisweilen zu Boden werfen, stehen die Ohren stets ziemlich aufrecht und weisen bloß leicht nach hinten, wobei die Öffnung weitgehend nach der Seite zeigt. Liegen schmerzende akute Lahmheiten vor, sind sie stärker angelegt. Inwieweit andere, unterschiedlich lokalisierte Krankheiten ein jeweils verschiedenes Gesicht zur Folge haben, bliebe noch zu untersuchen.

Das Wehengesicht

Bei der Geburt mit ihren heftigen Wehen in der Austreibungsphase machen sich die auf der Seite liegenden Stuten durch Ächzen und Stöhnen und durch rudernde Beinbewegungen Luft. Ihr gepeinigter Gesichtsausdruck weist neben der allgemeinen Schmerzmimik noch einige Besonderheiten auf. Wie erwähnt, weiten sich der Anspannung und der forcierten Atmung halber die Nüstern bei jedem Atemzug, während sie sich beim Einsetzen der Bauchpresse, wobei die Luft angehalten werden muß, wieder ruckartig verschmälern. Die Lippen verkrampfen sich schmerzhaft, das Kinn tritt oft wie ein Ball angespannt hervor, und der vordere Teil der Oberlippe steht etwas vom Gebiß ab und scheint sich leicht über die den Schneidezähnen straff anliegende Unterlippe zu schieben. Bei manchen Stuten bemerkt man in Momenten besonders heftiger Preßwehen bei deutlich zu hörendem Stöhnen ein aus dieser üblichen Mimik herausfallendes Wehengesicht, bei dem sich die Oberlippe ähnlich wie beim Flehmen nach oben stülpt, wodurch die zusammengebissenen Zähne sichtbar werden.

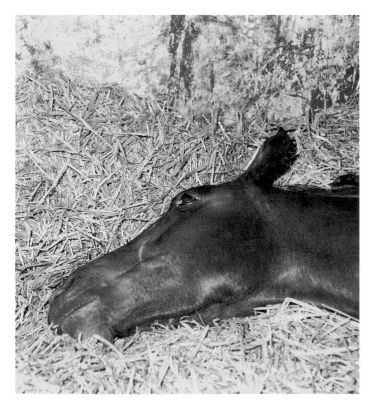

Warmblutstute „Gobi" während des Höhepunktes einer Preßwehe, bei der die Luft angehalten werden muß, weswegen sich die Nüstern ruckartig zu schmalen Schlitzen verengen.

Warmblutstute „Alda" beim Auspressen der Nachgeburt. Ihr Blick ist nach innen, die Ohrmuschelöffnungen sind auf den Wehenschmerz hin gerichtet, der deutlich streifenformig hervortretende Kaumuskel verrät die Anstrengung; der glanzlose Blick und die hängende, schlaffe Unterlippe sind Zeichen der Erschöpfung. Ihr zwanzig Minuten altes, kräftiges Hengstfohlen „Rasgo" beginnt gerade mit der ersten Kontaktaufnahme.

Lustbetonte Ausdrucksformen

Das Putz- oder Beknabbergesicht

Der Wunsch, mit einem Partner Fellpflege zu betreiben, wird außer dem schon geschilderten Schräg-aufeinander-Zugehen mit einem unverwechselbaren Putz- oder Beknabbergesicht vorgetragen. Das Pferd schiebt dazu die Oberlippe so weit nach vorne, daß sie eine geradezu tapirrüsselähnliche Form annehmen kann, und entblößt die unteren Schneidezähne, achtet aber peinlichst darauf, die oberen nicht sichtbar werden zu lassen, um seinem signalisierten Begehren jeglichen als Aggression mißzudeutenden Gehalt zu nehmen. Das Blecken des gesamten Schneidezahngebisses ohne „Kaubewegungen" würde ja – wie wir wissen – die höchste Stufe einer mimischen Drohung beinhalten. Wenn sich Pferde intensiv und ausgiebig wälzen oder gründlich und lange scheuern, wird die Oberlippe ebenfalls manchmal extrem lang vorgestreckt und genüßlich wabernd nach allen Richtungen bewegt, doch da ja niemand zum Mitmachen aufgefordert werden soll, bleiben dabei auch die Unterkieferschneidezähne gewöhnlich bedeckt. Die Ohren stehen bei der solitären wie bei der sozialen Hautpflege in weitgehend indifferenter Stellung.

Das Spiel- oder freche Gesicht

Pferde, die nicht den ganzen Tag auf der Weide mit der Nahrungssuche zubringen müssen, die also im Stall gut gefüttert werden oder sich als Saugfohlen noch weitgehend von Muttermilch ernähren, sind oft richtiggehend übermütig und zum Spielen aufgelegt. Die sich hauptsächlich bei Hengstfohlen vielfach aus der gegenseitigen Hautpflege entwickelnde Absicht, eine Balgerei anzufangen oder ein Jagespiel zu beginnen, macht sich zuerst durch eine Veränderung der Aufstellung der Fellkraulpartner bemerkbar, wenn einer der beiden eine Wendung um die Vorderhand beschreibt und dadurch ein paralleles Nebeneinander mit gleichgerichteten Köpfen entstehen läßt. Gleichzeitig tritt ein einfach nicht zu beschreibender, doch allen, die viel mit Pferden umgehen, leicht ersichtlicher spitzbübischer Ausdruck auf, den ich Spielgesicht oder freches Gesicht nennen möchte. Die Nasenflügel blähen sich verschiedengradig je nachdem, ob die Oberlippe normal gehalten oder zum Zwicken verlängert und vorgestreckt wird, und das Auge blickt ausgesprochen wach. Dazu werfen die Tiere Kopf und Hals besonders stark auf, ohne den Kragen wie beim Imponieren zu wölben oder beizuzäumen – der andere soll ja nicht abgeschreckt werden. Solange eine Aggressivität entfällt, die bei spielbereiten Tieren

Das „Putz- oder Beknabbergesicht". Der Isländerjährling „Skugi" signalisiert mit leicht vorgestreckter Oberlippe und sichtbaren Unterkieferschneidezähnen den Wunsch nach sozialer Hautpflege, in diesem Fall sogar mit dem den Mähnenkamm kratzenden Menschen.

Wenn sich Pferde ausgiebig wälzen oder gründlich scheuern, wird die Oberlippe extrem lang vorgestreckt. Traberhengstfohlen „Intrigant" scheuert sich mit lustvoll wabernder Oberlippe.

Das „Spielgesicht" des Warmblutfohlens „Sorbas" zeigt die Absicht zu zwicken an.

Aggressionsloses „Spielgesicht" des dreijährigen Reinblutaraberhengstes „Mahomed ox" mit wachsam auf den Partner gerichteten Sinnen

häufig mitschwingt, ziehen sich die Mundwinkel nicht nach unten, die Nüstern bleiben unverschmälert, und die Ohren sind des nur harmlosen Vorhabens wegen in Richtung des Gefährten gespitzt. Erst wenn die Spielabsicht deutlich in ihr Gegenteil umschlägt, werden sie zurückgelegt, und die Drohmimik greift auch auf die Maul- und Nüsternpartie über.

Die Paarungsgesichter

Da Empfindungen ausschließlich den Gemütszustand eines Pferdes betreffen und weder kontaktsuchende noch -ablehnende, also ungerichtete Ausdrucksformen sind, spiegeln sie sich meist in recht ähnlichen Gesichtern wider, deren verschiedene Wirkung auf uns zum Großteil durch ein gewisses Fluidum entsteht, das sich fotografisch nicht sehr gut einfangen läßt. Alle angenehmen Gefühle sind bei männlichen Tieren zum Beispiel immer mit einer mehr oder weniger vorgeschobenen Oberlippe verbunden und können sich bei Deckhengsten vom Erwartungsgesicht auf die in Aussicht stehenden Freuden bis zu einem deutlichen Wollustgesicht beim eigentlichen Paarungsvorgang steigern. Das Wollustgesicht gleicht mit den häufig entblößten unteren Schneidezähnen weitgehend der Mimik während des intensiven gegenseitigen Beknabberns, nur daß sich die Augen nicht wie oft beim Putzgesicht zu einem schmalen Spalt verengen, sondern stets geöffnet bleiben, wenn auch der Blick absolut verinnerlicht wirkt. Verbeißen sie sich im Mähnenkamm oder in einer Hautfalte in der Schultergegend der Stute, werden bisweilen die oberen Schneidezähne ebenfalls sichtbar. Die Ohrmuschelöffnungen zeigen dabei indifferent nach hinten-außen. Nach dem Absamen macht sich bei nervösen Beschälern, die sich beim Decken stark aufregen, ein erschöpfter Ausdruck bemerkbar.

Mit Ausnahme der echten Pferde demonstrieren alle Einhuferstuten während der Paarung ein sehr eindrucksvolles Gesicht, bei dem sie in von Art zu Art etwas verschiedener Manier das Maul weit aufreißen, so daß Ober- und Unterkieferschneidezähne freiliegen. Von der intensiven Beißdrohung unterscheidet sich dieser in der Literatur als Brunft- oder Rossigkeitsgesicht beschriebene Ausdruck durch die nicht aggressiv zurückgelegten, sondern devot mehr nach der Seite gerichteten Ohren mit nach unten weisender Öffnung und das von Art zu Art verschieden weite Zu-Boden-Senken des Kopfes. Diese auffällige Mimik, die ich lieber als „weibliches Begattungsgesicht" bezeichnen möchte, da sie die Zebra- und Eselstuten keineswegs die ganze Rosse

Angenehme Gefühle sind bei männlichen Pferden immer mit einer mehr oder weniger vorgeschobenen Oberlippe verbunden. Vollblutaraberhengst „Hamin ox" macht vor bald in Aussicht stehenden Liebesgeschäften ein freudiges „Erwartungsgesicht".

Der temperamentvolle Vollbluthengst „Markgraf XX" beißt die Stute beim Decken wolllüstig in Widerrist und Mähnenkamm.

Beim „Wollustgesicht" während des Absamens des Holsteinerhengstes „Landgraf II" zur Schau gestellte Mimik gleicht weitgehend dem „Beknabbergesicht".

Die Warmblutstute „Alda" flirtet mit Begattungsbereitschaft signalisierender Ohr-, Kopf- und Halshaltung mit dem zweijährigen Hengst „Radscha".

über und auch in der kurzen Zeit der Paarungsbereitschaft nur dann zeigen, wenn ein Hengst in die Nähe kommt, und die die Eselstuten in ein schmatzendes, heftiges Kauen übergehen lassen, wenn er im Begriffe ist, aufzureiten oder das Tier bereits besprungen hat, fehlt bei unseren Hauspferden in gleich deutlicher Form. Ihr Begattungsgesicht beschränkt sich auf eine die sägebockartige Aufstellung mit gelüftetem Schweif und gesenkter Kruppe unterstreichende, typische Ohr- und Kopfhaltung, sobald sie einen Hengst erblicken oder sein helles Wiehern hören, die erfahrene Beschälwärter vermutlich unbewußt zur Kenntnis nehmen, wenn sie schon von weitem sagen können, ob eine Stute richtig rossig ist oder nicht. Dieses gewöhnlich mit deren sanftem Gesichtsausdruck und „liebevollem" Auge erklärte Wissen läßt sich bei genauerer Untersuchung auf die unabhängig vom Körperbau immer nahezu rechtwinklige Kopf-zu-Hals-Haltung zurückführen, die zusammen mit der charakteristischen Stellung der Ohren in einer Fortführung der gedachten Linie von den Nüstern zum Ohrgrund das signalwirkende, prägnante Bild jeder paarungsbereiten Stute ausmacht. Beim Deckakt selbst kann allerdings dem Gewicht des Hengstes entsprechend die Körperhaltung und ausbalancierend auch die Kopf-Hals-Winkelung der weiblichen Tiere kurzfristig verlorengehen.

Eigenartigerweise tritt jene indifferente, schräg nach hinten und außen weisende Ohrstellung, die für die Konzentration des Pferdes auf Vorgänge im eigenen Körper spricht, nur bei denjenigen Stuten auf, die man mit passenden, gewöhnlich etwas größeren Hengsten gleicher Rasse belegt, und bei leichten weiblichen Tieren, die mächtigeren Beschälern zugeführt werden. Dagegen ist sowohl bei alten Muttertieren, die schon mehrfach geboren haben, wie bei großen Warmblütern, für die ein edlerer Hengst mit entsprechend zierlicheren Geschlechtsorganen gewählt wurde, vielfach ein auf äußere, ablenkende Geschehnisse gerichtetes Ohrenspiel zu bemerken. Ich könnte mir vorstellen, daß es bei diesen ihrem Inneren gegenüber unaufmerksamen Stuten im Gegensatz zu den vorher beschriebenen zu keinem Orgasmus bei der Paarung kommt. Das Zuwenden ihres Gesichtes zum aufreitenden Hengst, wobei dann manchmal die Ohren angelegt und sogar die Zähne beißbereit entblößt werden, scheint mir ebenfalls keine zärtliche Geste zu sein, wenn es auf den menschlichen Beschauer auch so wirken mag, sondern vermutlich an einem durch allzu heftiges Einspringen oder durch Einklemmen von Haaren bewirkten Schmerz am Genitale zu liegen.

Ich habe versucht, die bis jetzt bekannten Forschungsergebnisse über das Verhalten der Einhufer mit meinen jahrelangen eigenen Beobachtungen im engen Kontakt mit zahlreichen in ihrer natürlichen Lebensform möglichst wenig gestörten Pferden zu verbinden und dem Leser näherzubringen. Obwohl der große Bereich der Auseinandersetzung des Pferdes mit dem Reiter bewußt weggelassen wurde, hoffe ich, daß ich dazu beitragen konnte, die Sprache des Pferdes etwas verständlicher zu machen und manchen vielleicht zur eigenen Beschäftigung mit diesem hochinteressanten Gebiet angeregt zu haben.

LITERATUR

Andrade, R. de, O Cavalo do Sorraia. Lisboa 1945

Antonius, O., Über Herdenbildung und Paarungsei-
gentümlichkeiten der Einhufer. In: *Zeitschrift für
Tierpsychologie*, Bd. 1. Berlin und Hamburg 1937

Ders., Über Symbolhandlungen und Verwandtes bei
Säugetieren. Ebenda Bd. 3. Berlin und Hamburg
1939

Ders., Nachtrag zu „Symbolhandlungen und Verwandtes bei Säugetieren". Ebenda Bd. 5. Berlin
und Hamburg 1942

Bannikov, A. G., Zur Biologie des Kulans. In: Säugetierkundliche Mitteilungen. Heft 23. Stuttg. 1958

Bruemmer, F., The Wild Horses of Sable Island. In:
Animals. Heft 10. 1967

Dobroruka, L. J., Eine Verhaltensstudie des Przewal-
skipferdes (Equus przewalski Pol. 1881). –
Equus 1, Prag 1961

Ebhart, H., Verhaltensweisen von Islandpferden in
einem norddeutschen Freigelände. In: *Säugetierkundliche Mitteilungen*. Heft 4. Stuttgart 1954

Ders., Drei unterschiedliche Verhaltensweisen von
Islandpferden in norddeutschen Freigehegen. In:
Säugetierkundliche Mitteilungen, Heft 3, Stutt-
gart 1956

Ders., Verhaltensweisen verschiedener Pferdefor-
men. In: Säugetierkundl. Mitteilungen. Bd. VI,
1958

Feist, J. D., Behavior of Feral Horses in the Pryor
Mountain Wild Horse Range. Phil. Diss., Michigan,
1971

Ders. u. McCullough, D. R., Behavior Patterns and
Communication in Feral Horses. In: Zeitschrift für
Tierpsychologie. Bd. 41. Berlin u. Hamburg 1976

Gates, S., Study of the Ecology of the Free-Ranging
Exmoor Pony. Phil. Diss., Thesis, Southhampton
1980

Giffhorn, J., Zur Ethologie und zur sozialen Organisation der Onager (Equus hemionus). Dipl. Arbeit
(zool). Braunschweig 1974

Goldschmidt-Rothschild, B. v. u. Tschanz, B., Soziale
Organisation und Verhalten einer Jungtierherde
beim Camargue-Pferd. In: Zeitschrift für Tierpsychologie, Bd. 46, 1978 Berlin u. Hamburg

Gröngröft, B., Rangordnung bei Pferden. Vet. med.
Diss., Hannover 1972

Grzimek, B., Begrüßung zweier Pferde. Das Erkennen von Phantomen und Bildern. Zeitschrift f.
Tierpsychologie. Bd. 5. Berlin 1943

Ders., Ein Fohlen, das kein Pferd kannte. Ebenda
Bd. 6. Berlin 1944

Ders., Die Radfahrerreaktion. Ebenda Bd. 6. Berlin
1944

Hafez, E. S. E., *The Behaviour of Domestic Animals*.
London 1962

Haßenberg, L., *Verhalten bei Einhufern*. Wittenberg
Lutherstadt 1971

Hediger, H., Zum Begriff der biologischen Rangordnung, In: Revue suisse Zool. Bd. 47. Geneve 1940

Heintzelmann-Gröngröft, B., In: A. F. Fraser, Verhalten landwirtschaftlicher Nutztiere. Stuttgart,
1984

Jaworowska, Das Verhalten von halbwilden Pferden
in der Versuchsstation Popielno. In: *Wiss. Fort-
schritt*. Mai 1967

Dies., Verhaltensbeobachtungen an primitiven polnischen Pferden, die in einem polnischen Wald-
Schutzgebiet – in Freiheit lebend – erhalten werden. In: Säugetierk. Mitteilungen. Bd. 24. Stuttg.
76

Dies., Die Fortpflanzung primitiver polnischer Pferde,
die frei im Waldschutzgebiet leben. Ebenda
Bd. 29. Stuttgart, 1981

Joubert, E., Activity Patterns shown by Mountain Zebra
in South West Africa with Reference to Climatic
Factors. In: Zoologica Africana. Jg. I (1). 1972

Kärst, K., Untersuchungen am Böhmzebra, Hippoti-
gris böhmi, zur Frage eines Zeit-Raum-Tätigkeits-
systems. In: *Säugetierkundliche Mitteilungen*.
Heft 1. München 1962

Kaseda, Y., The Structure of the Groups of Misaki
Horses in Toi Cape. ebenda Bd. 52, Nr. 3. 1981
Tokio

Ders., Seasonal Changes in Time Spent Grazing and
Resting of Misaki Horses. In: Japanese Journal of
Zootechnical Science, Bd. 54, Nr. 7. 1983

Keiper, R., Social Organization of Feral Ponies. In:
Proc. Pennsylv. Acad. Sci. Bd. 51. 1976

Ders., Observations on the Nocturnal Behavior of
Feral Ponies. Ebenda Bd. 51. 1977

Ders. u. Keenan, M. A., Nocturnal Activity Patterns of
Feral Ponies. In: Journal Mammal. Bd. 61 Nr. 1
Baltimore, 1980

Klingel, H., Zur Sozialstruktur des Steppenzebras
(Equus quagga boehmi Matschie). In: *Die Natur-
wissenschaften*. Heft 14. Berlin/Göttingen/Hei-
delberg 1964

Ders., Soziale Organisation und Verhaltensweisen von Hartmann- und Bergzebras (Equus zebra hartmannae und E. z. zebra). In: *Zeitschrift für Tierpsychologie.* Bd. 25. Berlin und Hamburg 1967

Ders., Soziale Organisation und Verhalten freilebender Steppenzebras. Ebenda Bd. 24. Berlin und Hamburg 1967

Ders., Zur Soziologie des Grévy-Zebras. In: Zool. Anz. Suppl. Bd. 33. 1969 c

Ders., Soziale Organisation und Verhalten des Grévy-Zebras. Zeitschrift f. Tierpsychologie. Bd. 36. Berlin–Hamburg 1974 a

Ders., Zur sozialen Organisation der Equiden. In: Verh. Dt. Zoolog. Ges. 1975 b

Ders., Observations on Social Organization and Behaviour of African and Asiatic Wild Asses. In: Zeitschrift f. Tierpsychologie. Berlin Hamburg. Bd. 44 1977

Leve, F., Gefahren in der Box. Reiter Revue 6, 1988

Löwe, H., und Meyer, H., Pferdezucht und Pferdefütterung. Stuttgart 1974

Lorenz, K., *Über tierisches und menschliches Verhalten.* Bd. I. München 1965

Ders., *Das sogenannte Böse.* Wien 1963

Lortsch, H., Vergleich der Sozialstruktur zweier Verbände der Dülmener Primitivpferde-Herde. Biolog. Diss., Münster, 1969

Moehlmann, P., Behaviour and ecology of feral asses. Phil. Diss., Wisconsin, Madison. 1874

Montgomery, G. G., Some Aspects of the Sociality of the Domestic Horse. Zit. n. Klingel 1972 b

Ödberg, F. O., An Interpretation of Pawing by the Horse, Displacement Activitiy and Original Functions. In: Säugetierkundl. Mitt., Bd. 21, Stuttgart 1973

Ders., Some Aspects of the acoustic expression in horses. Ethol. u. Okol. i. d. Haustierhaltung. KTBL. 1974

Ders. u. Francis-Smith, K., A Study on Eliminative and Grazing Behaviour – The Use of the Field by Captive Horses. Equine. Bd. 8, Nr. 4, 1976

Dies., Studies on the Formation of Ungrazed Eliminative Areas in Fields Used by Horses. In: Appl. Animals Ethology, Bd. 3, 1977

Olberg, G., Der artfremde Kumpan in der Umwelt des Pferdes. In: *Kosmos* 10, Stuttgart 1959

Richter, W. von, Untersuchungen über angeborene Verhaltensweisen des Schabrackentapirs (Tapirus indicus) und des Flachlandtapirs (Tapirus terrestris). In: *Zoologische Beiträge.* Bd. 12. Berlin 1966

Richter, L. und Dušek, J., Beitrag zur Frage des Tages- und Nachtzyklus der Geburten bei Stuten. In: *Wissenschaftl. Arbeiten der Forschungsstation für Pferdezucht in Slatiňany.* Bd. 1. Prag 1966

Schäfer, M., Wie werde ich Pferdekenner. München 1971

Ders., Großponys und Kleinpferde. München 1972

Ders., In: Nutztierethologie. Berlin–Hamburg 1978

Ders., Andalusische Pferde. München 1980

Ders., Beobachtungen zum interspezifischen Aggressionsverhalten eines Halbeselhybridhengstes. In: Säugetierkundl. Mitteilungen. Bd. 29. Stuttgart 1981

Ders., Beobachtungen zum Paarungsverhalten des Hauesels. Ebenda. Bd. 30. Stuttgart 1982

Ders., Mit Pferden leben. München 1982

Ders., Beobachtungen zum Verhalten des südiberischen Primitivpferdes (Sorraiapferd). Vet. med. Diss., München 1986

Ders., Das Jahr des Pferdes. Mürlenbach. 1987

Ders., Die Ansprüche des Pferdes an seine Umwelt. In: Pirkelmann Pferdehaltung. Stuttgart. 1991

Schloeth, R., Das Scharren bei Rind und Pferd. In: *Zeitschrift für Säugetierkunde.* Bd. 23. Berlin 1958

Solomatin, A. O., Kulan in der USSR. In: Věstn. čcl., Spol. Zool. Bd. 28. Prag 1964

Spatzl, H., Sozialstruktur beim Dülmener Primitivpferd. In: Ethol. u. Ökolog. b. d. Haustierhaltung. KTBL. 1974

Tesio, F., Rennpferde. Stuttgart 1965

Trumler, E., Das „Rossigkeitsgesicht" und ähnliches Ausdrucksverhalten bei Einhufern. In: *Zeitschrift für Tierpsychologie.* Bd. 16. Berlin/Hamburg 1959

Tschanz, B., Sozialverhalten beim Camarguepferd. Dokumentierverhalten bei Hengsten. Publikation zu wissenschaftl. Filmen. Bd. 12 (12), Film D 1284. 1979

Ders., Sozialverhalten beim Camarguepferd. Paarungsverhalten und Herdenstruktur. Ebenda. Bd. 13 (34), Film D 1318. 1980

Tyler, S. J., The Behaviour and Social Organization of the New Forest Ponies. In: Animal Behaviour Monogr. 2, Bd. 5. 1972

Welsh, D. A., The Life of Sable Island's wild horses. In: Canad. Nat. Fed. April/Juni 1973

Zeeb, K., Paarungsverhalten von Primitivpferden in Freigehegen. In: *Säugetierkundliche Mitteilungen.* Bd. 6. Stuttgart 1958

Ders., Das Verhalten des Pferdes bei der Auseinandersetzung mit dem Menschen. Diss., München 1959

Ders.; Die „Unterlegenheitsgebärde" des noch nicht ausgewachsenen Pferdes. In: Zeitschrift f. Tierpsychologie. Bd. 16. 1959

Ders., Equus caballus (Equidae). Ausdrucksbewegungen, Erkundungs- und Meideverhalten, Hautpflegeverhalten, Sozialverhalten während der Paarungszeit, Paarung. In: *Encyclopaedia cinematographica.* E 505 bis 509. Göttingen 1963

Ders., Ethologische Betrachtung zur Forensik des Fluchtverhaltens bei Pferden. In: *Tierärztliche Wochenschrift*, 82. Jg. Heft. 1. Berlin/Hamburg 1969